Kai Biermann · Thomas Wiegold

Drohnen

Chancen und Gefahren einer neuen Technik

Kai Biermann
Thomas Wiegold

Drohnen

Chancen und Gefahren
einer neuen Technik

Ch. Links Verlag, Berlin

Die Deutsche Nationalbibliothek verzeichnet
diese Publikation in der Deutschen Nationalbibliografie;
detaillierte bibliografische Daten sind im Internet über
www.dnb.de abrufbar.

1. Auflage, Mai 2015

Schönhauser Allee 36, 10435 Berlin, Tel.: (030) 44 02 32-0
www.christoph-links-verlag.de; mail@christoph-links-verlag.de
Umschlaggestaltung unter Verwendung eines Fotos von einer
unbewaffneten Drohne vom Typ »Predator«, Mopic/shutterstock.com
Lektorat: Jan Martin Ogiermann, Berlin
Satz: typegerecht, Berlin
Druck und Bindung: Druckerei F. Pustet, Regensburg

ISBN 978-3-86153-818-9

INHALT

ETHIK

RECHT

ZUKUNFT

ANHANG

Scharfschützen am Himmel

»We managed to make one of the last remaining universal symbols of pleasantness – blue sky – completely fucking terrifying.«
(Wir haben es hinbekommen, eines der letzten universellen Symbole für Freundlichkeit – den blauen Himmel – in etwas absolut Entsetzliches zu verwandeln.)

John Oliver, »Last Week Tonight«, September 2014

Ein Blitz erhellt den Bildschirm, gleißendes Weiß im Graugrün der Infrarotkamera. Dann folgt hellgrauer Rauch. Als der sich verzogen hat, sind in der Nähe des Kraters, den die Explosion riss, die Überreste von zwei Menschen zu erkennen. Ihre Körper sind noch warm, hell zeigt die Optik der Wärmebildkamera sie auf dem dunklen, gefrorenen Boden. Ein drittes Opfer lebt noch, sein rechtes Bein ist oberhalb des Knies abgerissen. Der Mann greift sich an den Stumpf, wälzt sich auf der Erde. Blut spritzt aus der Wunde. Es fließt auf den Boden, bildet eine Pfütze. Die Infrarotkamera zeigt es auf dem kalten Boden als einen heißen, hellen Fleck, der langsam blasser wird. Irgendwann bewegt der Mann sich nicht mehr, sein Körper kühlt aus, wird ebenfalls blasser.

Diese Szene hat Airman First Class Brandon Bryant 2007 erlebt und sechs Jahre später einem Journalisten des amerikanischen Magazins *GQ* beschrieben. Nie mehr werde er sie vergessen, sagt er. Es war das erste Mal, dass er an einem Raketenangriff auf Menschen beteiligt war. Er war damals 21 Jahre alt und Sensor Operator einer MQ-1B »Predator«, also Waffenoffizier einer Drohne der amerikanischen Luftwaffe. Sein Job war es, einen Laser auf das Ziel zu richten, damit die »Hellfire«-Rakete es findet. Für Bryant sahen die Männer aus wie Schäfer, doch sein Befehl sagte, es seien bewaffnete islamistische Kämpfer, also befolgte er ihn und tötete sie.

Während die drei Männer in der Provinz Kunar im Osten Afghanistans starben, saß Bryant Tausende Kilometer entfernt in einem klimatisierten und abgedunkelten Container in der Wüste von Nevada. Zusammen mit dem Piloten der Drohne befand er sich in einer Bodenkontrollstation auf der Nellis Air Force Base, einer Ansammlung von Hangars entlang zweier Landebahnen am Stadtrand von Las Vegas. In seinen sechs Jahren, die Bryant bei der Air Force diente, absolvierte er 6000 Flugstunden mit Drohnen. »Ich sah in dieser Zeit Männer, Frauen und Kinder sterben«, sagte er im Dezember 2013 in einem Interview mit der Zeitschrift *Der Spiegel*. »Ich hätte nie gedacht, dass ich so viele Menschen töten würde. Ehrlich gesagt, ich dachte, ich könnte gar niemanden töten.« Drohnenoperator Bryant erzählte seine Geschichte den Medien, weil sein Therapeut ihm dazu geraten hatte, über das Erlebte zu sprechen. Und weil er will, dass nun auch bekannt wird, was es heißt, Drohnen zu fliegen. Denn nicht nur die Opfer der Angriffe leiden, auch die Täter. Es ist eine ganz eigene Art von Grauen, dem die Bediener ausgesetzt sind.

Seit dem 11. September 2001 gehören Drohnen zu den wichtigsten Waffen der USA. »Drohne« ist ein laienhafter Sammelbegriff für aus der Ferne gesteuerte unbemannte Flugzeuge oder Hubschrauber, bestückt mit Kameras, Antennen, Waffen. Drohnen in der Luft bestimmen derzeit unser Bild dieser Technik, dabei können Drohnen überall sein: am Himmel, am Boden, auf und im Wasser. Ihr wichtigstes Merkmal ist, dass sie entweder aus der Ferne gelenkt werden oder gleich ganz ohne einen Piloten auskommen. Anfangs dienten sie nur als Instrumente der Aufklärung, seit Ende 2001 aber immer häufiger auch als Scharfschützen am Himmel, als sogenannte Hunter-Killer-Drohnen, die den Gegner jagen und bekämpfen. Drei Länder gibt es derzeit, die Drohnen auf diese Art einsetzen: die USA, Großbritannien und Israel. Dabei haben die USA ohne Zweifel die größte Flotte dieser automatisierten und ferngelenkten Maschinen, amerikanische Drohnen werden deshalb in diesem Buch eine wichtige Rolle spielen. Von den Tausenden US-Drohnen sind manche so klein, dass sie aus der Hand gestartet werden können, andere sind so groß wie Verkehrsflugzeuge. Im Jahr 2012 bildete die amerikanische Luftwaffe zum ersten Mal mehr Drohnenoperatoren aus als Piloten für Kampfflugzeuge, und dieses Verhältnis wird sich fraglos nicht mehr ändern.

Obwohl die Ausgaben der US-Regierung für das Militär sinken, obwohl Schiffe und Flugzeuge gestrichen werden und die Zahl der Soldaten zwischen 2013 und 2023 um 100 000 Mann verringert werden soll, wie das Internetmedium *Marketplace Tech Report* 2012 schrieb, sollen die Ausgaben für Drohnen in der gleichen Zeit um 30 Prozent steigen. Schon 2009 hatte der damalige amerikanische Verteidigungsminister Robert Gates laut einem Bericht des Nachrichtensenders CNN gesagt, dass die kommende Generation US-Jagdflugzeuge, die F-35, die letzte sein wird, die noch bemannt ist.

Aus Sicht der Militärs sind Drohnen die perfekte Waffe. Wer sie bedient, ist für seine Gegner unerreichbar, er kann nicht verletzt, nicht getötet werden. Gleichzeitig übt er absolute Macht aus, indem er unsichtbar gewissermaßen über allem schwebt und zuschlägt, wann und wo es ihm richtig erscheint. »Der Krieg ist nicht länger bloß asymmetrisch«, schreibt Grégoire Chamayou in seiner Betrachtung »Ferngesteuerte Gewalt«, »sondern absolut einseitig. Was vorher noch wie ein Kampf erschien, verwandelt sich nun in eine bloße Tötungskampagne.«

Ferngesteuerte Flugzeuge sind die bevorzugte Waffe, wenn die USA irgendwo auf der Welt Menschen töten – erst in Afghanistan, Irak und Pakistan, inzwischen auch in Jemen, Somalia oder Libyen. Andere Staaten machen es ihnen nach. Israel, Großbritannien, bald wohl auch Deutschland haben bewaffnete Drohnen im Arsenal. Wie viele Menschen bereits durch von Drohnen abgefeuerte Waffen starben, kann niemand genau sagen. Das Bureau of Investigative Journalism, eine der Organisationen, die versuchen, die Toten zu zählen, geht davon aus, dass bei Angriffen der USA von 2004 bis 2014 zwischen 3204 und 5346 Menschen getötet wurden. Die Zahlen sind offensichtlich nicht zu hoch. Eine der wenigen offiziellen Äußerungen zu dem Thema stammt von US-Senator Lindsey Graham. In seiner Rede im Easley Rotary Club in South Carolina im Februar 2013 sagte er: »Wir haben 4700 getötet.«

In den Ländern, in denen Menschen von den »Hellfire«-Raketen der Drohnen getroffen werden, sorgt das für wütende Proteste. Dort sind die vom Boden aus unsichtbaren und unhörbaren Drohnen zu einem ständigen Schrecken geworden, der über den Köpfen der Menschen schwebt und unberechenbar zuschlägt. Amerika habe es geschafft, sagte der Satiriker John Oliver in seiner Show »Last Week Tonight« im September 2014, »eines der letzten universellen Symbole für Freundlichkeit – den blauen Himmel – in etwas absolut Entsetzliches zu verwandeln«. Selbst in muslimischen Ländern, die den USA freundlich gesinnt sind, lehnt die Mehrheit Drohnenangriffe ab. In der Türkei zum Beispiel sind 81 Prozent der Menschen dagegen, beobachtete das Pew Research Center 2012. In den USA selbst waren es demnach nur 28 Prozent. Doch auch in den USA gibt es erbitterte Gegner dieser Einsätze und diverse Organisationen, die dagegen kämpfen. Sie fordern, bewaffnete Drohnen genau wie Landminen und Streubomben international zu ächten.

Zweite Szene. Am 19. Februar 2011 demonstrierte Clara Bünger mit vielen anderen in Dresden gegen einen geplanten Aufmarsch von Neonazis. Jedes Jahr wollen diese auf ihre Art mit einem »Trauermarsch« an die Bombardierung Dresdens durch britische Flugzeuge im Zweiten Weltkrieg erinnern. Viele tausend Bürger versuchten zu verhindern, dass Neonazis den 19. Februar für sich einnehmen, und traten ihnen auf der Straße entgegen. Sie demonstrierten für Völkerverständigung und Frieden und blockierten die rechtsextreme Kundgebung. Doch die Demos an diesem Tag erregten durch etwas anderes landesweit Aufmerksamkeit: Die sächsische Polizei hatte sogenannte Funkzellenabfragen geschaltet, um Teilnehmer der Demos zu überwachen. Mehr als eine Million Handyverkehrsdaten und über 300 000 Rufnummern wurden dabei von ihr gesammelt, 55 000 Menschen – Demonstranten und Unbeteiligte – gerieten in das Raster der Ermittler.

Die Funkzellen waren nicht das Einzige, was überwacht wurde. Im Deutschlandfunk schilderte Clara Bünger später, was sie beobachtet hatte: »Am 19. Februar war ich in der Nähe vom Hauptbahnhof in Dresden demonstrieren, weil die Nazis sich am Hauptbahnhof versammelt haben und wir uns gegen Nachmittag auch zu einer Kundgebung dort versammelt haben. Während der Versammlung hat mich eine Person angetippt und gefragt: ›Eh, was ist denn dort oben in der Luft?‹ Dann hab ich nach oben geguckt, wie viele andere auch zu dem Zeitpunkt, und hab dort oben was fliegen sehen und hab mich gefragt, was das denn sei. Im ersten Moment habe ich gedacht, schießt das Ding oder filmt es? Ich hab mich natürlich total bedroht gefühlt, von vorne die Polizisten mit den Helmen und der ganzen Montur, von der Seite die Polizisten, von oben auch noch die Drohne, von vorne auch noch die Handkameras der Polizisten, die uns auch gefilmt haben. Dann hab ich im Nachhinein erfahren, dass auch noch mein Handy registriert wurde, und das hat mich natürlich auch total geschockt, weil ich hab mich in der Situation eher wie ein Verbrecher gefühlt oder vielleicht sogar eher, wie der Nazi dann sich eigentlich fühlen sollte.«

Bünger sah eine Drohne der sächsischen Polizei, genauer einen Sensocopter vom Typ md4-1000 der Firma Microdrones. Diese werden von vier Rotoren angetrieben, haben einen Durchmesser von ungefähr einem Meter, können bis zu 1000 Meter hoch fliegen und eine Kameraausrüstung mit bis zu 1,2 Kilogramm Gewicht tragen, deren Bilder verschlüsselt an eine Leitstelle am Boden gesendet werden. Die Drohne wurde ferngesteuert und gehörte dem sogenannten Servicebereich Bildübertragung beim sächsischen Polizeiverwaltungsamt. 2008 begann die Polizei des Bundeslandes, solche Kopter zu testen. Seit 2010 ist dort ein Exemplar des Typs md4-1000 im Einsatz.

Die sächsische Polizei nutzt das Gerät nach eigener Aussage, um eine »Lücke« in der Videobeobachtung zu schließen – zwischen Kamerateams am Boden und Kameras in Hubschraubern. Denn am Boden fehlt der Überblick, und Hubschrauber dürfen über bewohntem Gebiet gewisse Mindestflughöhen nicht unterschreiten. Das klingt einleuchtend, doch der sächsische Datenschutzbeauftragte Andreas Schurig sah die Sache anders. Er kritisierte später im Deutschlandfunk, die umfassende Videoüberwachung der Demonstration habe eine abschreckende Wirkung auf die Demonstranten. Das sei ein Problem, denn es hindere »möglicherweise den Bürger, der sein demokratisches Grundrecht auf Versammlungsbetätigung wahrnehmen will, daran, sich politisch zu betätigen«.

Eine dritte Szene, zitiert aus einer Meldung der bayerischen Polizei: »Am Donnerstag, gegen 16.45 Uhr, wurde die Polizei darüber verständigt, dass eine Hubschrauberdrohne in der Oberndorferstraße unterwegs war. Diese Drohne stand längere Zeit über einer Garage und filmte dabei einen von außen uneinsehbaren Garten. Darin sonnten sich die 47-jährige Wohnungsbesitzerin und ihr Lebensgefährte. Beide lagen nackt im Garten. Die Polizei hat ein Ermittlungsverfahren wegen Verletzung des höchstpersönlichen Lebensbereichs durch Bildaufnahmen eingeleitet. Der 62-jährige ›Pilot‹ muss nun mit einer Strafanzeige rechnen.«

Drei Drohnen und drei Einsatzmöglichkeiten dieser Technik, die derzeit immer wieder Schlagzeilen machen: Kampfeinsätze, Videoüberwachung und Hobbyspanner sind die Szenarien, die das Bild dieser Kulturtechnik bestimmen und mit denen der Begriff Drohne derzeit verknüpft ist. Gleichzeitig gibt es weltweit eine riesige Szene von Enthusiasten, für die Drohnen – oder genauer: mit Kameras ausgerüstete ferngesteuerte Flugzeuge und Kopter – die Erfüllung eines Traumes sind. Wenige hundert Euro kosten die Geräte, sie lassen sich im Eigenbau herstellen und mit quelloffener Software steuern, die Entwickler kostenlos im Netz zur Verfügung stellen. Mobiltelefone haben das letztlich möglich gemacht. Der riesige Markt, der immer kleinere Sensoren, Chips und Steuerelemente hervorbringt, hat auch dazu geführt, dass Drohnentechnik leichter und billiger wurde. Dank solcher Chips können Drohnen sich im Flug stabilisieren, sich an Geokoordinaten orientieren oder auch ganz autonom operieren.

Wer etwas übt, kann solche Drohnen problemlos fliegen, kann sie 50, 100 oder mehr Meter hoch schweben lassen und sich die Bilder, die sie senden, auf dem Laptop, dem Smartphone oder einer Videobrille anzeigen lassen. Die Erde aus einer anderen Perspektive zu erleben, ist kein teurer Traum mehr. Für ihre Piloten sind Drohnen der Weg zu einem gottgleichen Blick, der ihnen immer neue Einsichten gewährt. Sie sehen durch die Augen der Drohnen eine andere, größere Welt.

Und dann gibt es noch die Menschen, denen Drohnen das Leben erleichtern oder es ihnen sogar retten. Hauptmann Marcel Bohnert, ein Panzergrenadier der Bundeswehr, war als Kompaniechef der Schnellen Eingreiftruppe in Nordafghanistan eingesetzt. Mit seinen Männern war er außerhalb der befestigten Camps unterwegs und immer wieder in Dörfern, in denen die Soldaten in Hinterhalte geraten konnten – und schon geraten waren. Dass dabei eine Drohne die Truppe im Auge behielt und die Umgebung absuchte, war für den Soldaten eine Erleichterung. »Kaum eine Patrouille musste ohne Luftunterstützung stattfinden«, erzählt Bohnert nach seiner Rückkehr nach Deutschland. Über den Einsatz von Aufklärungsdrohnen dürfe es »keine ernsthaften Diskussionen geben. Sie sind unverzichtbar!« Und ein Drohnenpilot der Bundeswehr sagt über seine Kameraden am Boden: »Wenn sie einmal eine[n] ›Heron‹ [über sich] hatten, sind sie süchtig danach. Sie machen Operationen nur noch, wenn sie eine[n] ›Heron‹ haben.«

Über Bohnert und seiner Kompanie schwebten aber nicht nur die fliegenden Kameras, sondern auch waffentragende Fluggeräte.

Auch damit hat er kein Problem: »Bewaffnete Drohnen erscheinen als Begleiter deutscher Bodentruppen im Einsatzgebiet und zu deren direkter Unterstützung ebenfalls legitim.« Die Bundeswehr selbst hat bislang keine unbemannten Systeme mit Waffen. Am Hindukusch sorgten die Verbündeten dafür, dass auch den Deutschen im Notfall Raketen aus der Luft zur Verfügung standen – abgeschossen von Kampfjets, Hubschraubern oder eben Drohnen.

Drohnen sind längst überall. Das Militär trieb ihre Entwicklung voran, sah in ihnen erst fliegende Augen, dann Waffen. Inzwischen aber haben auch in vielen anderen Bereichen Menschen erkannt, was Drohnen können. Nicht zuletzt private Unternehmen forcieren nun ihre Weiterentwicklung. In vielen Filmproduktionen ersetzen sie teure Hubschrauberflüge oder machen Einstellungen möglich, die es bislang nicht gab. Auf Höhe einer Hundenase neben einem Fußgänger am Boden schweben, kurz darauf hoch empor in die Luft steigen und ihn von oben zeigen ist kein Problem mehr und verlangt keine aufwendigen Krankonstruktionen. Aber auch Landvermesser nutzen Drohnen, Wissenschaftler und Lebensretter. Eine Art Goldrausch ist gerade im Gange – Drohnen sind eine Technik, von der sich viele Unternehmer viel versprechen.

Amazon und die Deutsche Post erhoffen sich von ihnen die schnelle Lieferung von Paketen in entlegene Regionen. Der wohl noch viel größere Markt für Drohnen, die Landwirtschaft, wächst sogar schon seit Jahren im Stillen. Bauern in Japan setzen längst auf diese Technik, um kranke Pflanzen früh zu erkennen, schlecht gedüngte Bereiche zu finden oder um Pestizide zu versprühen.

Wie bei allen Maschinen wird auch die Entwicklung von Drohnen von dem Wunsch getrieben, sich die Arbeit einfacher zu machen und Gefahren zu vermeiden. *Dull, dirty, dangerous* – langweilig, schmutzig und gefährlich sind die Jobs, die Roboter erledigen sollen. »Eine unbemannte Drohne hat keine Furcht, keine Familie und keine Zweifel. Sie fliegt in die gefährlichste, in die feindseligste Umgebung und schießt dort die besten, die unglaublichsten Aufnahmen, auf die wir Reporter nur hoffen können«, sagte BBC-Producer Ognian Boytchev. Denn nicht nur das Militär ist auf Bilder angewiesen, Medien sind es auch. Daher stellt der britische Sender BBC ein Drohnenteam auf. Es soll künftig Kameramännern in Kriegsgebieten Arbeit abnehmen, sodass diese nicht mehr ihr Leben riskieren müssen.

Piloten wird es bald wohl nur noch am Boden geben. Drohnen – unbemannte und bald auch autonom agierende Fluggeräte – sind eine wichtige Kulturtechnik, noch zuallererst für das Militär. Der damalige Verteidigungsminister Thomas de Maizière warnte 2013 davor, die Entwicklung von Drohnen für die Bundeswehr generell in Frage zu stellen. »Das ist eine riesige Zukunftstechnologie in Deutschland und Europa. Wir können uns und sollten uns davon nicht abkoppeln.« Doch Drohnen können mehr als überwachen, schießen und zerstören. Sie können das Leben leichter und besser machen und neue Einblicke gewähren. Nicht nur am Himmel, auch am Boden und unter Wasser.

Dieses Buch will einen Überblick darüber geben, was Drohnen leisten, was sie wahrscheinlich leisten werden und wo ihre Grenzen sind. Es will beschreiben, welche Drohnen es gibt und welche es in naher Zukunft geben wird. Es will diskutieren, welche Gefahren beim Einsatz dieser Geräte existieren und welche rechtlichen Normen entwickelt werden müssen, um ihren Einsatz zu regeln. Denn eines steht außer Frage: Drohnen sind eine Chance, aber auch eine Herausforderung für unsere Gesellschaft, die den Umgang mit ihnen noch lernen muss. Sie können ein Fortschritt sein – oder eine tödliche Gefahr.

TECHNIK

1. Von der Ballonbombe zum ferngelenkten Flugzeug (1898–1945)

Was sind Drohnen?

Es ist wohl der größte Makel der Menschen, dass sie nicht in Frieden miteinander leben können. Gewalt und Waffen begleiten den Weg der Menschheit seit Anbeginn. Auch Drohnen sollten zuerst und vor allem Waffen sein – oder den Einsatz von Waffen ermöglichen. Bereits die Ersten, die über dieses Konzept nachdachten, sahen darin das Potenzial zum Töten. Andere Ideen, wie sich damit vielleicht Pakete transportieren oder die Landwirtschaft verbessern ließen, kamen erst viel später. Lange waren es Militärs, die ihre Entwicklung vorantrieben. Daher soll es im Weiteren erst einmal um Drohnen als Waffen gehen, obwohl sie – wie nahezu jede Technik – zum Schlechten genauso eingesetzt werden können wie zum Guten.

Was also bedeutet der Ausdruck Drohne, und woher kommt die Technik eigentlich? Ist sie wirklich so neu, wie sie zu sein scheint? Die kurze Antwort darauf lautet: Nein, ist sie nicht. Die etwas längere Antwort beginnt vor ungefähr 160 Jahren.

Seit der Erfindung von Pfeil und Bogen existiert die Idee, über große Entfernungen hinweg zu kämpfen und auf Abstand zum Gegner zu bleiben. Artillerie, Flugzeuge, Raketen und Marschflugkörper sind die konsequente Weiterführung von Pfeil und Armbrust. Gleichzeitig waren und sind in jedem Kampf, den Menschen gegeneinander führten und führen, beide Seiten auf Informationen angewiesen, um die Truppen zu lenken. Boten, Signaltürme, Brieftauben und Funk waren Lösungen dafür. Doch das geschriebene und das gesprochene Wort können nur eine begrenzte Menge Informationen übermitteln, Bilder sagen mehr. Schon im Ersten Weltkrieg kreisten Maschinen über der Front, um die Gräben zu fotografieren. Später waren es speziell konstruierte Flugzeuge wie die amerikanische »Lockheed U-2«

oder die sowjetische M-17 »Stratosfera«, die für Fotos sorgten, bis Satelliten sie ablösten. Die ersten warfen ihre Fotokapseln noch zur Erde, später funkten sie die Bilder. Die heute in Echtzeit übertragenen Videos bieten ganz neue Informationsmengen.

Satelliten können diese Informationen liefern, doch sie sind teuer und schwer an einen bestimmten Punkt über der Erdoberfläche zu steuern. Drohnen sind schneller und wendiger. Sie können länger in der Luft bleiben als Flugzeuge, über einem Punkt kreisen und sind doch ähnlich unsichtbar wie Satelliten. Vor allem aber sind sie kein so großer Verlust, wenn sie abstürzen. Drohnen sind zwar alles andere als billig, die Sensoren in ihnen kosten Millionen. Aber sie sind dennoch viel günstiger als Satelliten, und in ihnen sitzt kein Pilot, der sterben kann. So waren Drohnen geradezu prädestiniert dazu, dem Militär als »Augen« zu dienen. Und obwohl sie inzwischen auch Waffen tragen, ist ihr wichtigster Zweck noch immer die Aufklärung.

Ihren Namen haben Drohnen wohl von den männlichen Bienen. Ihr lautes Brummen hat ihnen die Bezeichnung wahrscheinlich beschert. Drohne stammt von dem Niederdeutschen drane beziehungsweise drone ab, das mit dem Verb dröhnen verwandt ist. Wie genau es zur Übertragung auf unbemannte fliegende Objekte kam, ist unklar. Eine Theorie besagt, es sei eben das brummende Geräusch, das auch einige Drohnenmodelle im Flug machen, das ihnen zu dem Namen verhalf. Eine zweite Theorie lautet: Soldaten im Zweiten Weltkrieg hätten diesen Namen erfunden. Während des Krieges nutzten die USA ferngesteuerte Flugzeuge als Ziele bei der Ausbildung von Flak-Mannschaften. Die Maschinen mit der Bezeichnung OQ-3 erhielten einen Anstrich mit schwarzen Streifen am Rumpf. Diese Ähnlichkeit mit Bienen habe ihnen bei den Flak-Mannschaften zu dem Namen verholfen.

Und dann gibt es noch jemand, der die Erfindung des Namens für sich beansprucht, aber es existiert außer ihm selbst keine weitere Quelle dafür. Der damalige Marineoffizier Delmar S. Fahrney beschreibt die Namensfindung in seiner »History of Pilotless Aircraft and Guided Missiles«. Demnach habe der Autor zusammen mit dem Wissenschaftler Albert Hoyt Taylor im November 1936 am Naval Research Laboratory nach einem Namen für die Zieldarstellungsdrohne OQ-3 gesucht. Sie seien dabei von einem britischen ferngelenkten Flugzeug inspiriert worden, der sogenannten »Queen Bee« (Bienenkönigin), das die Briten ihrerseits für Zielübungen einsetzten. Nachdem er und Taylor viele Namen von Insekten und Vögeln verworfen hätten, seien sie dank der »Queen Bee« auf Drohne gekommen, schreibt Fahrney.

Abwegig ist das nicht. Bezeichnungen aus dem Tierreich dienen in den USA, in Großbritannien und auch in Deutschland häufig als Bezeichnung für Waffen. Es wimmelt dort von Tigern, Falken und Wieseln: Die echten Drohnen sind so etwas wie unvollständige Bienen, da sie nicht arbeiten, keinen Stachel haben und nur der Fortpflanzung dienen. Die funkferngesteuerten Geräte ohne Piloten an Bord sind Pseudoflugzeuge, umgangssprachlich eben Drohnen. Techniker und Militärs nennen sie allerdings ungern so. Lieber werden sie als UAV bezeichnet, die Abkürzung für das englische Unmanned Aerial Vehicle, unbemannte Luftfahrzeuge. Oder aber als Remotely Piloted Aircraft, als ferngesteuertes Fluggerät – denn unbemannt sind sie eigentlich gar nicht, der Pilot sitzt nur nicht darin, sondern an einem Steuerpult am Boden. Noch zumindest, bald werden die ersten Maschinen komplett autonom unterwegs sein. Und auch der Ausdruck Aircraft ist eigentlich ungenau, denn schließlich gibt es Drohnen auch an Land wie zu Wasser.

Ursprünglich war der Ausdruck Drohne sprachlich neutral, mit der Technik wurde vor zehn oder zwanzig Jahren in der Öffentlichkeit nicht viel mehr verbunden als ein logischer Fortschritt der Luftfahrt. Es gab sie nur als militärisches Gerät, was bedeutete, dass sie außerhalb der Übungs- und Kampfgebiete kaum jemand zu Gesicht bekam. Wie jede neue Militärtechnik wurden sie außerdem erst einmal geheim gehalten, und selten waren sie auch. Erst ab 2001 begannen die USA, sie in Massen einzusetzen. Und erst seit den Kriegen in Afghanistan und Irak sind Drohnen jedem ein Begriff – seit die USA in etlichen Ländern der Welt ständig tödliche Angriffe fliegen, auch ohne mit diesen Ländern im Krieg zu stehen.

Dabei ist die Idee unbemannter Fluggeräte älter, viel älter. Wer will, kann in den österreichischen Brüdern Franz und Josef Uchatius so etwas wie die Erfinder von automatisiert fliegenden Waffen sehen. Beide waren Oberleutnants der österreichischen Armee und dienten bei der Artillerie. Diese bekämpfte 1849 das aufmüpfige Venedig, das sich vom Habsburgerreich lossagen wollte. Die Geschütze der österreichischen Artillerie konnten Venedig nicht erreichen, da sie nicht weit genug trugen. Die Brüder Uchatius ließen daher im Jahr 1849 unbemannte Ballons steigen, die eine 15 Kilogramm schwere Sprengladung über die Lagune tragen sollten. Eine langsam brennende Zündschnur sollte als primitiver Zeitzünder dafür sorgen, dass die angehängte Sprengladung nach einer halben Stunde zu Boden fiel und dort explodierte. Der Wind trieb die meisten Ballons in die falsche Richtung, ein paar von ihnen auch zurück über die österreichischen Linien, doch im Juli 1849 detonierten einige Bomben am Lido und am Markusplatz. Der Schaden war gering, aber der dadurch ausgelöste Schrecken soll dazu beigetragen haben, dass Venedig kapitulierte und seine Rebellion gegen Österreich beendete.

Es war das erste Bombardement aus der Luft und der erste Versuch, automatisierte fliegende Waffen einzusetzen. In späteren Kriegen gab es weitere Experimente mit Ballonbomben. Japaner und Briten setzten sie in großem Stil noch im Zweiten Weltkrieg ein. Das Problem, dass diese Ballons allein vom Wind gesteuert wurden, lösten auch sie nicht. Außerdem ließen sie sich nicht wiederverwenden. Streng genommen sind die Ballonbomben daher die Vorfahren heutiger Marschflugkörper, englisch Cruise Missile. Diese nichtballistischen raketengetriebenen Bomben sollen ihre Sprengladung mit gleichbleibend hoher Geschwindigkeit ins Ziel bringen. Zwar lenken sie während des Fluges und ändern ihre Richtung, aber ihr kompletter Kurs und ihr Ziel werden bereits vor dem Start programmiert. Sind sie einmal detoniert, bleiben ein großer Krater und von der Cruise Missile nur Trümmer.

Drohnen hingegen sind ferngesteuerte Flugzeuge, die – angetrieben von Propellern oder Jet-Triebwerken – Antennen, Kameras und auch Raketen tragen. Ein Pilot steuert sie während ihres gesamten Fluges aus der Ferne. Hat die Drohne ihren Auftrag erfüllt, fliegt der

Pilot sie von seinem Leitstand aus zum Flugplatz zurück. Er kontrolliert sie dabei jederzeit. Bricht während des Fluges der Funkkontakt ab, versucht die Drohne eine automatische Landung – oder stürzt ab.

Die Geschichte der Drohnen beginnt daher eigentlich erst mit einer Erfindung, die Nikola Tesla auf der Weltausstellung 1898 im Madison Square Garden in New York vorführte: der Funkfernsteuerung, nach ihrer Abkürzung für die englische Bezeichnung *radio controlled* oder *remote controlled* als RC-Steuerung bezeichnet. Der Erfinder hatte ein System entwickelt, um ein fast zwei Meter langes metallenes Modellschiff mit Radiowellen aus der Ferne zu lenken. Schon Tesla sah in der Technik vor allem eine Waffe. Die »zuverlässige und unbegrenzte Zerstörungskraft« seiner Technik werde zu »ständigem Frieden zwischen den Nationen« führen und diesen sichern. Diese Hoffnung, oder besser noch diese Rechtfertigung, findet sich in der Geschichte der Waffen und ihrer Erfinder immer wieder. Obwohl die meisten Menschen Krieg als große Sünde verstehen, finden sie doch immer wieder Entschuldigungen, warum er jetzt gerade doch noch einmal nötig sei, um mit einer letzten Waffe alle Kriege für immer zu beenden.

Die Idee ferngesteuerter Waffen schlug sich bald in der Populärkultur nieder. Der Film »The Airship Destroyer«, auf Deutsch »Der Luftkrieg der Zukunft«, machte sie 1909 bekannt. Eine Flotte Zeppeline greift in diesem Stummfilm England an, bombardiert eine Art gepanzertes Auto, Bahnstrecken, Straßen, Häuser, ganze Städte. Flugzeugen gelingt es nicht, die Angreifer zu stoppen. Doch ein junger Erfinder hat die Lösung: Sein autonomer Lufttorpedo schießt einen der Zeppeline vom Himmel. Der Science-Fiction-Film von Walter R. Booth, der von H. G. Wells inspiriert war, wurde ein Erfolg. Und 1915, als deutsche Zeppeline tatsächlich gegen England flogen, wurde er erneut in den Kinos aufgeführt. Eine interessante Koinzidenz: Die Konstruktion des jungen Erfinders im Film ist heutigen Kampfdrohnen vom Typ »Predator« und »Reaper« verblüffend ähnlich. Auch sein Lufttorpedo hatte schon eine bullig-spitze Schnauze, einen sich nach hinten verjüngenden Rumpf, große Flügel, den Propeller am Heck und ein nach unten gerichtetes Leitwerk.

Ein Jahr später versuchte dann jemand, diese Idee in die Realität umzusetzen. Der Techniker Thomas Raymond Phillips aus Liverpool zeigte 1910 im Londoner Hippodrom sein Torpedo Airship. Mit Hilfe

Deutsche Zeppelin-Luftschiffe als neues »Kriegswerkzeug« auf einem Kaisermanöver 1909.

einer Fernsteuerung ließ er den sechs Meter langen Zeppelin über die Zuschauer hinwegfliegen und warf aus einer sich auf Knopfdruck öffnenden Schachtel Papiervögel über ihnen ab. Auch Phillips hatte dabei nur die Waffe im Sinn. »Ich kann in einem Sessel in London sitzen und mein Luftschiff einen Blumenstrauß in den Garten eines Freundes in Manchester oder Paris oder Berlin werfen lassen«, zitierte ihn die *New York Times* am 22. Mai 1910. Doch nicht um Blumen gehe es dem Erfinder, schrieb die Zeitung weiter, sondern um Bomben. Er könne sein Luftschiff mit Dynamit beladen, es von seinem Büro aus auf jede Stadt lenken »und diese Stadt auslöschen«, habe er bei der Veranstaltung gesagt. Zitat Phillips: »Selbstverständlich ist meine Erfindung vor allem eine kriegerische.«

Ein Problem allerdings hatte er nicht gelöst. Während der Veranstaltung wurde er gefragt, woher er denn in seinem Sessel sitzend wissen könne, dass sein Torpedoschiff auch die richtige Stadt erreicht habe. Die Antwort des Erfinders darauf war etwas wolkig, aber prophetisch. Er erzählte etwas von »telefotografischen Linsen«, mit denen er seine Zeppeline ausstatten wolle. Phillips' Luftschiff war zumindest der Idee nach ein Vorläufer heutiger Drohnen. Plante er doch, das ferngelenkte Vehikel nach seinem Einsatz zurückzubeordern, neu zu beladen und immer wieder zu verwenden. Wenige Jahre später setzte die deutsche Armee Luftschiffe genau zu diesem Zweck ein. Sie flogen – wenn auch nicht ferngesteuert – während des Ersten Weltkrieges Hunderte Aufklärungsmissionen über Nord- und Ostsee, dazu Bombenangriffe gegen England, Belgien und Frankreich.

Während das kaiserliche Heer die Luftschiffe förderte, interessierte sich die Kriegsmarine seit 1908 – also noch vor der Veröffentlichung des Films »The Airship Destroyer« und noch vor der Vorführung des ferngelenkten Airships in New York – für die Entwicklung der sogenannten Drahtfernlenkung, der Fernsteuerung mit Hilfe eines mitgeschleppten Kabels. Die Versuche wurden zwischenzeitlich wieder aufgegeben, aber das Kriegsministerium wies nach Beginn des Ersten Weltkrieges Ende 1914 verschiedene Dienststellen an, Fernsteuerungen für Luftschiffe, Flugzeuge, Boote und Torpedos zu entwickeln. Letztlich entschied sich die Kriegsmarine dafür, per Draht gesteuerte Sprengboote bauen zu lassen.

Ab 1916 wurden insgesamt 17 dieser ferngelenkten Boote, die sogenannten FL-Boote, in der Bremer Lürssen-Werft gebaut. Das waren keine Spielzeuge mehr, sondern 13 Meter lange schwimmende Bomben, die 700 Kilogramm Sprengstoff transportierten. Während der Fahrt spulten sie einen 20 Kilometer langen Kupferdraht ab, der sie mit einer Steuerstation an Land verband. Ziel und Richtung bekam der Leitstand dazu von Flugzeugen in der Luft gemeldet. Die FL-Boote setzte die Kriegsmarine während des Krieges mehrfach ein. Der Erfolg war mäßig. Allein die Kabeltrommel an Bord für das Steuerkabel wog 800 Kilogramm, außerdem war die Navigation schwierig, und die Boote erwiesen sich als nicht sehr zuverlässig. Zugleich wurde mit Funkfernsteuerungen experimentiert, wofür man einige FL-Boote entsprechend umrüstete. Sie waren allerdings noch störanfälliger, die Funktechnik taugte noch nicht für den Einsatz im Krieg. Doch die Idee, Waffen aus der Ferne zu steuern, ohne das Leben eines Piloten zu gefährden, war in der Welt.

Georg Wilhelm von Siemens, Sohn und Erbe des Firmengründers Werner von Siemens, übertrug sie in die Luft und ließ ab 1915 einen Torpedogleiter entwickeln, ein unbemanntes drahtgesteuertes Doppeldecker-Flugzeug. Dieses wurde von einem Luftschiff aus abgeworfen und ebenfalls per Kupferdraht gesteuert. Vor dem Ziel

Nachbau des amerikanischen Lufttorpedos »Kettering Bug«, der 1918 getestet wurde.

zerlegte sich das Gerät in der Luft auf ein entsprechendes Steuerkommando hin. Die Konstruktion klappte in der Mitte auseinander und ließ einen Torpedo fallen. Der stürzte ins Wasser und bewegte sich dort weiter in Richtung des zu versenkenden Schiffes. Zwischen 1915 und 1918 wurden ungefähr einhundert dieser Torpedogleiter getestet. Sie waren die Vorläufer heutiger Marschflugkörper, und deutsche Ingenieure waren nicht die einzigen, die in Fernsteuerungen großes Potenzial sahen, um Menschen umzubringen.

Fliegende Ziele

Auftritt Archibald Montgomery Low. Low, geboren 1888 in London, war ein britischer Erfinder, der viele Dinge lange vor ihrer Zeit erahnte und erdachte. Allerdings lag es ihm nicht, Projekte zu Ende zu bringen, schnell ließ er sich von neuen Ideen ablenken. Von der Gasturbine bis hin zum Eierkocher interessierte er sich für viele technische Prozesse und entwarf beispielsweise einen Apparat namens TeleVista, um Lichtwellen in elektrische Impulse zu wandeln, und damit die Technik für spätere Fernseher. Auch diese Idee verfolgte er nicht weiter, sodass bald darauf andere damit berühmt wurden. In einem Feld aber gilt er als Pionier: im Bereich funkgesteuerter Torpedos, Flugzeuge und Raketen. Als der Erste Weltkrieg begann, meldete Low sich freiwillig zum britischen Militär. Sein Auftrag lautete, eine ferngelenkte Waffe zu entwickeln, die die deutschen Zeppeline abschießen konnte.

Unter dem Tarnnamen »Aerial Target«, also ein Gerät für Luftzielübungen, baute er zusammen mit seinem Team einen Prototypen. Am 21. März 1917 flog dieser bei der Upavon Central Flying School in der Nähe von Salisbury Plain im Süden Englands zum ersten Mal. Es war ein schmaler Eindecker mit Kufen und einem kleinen Motor. Er wurde mit Druckluft von der Ladefläche eines Lastwagens gestartet, ebenfalls ein Novum. Low konnte die Maschine dabei per drahtloser Fernsteuerung kontrollieren, zumindest eine kurze Zeit lang, dann setzte der Motor aus, und sie ging zu Bruch. Doch genügte das, um zu demonstrieren, dass ein Flugzeug per Funk gesteuert werden kann. Es war der erste Flug einer Drohne. Low verbesserte sie anschließend, aber nachdem drei weitere Testflüge schiefgegangen waren, sah das Militär keine Perspektive dafür und stellte das Projekt alsbald ein.

In den USA gab es zur gleichen Zeit Versuche, ein Flugzeug mit Autopilot zu schaffen, das als fliegende Bombe Sprengstoff ins Ziel transportieren sollte. Einer der Erfinder der Maschine, Elmer Sperry, wollte diese per Fernsteuerung lenken. Er hatte zuvor bereits Gyroskope erforscht, mit denen sich Schiffe und Torpedos automatisieren ließen. Sein Kollege Peter Hewitt sprach sich für Gyroskope statt Funk zur Steuerung aus, da sich damit der Flug besser stabilisieren ließ, um einen einmal eingeschlagenen Kurs zu halten. Daneben wurden ein Barometer für die Höhensteuerung eingesetzt und ein Messgerät für die im Flug zurückgelegte Entfernung. Daher ist das nach seinen Entwicklern benannte Hewitt-Sperry Automatic Airplane ebenfalls eine Art Vorläufer der Cruise Missiles. Das Gerät flog, erreichte sein »programmiertes« Ziel und warf dort einen Sandsack ab. Allerdings erfüllte es nicht alle Anforderungen der Navy, da der Autopilot etwaigen Wind nicht ausgleichen konnte.

Daraufhin wurde die Fernsteuerung in Wasserflugzeuge eingebaut – und dieses Mal funktionierte es: Die Flugeigenschaften der

Eine 1944 gebaute de Havilland DH-82B »Queen Bee«, 2008 bei einer Luftfahrtshow. Der ferngelenkte Doppeldecker gilt als Urdrohne.

erprobten Wasserflugzeuge waren besser als die der Sperry'schen Eigenkonstruktion. Die Maschine flog, erreichte ihr Ziel und kehrte zurück. Aber es war ein zweites Flugzeug nötig, von dem aus die Maschine gesteuert werden musste. Das flog in einiger Entfernung hinterher, was in den Augen der Armee nicht praktikabel war. Die Entwicklung wurde schließlich eingestellt.

Dabei funktionierte sie. Die umgerüstete »Curtiss« N-9H flog 1923 mehrfach auch vom Boden aus gesteuert und ohne Begleitflugzeug. Während der Flüge bei Washington, D.C. saß zur Kontrolle immer noch ein Pilot im Cockpit. Doch am 15. September 1924 stieg auch dieser erstmals aus, und die N-9H flog 40 Minuten ausschließlich ferngesteuert. Bis auf eines führte sie jedes der 50 funkübertragenen Kommandos korrekt aus, anschließend ließen die Lenker am Boden sie sicher wieder am Ausgangspunkt landen.

Nur wenige Tage zuvor war den Briten das Gleiche geglückt, auch wenn beide Teams nichts voneinander wussten, da ihre Experimente streng geheim gehalten wurden. Den Briten wie den Amerikanern ging es vor allem darum, Zieldrohnen für die Ausbildung von Geschützbedienungen zu bauen. Das erste große Flugzeug, das die Briten auf diese Art lenkten, war die Fairy III F, ein Langstreckenaufklärungsflugzeug, das noch im letzten Jahr des Ersten Weltkriegs zum Einsatz gekommen war. Drei Stück wurden von der ferngelenkten Version unter dem Namen »Fairy Queen« gebaut.

Daneben gab es in den dreißiger Jahren noch eine ferngelenkte Version der sogenannten »Tiger Moth«. Die de Havilland DH.82 war ein Doppeldecker und ein Ausbildungsflugzeug der Royal Air Force. Sie bildete die Basis der ersten Drohne, die mit 400 Exemplaren in größerem Umfang hergestellt wurde, und ist damit so etwas wie die Urdrohne. Die Flügel der »Tiger Moth« und der hölzerne Rumpf des Vorgängermodells DH.60 »Moth« wurden zur Zielübungsdrohne für Schiffsartilleristen umgebaut und dazu per Funk ferngesteuert. Das vordere Cockpit des Zweisitzers war unverändert, bei Überführungsflügen konnte dort ein Pilot sitzen und steuern. Die Funkfernsteuerung befand sich im hinteren Cockpit, von wo aus die Hebel vorn pneumatisch bedient wurden. In dieser Konfiguration hieß die Maschine DH.82 »Queen Bee« – und inspirierte möglicherweise die Bezeichnung »Drohne«.

Teletanks

Zielübungsdrohnen und ferngelenkte fliegende Bomben waren nur zwei Ideen der damaligen Zeit. Eine andere wurde in der Sowjetunion in größerem Umfang getestet und auch im Kampf eingesetzt: ferngesteuerte Panzer, sogenannte Teletanks. Verschiedene Modelle wurden dazu umgebaut, vor allem leichte Panzer wie der T-18 und der T-26. Die ferngelenkte Version hieß dann TT-18 oder TT-26. Die Idee war, bestimmte Waffen oder Sprengladungen möglichst nah an die feindliche Linie heranzuführen. Mit dem Teletank wurde eine Kiste mit 500 Kilogramm Sprengstoff beispielsweise an einen Bunker herangefahren und dort abgelegt. Ein Zeitzünder ermöglichte den Rückzug des Panzers, bevor die Ladung explodierte und den Bunker zerstörte. Gesteuert wurden die Fahrzeuge aus einem zweiten Panzer heraus, der sich in maximal 1500 Metern Entfernung befinden durfte. Ihr größter Nachteil: Die Teletanks waren blind, sie hatten keine Kameras an Bord. Der Fahrer sah nicht, was direkt vor ihnen geschah. Zumindest im Sowjetisch-Finnischen Winterkrieg 1940/41 wurden

Teletanks verwendet, um Bunker zu zerstören. Auch während des Zweiten Weltkriegs gab es in der Roten Armee zwei Bataillone mit diesen Panzern, die aber kaum zum Einsatz kamen.

Die deutsche Wehrmacht nutzte ebenfalls ferngesteuerte Panzer, die allerdings nicht über Funk, sondern über ein abgerolltes Kabel gelenkt wurden. Eigentlich waren es rollende Bomben, allein dazu gedacht, so nah wie möglich am Gegner zu explodieren. Der Leichte Ladungsträger »Goliath« hatte dazu 60 oder 100 Kilogramm Sprengstoff an Bord. Mehr als 7000 Stück wurden von den verschiedenen Versionen produziert und ab 1942 eingesetzt. Wirklich erfolgreich waren sie aber selten. Vor allem die elektrisch betriebene Version erwies sich als unpraktisch, da die Batterie nur für acht Minuten Fahrtzeit reichte. Die spätere Version verfügte daher über einen Verbrennungsmotor. Das gleiche Prinzip nutzte der Mittlere Ladungsträger »Springer«, ein umgebautes Kettenkrad. Damit konnten 330 Kilogramm Ladung transportiert werden. Das Gerät wurde ebenfalls bei der Explosion zerstört, was sich schnell als uneffektiv und teuer erwies. Daneben gab es bei der Wehrmacht ab 1942 noch den Schweren Ladungsträger »Borgward« B IV. Der konnte wie die sowjetischen Teletanks eine Sprengladung von 450 Kilogramm Gewicht am Ziel absetzen und anschließend in Sicherheit gelenkt werden. Den größten Teil der Strecke wurde der »Borgward« dabei von einem Fahrer gefahren. Erst kurz vor dem Ziel stieg dieser aus und lenkte den Rest per Funkfernbedienung. Für den Fahrer bedeutete das ein hohes Risiko, auch weil der B IV recht schwach gepanzert war. Insgesamt wurden mehr als 1500 Stück gebaut.

Russland hat die Idee, komplette Kampfpanzer fernzusteuern, bis in die Gegenwart weitergeführt. Der sowjetische T-72 ist der derzeit meistgenutzte Panzer der Welt. Er existiert in vielen Baureihen, da er immer wieder modernisiert und überarbeitet wurde. So gibt es auch eine ferngesteuerte Version. Basis ist der Kampfpanzer T-72B, der 1985 in die Serienproduktion ging. Der Leitstand befindet sich dabei in einem Lkw vom Typ SIL-131. Fahrer und Schütze sitzen dort und lenken den Panzer mit Touchscreens und Joysticks.

Die Massenproduktion von Drohnen

Nach dem Zweiten Weltkrieg gingen die Drohnen als Zielübungsobjekte in die Massenproduktion. In den USA wurden von der OQ-2 »Radioplane« und ihren Nachfolgeversionen OQ-3 und OQ-14 insgesamt fast 15 000 Stück gefertigt. Sie wurden per Katapult gestartet und sollten eigentlich von den übenden Soldaten beschossen und zerstört werden. Daher hatten die hölzernen Kleinflugzeuge auch kein Fahrwerk zum Landen. Überlebten sie die Zielübungen, konnten sie aber mit einem Fallschirm gelandet und gegebenenfalls wiederverwendet werden.

In der Fabrik des Unternehmens Radioplane in Burbank im Bundesstaat Kalifornien arbeitete in den vierziger Jahren auch eine junge Frau, die später ziemlich berühmt werden sollte: Norma Jeane Dougherty, besser bekannt als Marilyn Monroe. Es gibt ein Foto von ihr aus dieser Zeit, auf dem sie lächelnd einen der Propeller der »Radioplane« in die Kamera hält. Das Foto ist gestellt und wurde im Auftrag des Verteidigungsministeriums gemacht, um Frauen für die Arbeit in den für den Krieg wichtigen Fabriken zu gewinnen.

Der Weltkrieg führte dazu, dass den Roboterflugzeugen nun auch andere Rollen als die der Zieldrohne zugedacht wurden, Rollen, die schon die frühesten Erfinder der Technik erdacht hatten, die bislang aber nicht umgesetzt worden waren. Im Juni 1944, die Invasion der Alliierten an der französischen Küste hatte begonnen, waren am Himmel Tausende Flugzeuge unterwegs über den Ärmelkanal: Bomber, Transportmaschinen, Gleiter. Unter ihnen flogen einige, die nur aussahen wie normale Flugzeuge und eine streng geheime Mission hatten. Der Deckname des Einsatzes lautete »Aphrodite«. Die 8. US-Luftflotte hatte dazu speziell ausgerüstete Bomber vom Typ B-17 »Flying Fortress« und B-24 »Liberator« gestartet. Im Cockpit war eine Fernsteuerung installiert, ihr Rumpf war voll beladen mit Sprengstoff. Es waren fliegende Bomben. Kurz vor dem Ziel sollte der Pilot mit dem Fallschirm abspringen und ein hinter ihnen fliegendes Flugzeug – wie bei den sowjetischen Teletanks – das Kommando übernehmen. Einer der Piloten des Projektes war Lieutenant Joseph P. Kennedy jr., der ältere Bruder des späteren US-Präsidenten John F. Kennedy. Er hatte sich freiwillig für diese Einsätze gemeldet, obwohl er seine Dienstzeit als Bomberpilot eigentlich schon been-

Norma Jeane Dougherty, besser bekannt als Marilyn Monroe, posiert im Juni 1945 mit dem Propeller eines OQ-2 »Radioplane«. Das Fluggerät diente als Zielübungsobjekt.

det hatte und in die Heimat hätte zurückkehren können. Doch er hatte gehört, dass erfahrene Piloten für gefährliche Einsätze gesucht wurden. Einer davon fand am 12. August 1944 statt, das Ziel waren deutsche »Vergeltungswaffen« in der Normandie. Kurz nachdem das zweite Flugzeug das Kommando übernommen hatte, gab es um 18.20 Uhr plötzlich zwei Explosionen in der vorderen Maschine. Die »Liberator« wurde von den siebeneinhalb Tonnen Sprengstoff im Rumpf zerrissen. Die beiden Piloten, Lieutenant Kennedy und Lieutenant Wilford J. Willy, hatten keine Chance, die Maschine zu verlassen. Die Ursache wurde nie geklärt.

Augen für die Drohnen

Trotz der neuen Einsatzaufgaben blieben die Drohnen noch eine eher unwichtige Waffe in den militärischen Arsenalen. Sie hatten ein zentrales Problem: Ihnen fehlten die Augen. Bis in die sechziger Jahre blieben sie deswegen begrenzt auf sehr kleine Bereiche. Der Erste, der sich mit diesem Problem auseinandersetzte, war der ungarische Erfinder Kálmán Tihanyi. Geboren 1897, hatte er Elektrotechnik und Physik studiert und bereits als Jugendlicher erste Erfindungen gemacht. Während des Ersten Weltkrieges diente er in der österreichisch-ungarischen Marine und baute für sie eine ferngelenkte Seemine. 1928 erfand er das Radioskop, ein System zur elektronischen Übertragung von Bildern. Eine Bildaufnahmeröhre wandelte Kameraaufnahmen in elektrische Signale um, und ein Fernsehgerät zeigte sie an. Tihanyi verbesserte dazu die damals schon bekannten Kathodenstrahlröhren. Er gilt damit als einer der Väter des Fernsehens.

1930 lud ihn das britische Luftfahrtministerium ein, nach London zu kommen und dort zu forschen. Da er sich bereits mit ferngesteuerten U-Booten und Torpedos beschäftigt hatte, sollte er für die Briten einen ferngesteuerten Lufttorpedo bauen. Dafür hatte Tihany auch erste Prototypen für eine Kamera entwickelt, mittels derer während eines Fluges das Ziel optisch erkannt we[illegible]lte, um es anschließend anzufliegen. Ein entsprechendes [illegible] sollte »Augen« haben, wie es in einem entsprechenden [illegible] Nummer GB352035 und dem Titel »Automatic sighting [illegible] devices for torpedoes, guns and other apparatus« (Autom[illegible]- und Lenkapparate für Torpedos, Schusswaffen und and[illegible]ieß. Licht- oder hitzeempfindliche Sensoren sollten das [illegible]en und den Lufttorpedo, oder auch einen Panzer oder eine [illegible]tsprechend steuern. Doch erst in den sechziger Jahren w[illegible]-tenübertragung und die elektronischen Sensoren so weit en[illegible]elt, dass sie in die vergleichsweise kleinen Drohnen passten.

2. Vom ersten »Hunter-Killer« zum global operierenden »Sensenmann« (1945–2015)

Die ersten bewaffneten Drohnen

Die Defense Advanced Research Projects Agency (DARPA), die Forschungsabteilung des Pentagon, beschäftigt sich seit ihrer Gründung im Jahr 1958 mit dem Konzept ferngesteuerter Flugobjekte. Die DARPA fungiert als Schnittstelle zwischen dem Geld des US-Verteidigungsministeriums und den Ideen von Universitäten und Unternehmen und sorgt dafür, dass alle drei gemeinsam neue Waffen und neue Technik für das amerikanische Militär entwickeln. In den sechziger Jahren beschäftigte sie sich verstärkt mit Sensoren und Steuerungen, um unbemannte Aufklärungssysteme bauen zu können. Im August 1964 ereignete sich der sogenannte Tonking-Zwischenfall im Golf von Tonking vor Vietnam, der den USA den Vorwand lieferte, gegen Vietnam in den Krieg zu ziehen. Ende 1964 hatten die USA die Zahl ihrer »Militärberater« in Südvietnam bereits auf 23 000 erhöht. Für den weiteren Aufmarsch brauchte man Informationen über den Gegner, und Drohnen halfen testweise dabei, diese zu besorgen.

Die amerikanische Navy hatte schon seit 1962 einen unbemannten Helikopter zur Bekämpfung feindlicher U-Boote im Einsatz. Dieser wurde von einer kleinen Firma namens Gyrodyne Company of America hergestellt und hieß QH-50 Drone Anti-Submarine Helicopter, abgekürzt DASH. Die Sowjetunion hatte in den fünfziger Jahren ein U-Boot-Programm aufgelegt und baute diese schneller, als die USA Abwehrschiffe produzieren konnten. Also wurden Zerstörer mit dem DASH ausgerüstet. Er war drei Meter hoch, 500 Kilo schwer und konnte 100 Kilometer in der Stunde fliegen. Der DASH startete vom Heck der Zerstörer aus und konnte zwei Torpedos tragen, um U-Boote zu beschießen. Gesteuert wurde er vom Schiff aus. Ein Soldat in der Operationszentrale des Schiffes lenkte ihn zu der Position, an der das Sonar des Zerstörers ein U-Boot ausgemacht hatte. Die Position des Helikopters wurde dabei über das Schiffsradar bestimmt. Befand er sich am Ziel, löste der Pilot per Funk die Torpedos aus. Anschließend flog er den DASH zum Schiff zurück.

Die amerikanische Anti-U-Boot-Drohne DASH QH-50 auf dem Flugdeck des Zerstörers USS »Allen M. Sumner« 1967 vor Vietnam.

Das Pentagon experimentierte mit dem DASH, um ihn auch für andere Aufgaben zu nutzen. Im Januar 1965 lief ein Projekt namens »Snoopy« an. Dazu wurden DASH-Hubschrauber mit einer TV-Kamera ausgerüstet, die Bilder von der Küste Vietnams anfertigten und an die Artillerie der Zerstörer sandte. Außerdem wurden DASHs mit Zusatztanks und Sonarbojen ausgestattet, um fast selbständig nach U-Booten zu suchen. Sie flogen dazu zu einem vorher festgelegten bis zu 50 Kilometer entfernten Punkt und warfen dort Sonarbojen ins Wasser. Entdeckten die Bojen ein U-Boot, warf der DASH seine MK-44 Anti-U-Boot-Torpedos hinterher. Bis zu vier Stunden konnte ein solcher Einsatz dauern und machte den DASH zur ersten ferngesteuerten Hunter-Killer-Einheit.

Ab 1968 wurde unter den Projektnamen »Nite Gazelle« und »Nite Panther« damit experimentiert, auch andere Waffen unter den DASH zu hängen. Die Idee war damals bereits, gezielte Angriffe auch gegen einzelne Menschen in Vietnam zu fliegen, so wie es heute »Predator«- und »Reaper«-Drohnen in Afghanistan und anderen Ländern tun. Mit dem Projekt »Nite Gazelle« sollte eine ferngesteuerte Plattform entwickelt werden, um Artilleriestellungen suchen und zerstören zu können. Im parallelen Programm »Nite Panther« ging es um Aufklärungsmissionen für die US Marines, um diese im Kampf durch Livebilder zu unterstützen. Es liefen außerdem Versuche mit ferngesteuerten Hubschraubern, die mit Granatwerfern, Streubomben und Maschinenkanonen versehen waren und ihre Zielinformationen von einer Kamera und anderen Sensoren erhielten. Gesteuert wurden die Maschinen von einer Kontrolleinheit aus, die auf zwei Jeeps installiert war. Drei dieser bewaffneten Drohnen wurden 1968 zu Kampferprobungen nach Vietnam geliefert. Alle drei gingen jedoch verloren. 1969 wurde das DASH-Programm offiziell eingestellt. Die Elektronik war noch zu störanfällig.

Fernaufklärung per Drohne

Die Ryan Aeronautical Company entwickelte seit den fünfziger Jahren für die amerikanische Luftwaffe die Ryan »Firebee«, eine Luftzieldrohne mit Düsentriebwerk. Sie flog bis zu 1100 Kilometer in der Stunde, konnte eine Stunde und 15 Minuten lang in der Luft bleiben und war fast so wendig wie die damals üblichen Jagdflugzeuge. Mehr als 7000 wurden davon für Zielübungen von Piloten gebaut. 1959 untersuchte Ryan Aeronautical, ob basierend darauf nicht auch eine Aufklärungsvariante hergestellt werden könnte. Mit höherer Reichweite und längeren Flügeln, damit sie auch in größerer Höhe operieren konnte, sollte sie Spionageflüge unternehmen. Die Idee war, die Drohne nordöstlich von Norwegen in der Barentssee zu starten, sie über die Sowjetunion hinwegzufliegen und sie in der Türkei zu landen, um die Fotos zu sichern. Das Konzept präsentierte man der US Air Force im April 1960. Nur kurz danach, am 1. Mai 1960, schoss die Sowjetunion das Spionageflugzeug U-2 von Pilot Francis Gary Powers ab. Wenig später, am 1. Juli, holten die Russen eine weitere Aufklärungsmaschine, dieses Mal eine Boeing B-47 »Stratojet«, vom Himmel, wobei vier Besatzungsmitglieder starben und zwei weitere gefangen genommen wurden. Wenige Tage danach genehmigte das Pentagon der Firma Ryan Aeronautical 200 000 Dollar für weitere Versuche mit ihrer unbemannten Maschine.

1962 erhielt das Unternehmen einen Vertrag über 1,1 Millionen Dollar. Dafür lieferte man vier Exemplare des Modells Ryan 147A

Eine amerikanische DC-130 »Hercules« transportiert zwei Luftzieldrohnen des Typs Ryan BQM-34S »Firebee« auf Starthöhe.

»Firefly«. Diese wurden von einem Flugzeug aus gestartet, das sie auf ihre Operationshöhe brachte. Anschließend flogen sie auf einem zuvor festgelegten Kurs. Ein Gyrokompass, ein Höhenmesser und ein Zeitgeber bildeten die Steuerung. Richtung, Flugdauer und Höhe wurden zuvor gespeichert, anschließend sorgte das Programm dafür, dass sie am Ziel umkehrten und auf dem gleichen Kurs zurückkamen. Dort landeten sie dann nach dem Abschalten ihres Triebwerks an einem Fallschirm, sodass die Kapseln mit den Filmen geborgen und ausgewertet werden konnten.

1964 flog die Air Force erste Spionagemissionen mit der »Firefly«. Die war inzwischen umbenannt worden und hieß nun »Lightning Bug«. Und sie flog auch nicht über die Sowjetunion, sondern über China. Die US-Regierung fürchtete, China könne sich in den Krieg in Vietnam einmischen, und wollte Informationen über Truppenbewegungen gewinnen. Insgesamt fünf Starts gab es von Okinawa und von Taiwan aus. Nur zwei der Missionen gelangen, die drei anderen mussten wegen Fehlfunktionen abgebrochen werden oder waren Totalverluste. Trotzdem galt das Ganze als Erfolg, und im Oktober 1964 wurden erste Flüge über Vietnam und weitere über Südchina unternommen. Den Chinesen gelang es allerdings, die Drohnen mehrfach abzuschießen, und sie stellten drei der Wracks 1965 sogar öffentlich aus. Die chinesische Propaganda feierte jeden Abschuss als großen Erfolg, in den USA interessierte sich die Presse kaum für die Spionageflüge – schließlich kamen keine Piloten zu Schaden. Das Konzept ging also auf. Allein 1966 wurden 105 solcher Drohnenmissionen über Vietnam und China geflogen, und die »Lightning Bug« ersetzte mehr und mehr die Spionageflüge mit der »Lockheed U-2«.

Mit dem Ende des Krieges in Südostasien 1975 endete auch die Zeit dieser Drohnen. Zumindest in den USA. Das Militär wurde nach dem Krieg drastisch verkleinert, mit Folgen auch für die Drohnenprogramme. Einige Exemplare aus der »Firebee«-Serie gingen Anfang der siebziger Jahre noch an Israel und wurden dort unter dem Namen »Mabat« für Aufklärungsmissionen in geringer Flughöhe genutzt. China setzte die amerikanischen Drohnen ebenfalls ein. Die während des Vietnamkrieges über Südchina abgeschossenen Exemplare wurden untersucht, nachgebaut und weiterentwickelt. Die chinesische Version trug nach Aussage der Waffenanalysten des sicherheitspolitischen Thinktanks GlobalSecurity.org den Namen »Wu Zhen 5«, kurz WZ-5. Das größte Problem dabei war der Bau der Bodenkontrollstation, da keine erbeutet worden war und die chinesischen Entwickler keine als Vorbild hatten. Letztlich gelang es ihnen jedoch. Die WZ-5 sei in den folgenden Jahren für fotografische Aufklärungsmissionen genutzt worden und habe viel dazu beigetragen, dass China eigene Drohnen bauen konnte.

Auch Israel ging daran, eigene Drohnen zu entwerfen. Das Rüstungsunternehmen IAI, die Abkürzung für Israel Aircraft Industries (bzw. seit 2006 Israel Aerospace Industries), baute 1978 die erste reine Aufklärungsdrohne namens »Scout«. Im Jahr darauf war sie auf der Pariser Luftfahrtshow zu sehen. »Scout« hatte eine Spannweite von fünf Metern und wog leer nur knapp 100 Kilogramm. In einer Kuppel unter dem Rumpf saß die Kamera, die sich um 360 Grad drehen ließ. Da das komplette Fluggerät klein und größtenteils aus Materialien wie Glasfaser gebaut war, konnten es Radargeräte nur schwer orten. In der Luft blieb die Drohne mehr als sieben Stunden. »Scout« war nur der Beginn. In den Jahrzehnten danach entwarf die israelische Industrie eine ganze Reihe von Aufklärungsdrohnen wie »Pioneer«, »Searcher« oder die »Heron«. Letztere fliegt auch die Bundeswehr.

USA, Israel und China waren aber bei weitem nicht die einzigen Länder, die den militärischen Wert ferngelenkter Flugzeuge erkannten. Während des Ersten Golfkriegs von 1980 bis 1988 legte Iran ein Drohnenprogramm auf. Erstes Ergebnis war ein UAV namens »Mohajer«, persisch für Nomade, das zur Aufklärung gedacht war. Vier Prototypen wurden davon 1981 gebaut und sofort an die Front verlegt. Daraus entstand in den folgenden Jahren eine ganze Serie von ferngelenkten Drohnen, sodass der Urtyp später als »Mohajer 1« bezeichnet wurde. GlobalSecurity.org vermutet, dass »Mohajer 1« auch in einer bewaffneten Version existiert hat. Damit wäre aus dem UAV ein UCAV geworden, ein unbemanntes Kampfluftfahrzeug (englisch: Unmanned Combat Aerial Vehicle). Das UCAV soll dabei mit sechs Panzerabwehrgeschossen vom sowjetischen Typ RPG-7 bestückt und auch eingesetzt worden sein, um irakische Stellungen anzugreifen. Sollten die Berichte stimmen, wäre »Mohajer 1« die erste bewaffnete Flugdrohne, die in einem Krieg zum Einsatz kam.

Selbstverständlich arbeitete auch eine weitere große Militärmacht an Drohnen. Die erste sowjetische Maschine, die über das Versuchsstadium hinausgelangte und beim Militär eingesetzt wurde, war die »Lawotschkin« La-17. Sie stammte aus dem Entwicklungsbüro von Semjon Alexejewitsch Lawotschkin, der im Zweiten Weltkrieg erfolgreich Jagdflugzeuge entworfen hatte. Die Drohne sah aus wie ein dünnes Flugzeug, unter dessen Bauch ein großes Jettriebwerk hing. Ein viermotoriger Bomber vom Typ »Tupolew« Tu-4 brachte die La-17 in die Luft. Anschließend konnte sie bis auf 17 000 Meter steigen und eine Stunde in der Luft bleiben. Gesteuert wurde sie per Funk. Die Landung erfolgte eher robust. Da sie kein Fahrwerk hatte, rutschte sie auf dem Bauch, wobei das Triebwerk geopfert wurde. Es war offenbar leichter zu ersetzen als der Rumpf mit den Sensoren. 1953 wurden damit erste Flugtests unternommen, drei Jahre später ging sie in Produktion. Das Triebwerk verbrauchte viel Sprit, und der Start via Bomber war aufwendig. Weiterentwickelte Varianten dieser Drohne wurden vom Boden aus gestartet und erhielten das Triebwerk des Jagdflugzeugs MiG-19. Kufen unter dem Bauch schützten sie außerdem bei der Landung. Bis in die achtziger Jahre wurden Varianten dieser Drohne verwendet und auch nach Syrien und China geliefert.

Raketendrohnen

Neben klassischen Drohnen, also eher langsam fliegenden ferngesteuerten Flugzeugen, arbeitete die Sowjetunion auch an überschallschnellen Varianten. In den fünfziger Jahren hatten die USA und die Sowjetunion bereits ihren gefährlichen Rüstungswettlauf begonnen. Beide Seiten forschten damals an Langstreckenraketen mit atomarem Sprengkopf. In der UdSSR entstand dabei auch eine Drohne. Sie wurde vom Konstruktionsbüro von Andrej Nikolajewitsch Tupolew entworfen. Dort entstand 1960 die Idee einer Langstreckendrohne, die mit mehr als doppelter Schallgeschwindigkeit fliegen sollte. Das Ergebnis war die Tu-123 »Jastreb«, russisch für Falke. Bereits 1964 wurde sie in Dienst gestellt. Die Tu-123 sah aus wie ein großer, fast 30 Meter langer Pfeil – vorn spitz, hinten mit einem riesigen Triebwerk und damit mehr wie eine Cruise Missile. Leer wog sie bereits elf Tonnen, das Startgewicht betrug aufgrund der enormen Spritmenge, die für den Betrieb nötig war, 35 Tonnen. Sie startete vom Boden aus, konnte bis auf 22 000 Meter Höhe steigen, 3200 Kilometer weit und 2700 Kilometer in der Stunde schnell fliegen. Sie hatte Kameras und Sensoren für die Funkaufklärung an Bord. Den Einsatz der Drohne überlebten allein die Daten, die Aufzeichnungen wurden in einer Kapsel per Fallschirm abgeworfen. Die riesige Drohne selbst war ein Wegwerfprodukt, eine geordnete Landung war nicht vorgesehen. Insgesamt 52 davon wurden gebaut und an der Westgrenze der UdSSR stationiert. Sie sollen einige Flüge über Westeuropa absolviert haben, allerdings gibt es dafür keine Bestätigung. Wegen der hohen Kosten des Einwegprodukts übernahmen wieder verstärkt Flugzeuge die Aufklärung. Außerdem gab es kleinere sowjetische Jetdrohnen, die neueren konnten ihre Bilder bereits per Funk übertragen.

Überlegungen, besonders schnelle Drohnen zu bauen, gab es auch in den USA. In den sechziger Jahren beauftragte der Geheimdienst CIA das Luftfahrtunternehmen Lockheed, eine Raketendrohne mit Stealth-Eigenschaften zu entwickeln, die also für das Radar unsichtbar blieb. 1962 begann die Entwicklungsabteilung für Sonderprojekte des Unternehmens, bekannt unter dem Namen Skunk Works, mit der Arbeit. Das Ergebnis war die D-21, die 1965 fertig war. Ihr Startgewicht betrug fünf Tonnen, und sie war fast dreizehn Meter lang. Gestartet wurde sie von einem Trägerflugzeug aus. Ihre Höchstge-

Die amerikanische Raketendrohne »Lockheed D-21« wurde 1965 vom Luftfahrtunternehmen Lockheed als Auftragsarbeit für die CIA entwickelt.

schwindigkeit betrug dabei Mach 3,35, also 3560 Kilometer in der Stunde. Sie flog auf einem programmierten Kurs, um Bilder anzufertigen. Anschließend wurde die Kamera abgeworfen, und die D-21 zerstörte sich selbst. Schon während der Testphase gab es jedoch Probleme, bei einem Testflug zerstörte die Drohne bei ihrem Start das Leitwerk des Trägerflugzeugs, und beide stürzten ab. Im Einsatz war die D-21 nur vier Mal. Zwischen 1969 und 1971 flog sie dabei über China. Keiner der Einsätze brachte das gewünschte Ergebnis.

Von der Aufklärung zur Kampfunterstützung

Die jetgetriebenen Drohnen dienten der Aufklärung, wie sie Flugzeuge schon lange betrieben hatten: Ein möglichst großes Gebiet soll möglichst schnell überflogen werden, um Aufnahmen davon zu fertigen. Militärisch ist das nützlich, weil dabei kein Pilot sein Leben riskieren muss. In den siebziger und achtziger Jahren wurde diese Art der Aufklärung aber zunehmend von Satelliten übernommen, zumindest in den Ländern, die sich deren Entwicklung und Start leisten konnten. Satelliten haben den Vorteil, dass sie bislang unerreichbar für Raketen und andere Abwehrmaßnahmen sind und dass sie sehr große Gebiete überblicken können.

Damit veränderte sich die Aufgabe der Aufklärungsdrohnen: Wenn sie hoch und langsam fliegen und über einer Region kreisen, können sie Einheiten am Boden live mit Informationen versorgen oder, wenn sie bewaffnet sind, auch als ständig verfügbare Artillerieplattform dienen. Dieses Konzept, das die amerikanische »Predator« zuerst im Kampf umsetzen sollte, hatten auch die sowjetischen Konstrukteure erkannt.

Jak, das Konstruktionsbüro von Alexander Sergejewitsch Jakowlew, einem weiteren wichtigen Flugzeugentwickler der Sowjetunion, arbeitete in den frühen achtziger Jahren an einer kleineren, propellergetriebenen Drohne. 1983 fanden erste Testflüge statt. Das Konzept wurde mehrfach überarbeitet und schließlich Mitte der neunziger Jahre unter dem Namen Jak »Shmel 1« bei der Armee eingeführt. Wie die amerikanischen Modelle, unter anderem die »Predator«, hat sie einen Zweitaktmotor und den Propeller am Heck, der sie zwei Stunden lang in der Luft hält. In einer schwenkbaren Kuppel am Bug kann sie verschiedene Kameras tragen und die Bilder zum Boden senden.

Die entscheidenden Erfinder und Nutzer von Kampfdrohnen waren aber eindeutig die USA. Das Verteidigungsministerium sah nach dem Vietnamkrieg vor allem in Cruise Missiles, d. h. vorher programmierten Raketenbomben, erfolgversprechende Waffen. Ganz aufgegeben wurden die Versuche mit ferngesteuerten Fluggeräten aber nicht. Die DASH-Hubschrauber hatten bewiesen, wie vielseitig diese Geräte waren und dass sie nicht nur zur Überwachung taugten, sondern auch zum Kampf. Allerdings galt DASH als zu teuer.

So entstand die Idee, ferngesteuerte Modellflugzeuge weiterzuentwickeln. Der Vorschlag kam von John Stuart Foster. Er war Physiker und hatte das Lawrence Livermore Laboratory geleitet, das am amerikanischen Atomwaffenprogramm beteiligt war. Edward Teller, der Erfinder der Wasserstoffbombe, hatte Foster dorthin geholt. Von 1965 bis 1973 war Foster dann Director of Defense Research and Engeneering im amerikanischen Verteidigungsministerium. Er war damit Leiter der technischen Entwicklung des Ministeriums im Rang eines Staatssekretärs. Und er war begeisterter Modellflugzeugpilot.

Beim Verteidigungsministerium entwickelte man zu dieser Zeit bereits Einsatzkonzepte für verschiedene Drohnentypen: Drohnen mit großer Flughöhe und langer Ausdauer – High Altitude/Long Endurance, abgekürzt HALE – sollten Spionageflugzeuge wie die »Lockheed U-2« ersetzen. MALE-Drohnen (Medium Altitude/Long Endurance – mittlere Höhe, lange Ausdauer) einer mittleren Gewichtsklasse von ungefähr 200 Kilogramm bis zu zwei Tonnen Fluggewicht sollten in geringerer Höhe aufklären und Angriffe fliegen. Und Minidrohnen, die wie Modellflugzeuge billig und leicht zu bedienen waren, sollten in großer Stückzahl produziert werden. Dieses Konzept gilt bis heute, und nicht nur beim US-Militär. Noch immer werden unbewaffnete Fluggeräte in die Klassen HALE und MALE sowie in Minidrohnen eingeteilt, die auf einem Lastwagen oder sogar in einem Rucksack transportiert werden können. Da elektronische Bauteile inzwischen noch sehr viel kleiner geworden sind, existieren nun auch Mikro- und Nanodrohnen, die kaum größer sind als Insekten.

Den Anfang dieser Entwicklung leitete eben John Stuart Foster ein. Er empfahl der ARPA (Advanced Research Projects Agency), kleine und billige Drohnen auf der Basis von Modellflugzeugen zu entwickeln. Ab 1972, seit diesem Jahr unter dem Namen DARPA, förderte die staatliche Agentur die Forschung an Minidrohnen. Das erste Ergebnis waren zwei ferngelenkte Flugzeuge: »Praeire« mit einer Kamera und einem Laserzielgerät, um Bomben am Tage ins Ziel zu steuern, und »Calere«, ausgerüstet mit einem Infrarotsensor und einem Laserzielgerät, um das Gleiche bei Dunkelheit zu tun.

Das Laserzeitalter in der Waffentechnik hatte bereits 1968 begonnen. In jenem Jahr nutzten die USA in Vietnam erstmals lasergesteuerte Bomben, um Lagerhäuser, Brücken und Militärdepots zu zerstören. Der Laserstrahl, der das Ziel für die Bombe markiert, wurde zunächst in der Regel vom Boden aus gesteuert – was bedeutete, dass sich ein Soldat im Kampfgebiet aufhalten musste, um das Objekt anzustrahlen. Die Drohnen »Praeire« (lateinisch für vorangehen) und »Calere« (warm sein, leuchten) sollten das ändern. Sie waren aus stoffbespanntem Holz gebaut und sahen in der Tat aus wie größere Modellflugzeuge. Als Motor diente ein überarbeiteter Rasenmähermotor. Mit dem konnten die Maschinen ungefähr zwei Stunden in der Luft bleiben und dabei circa 20 Kilometer weit fliegen. Über mehrere Jahre hinweg wurden verschiedene Versionen davon gebaut. Die geschätzten Kosten pro Exemplar lagen bei ungefähr 10 000 Dollar – was nach heutiger Kaufkraft einem Wert von 55 000 Dollar entspräche und angesichts der Kosten für heutige Drohnen einen Spottpreis darstellt.

Beide Drohnenmodelle konnten beweisen, dass solche Systeme militärischen Wert haben und sich zu einem vertretbaren Preis herstellen lassen. Für den Masseneinsatz waren sie nicht gedacht. Die DARPA ist eher für Grundlagenforschung zuständig, nicht für die fertige Entwicklung und Produktion von Waffen. Daher übergab sie das Projekt der Army, die es bis zu einsatzfähigen Typen weiterführen sollte. Die Army startete 1974 ein entsprechendes Programm und schrieb eine Kooperation aus. Das Unternehmen Lockheed war der günstigste Anbieter und gewann. Aus dem Programm ging die Lockheed MQM-105 »Aquila« hervor, eine Drohne mit fast vier Metern Spannweite, die drei Stunden fliegen konnte und mit ihrem Laser Bomben ins Ziel lenken sollte. Die »Aquila« gilt als erste einsatzfähige Drohne der US-Armee, obwohl sie nie wirklich im Einsatz war. Lockheed bekam einen Vertrag über 22 dieser UAVs. Zehn Jahre lang wurden sie entwickelt und getestet, doch erfüllten die Fluggeräte nie alle Anforderungen des Militärs. Ursprünglich sollten davon 780 Stück und 72 Startvorrichtungen beschafft werden, doch dazu kam es nicht. Die Kosten gingen weit über das geplante Maß hinaus, und 1987 wurde das Programm eingestellt.

Nach dem Vietnamkrieg hatte die US-Regierung das Militär drastisch verkleinert. Dabei wurden auch die diversen Drohnenprojekte gestrichen, von denen es noch mehr gab als die beschriebenen. Als Nebeneffekt stieg in den Folgejahren Israel zum wichtigsten Entwickler von Drohnen auf. Israel hatte 1977 mehrere der »Praeire«-Systeme von der DARPA gekauft und weiterentwickelt. Daraus gingen verschiedene Modelle hervor, die das Land in seinen Kriegen der folgenden Jahre erfolgreich einsetzte. Was wiederum die Amerikaner so beeindruckte, dass sie eines der Modelle, die RQ-2 »Pioneer«, 1986 für die eigene Truppe anschafften. Die »Pioneer« konnte von Schiffen aus gestartet werden und diente vor allem als Artilleriebeobachter. Die USA flogen damit 1991 während des Zweiten Golfkriegs mehr als 300 Einsätze. Die Drohnen lenkten die amerikanische Schiffsartillerie genau aufs Ziel und erwiesen sich in der Operation »Desert

Storm« als so effektiv, dass irakische Einheiten sich allein bei ihrem Anblick ergeben haben sollen.

Am 3. Oktober 1993 versuchten Soldaten des 75. Ranger Regiments und der »Delta Force« genannten Spezialeinheit der US-Armee, in der somalischen Hauptstadt Mogadischu den Clanchef Mohammed Farah Aidid zu finden und festzunehmen. Der Einsatz der US-Truppen, Teil der vom UN-Sicherheitsrat beschlossenen Operation »Continue Hope« zur Beendigung des Bürgerkriegs in Somalia, endete in einer Katastrophe. Aidids Miliz feuerte mit sowjetischen Panzerabwehrgeschossen vom Typ RPG-7 auf die amerikanischen »Black Hawk«-Hubschrauber über Mogadischu – und holte damit einen Helikopter kurz nach dem Start vom Himmel. Die Rettung der Besatzung scheiterte. Kurz darauf wurde ein zweiter »Black Hawk« abgeschossen. Aus der geplanten Verhaftung wurde die sogenannte Schlacht von Mogadischu. Während der zweitägigen Kämpfe starben 18 US-Soldaten der UN-Truppe und schätzungsweise 1000 Somalier. Aufgebrachte Somalier schleiften die nackte Leiche eines der amerikanischen Toten durch die Straßen. Als US-Präsident Bill Clinton Bilder der Leichenschändung sah, soll er wütend seinen Stab gefragt haben: »Wie konnte das passieren?« Clinton und andere amerikanische Politiker beklagten »den Preis« für die Mission in Somalia als zu hoch – sie meinten die amerikanischen Opfer, nicht die viel höhere Zahl getöteter Somalier. Kurz darauf wurden die US-Soldaten abgezogen.

Das US-Militär entwickelte eine Doktrin, dass es in künftigen Kriegen keine amerikanischen Toten mehr geben dürfe. Thomas Friedman, Journalist der *New York Times*, beschrieb die neue Haltung 1995 als »No-Dead War«. Somalia war nicht der einzige Grund dafür, Mogadischu war nur der Auslöser. Schon in einem früheren Krieg hatten amerikanische Präsidenten innenpolitische Probleme durch ihre außenpolitischen Entscheidungen. Die Bilder des Vietnamkriegs in den sechziger und siebziger Jahren beispielsweise hatten zu Massenprotesten in den USA geführt.

Im Zweiten Golfkrieg 1991 in Kuwait hatten die USA und ihre Alliierten daher fast eine Million Mann an die Front gebracht, bevor sie losschlugen, und vor allem auf Flugzeuge und Bomben gesetzt, um die irakische Armee zu vernichten. Mit dem Ergebnis, dass in den Kämpfen schätzungsweise 20 000 bis 35 000 irakische Soldaten und fast 5000 Zivilisten starben. Die USA und ihre Alliierten verloren durch die Gefechte 190 Soldaten – weitere 248 starben allerdings durch Unfälle und 44 durch sogenanntes *friendly fire*, durch Waffen der eigenen Seite also. Offensichtlich war dieser »Preis« akzeptabel, der Befehlshaber der alliierten Truppe, General Norman Schwarzkopf, bekam eine Siegesparade auf dem Broadway in New York und von der Presse den Spitznamen »Stormin' Norman«.

Inzwischen sind unbemannte Waffen, die fern vom Geschehen aus klimatisierten Containern in der Heimat gesteuert werden können, in den Augen amerikanischer Politiker und Militärs die Lösung für nahezu all ihre Probleme. Seit Mitte der neunziger Jahre forciert die amerikanische Regierung den Einsatz von bewaffneten Hunter-Killer-Drohnen – angetrieben von dem Versuch, Kriege möglichst ohne eigene Verluste zu führen.

Der Mann, der die »Predator« erfand

Die Geschichte der amerikanischen Kampfdrohnen beginnt in einer Garage in Hacienda Heights, einem kleinen Ort östlich von Los Angeles. Abraham Karem war Chefdesigner der israelischen Luftwaffe und hatte für diese während des Jom-Kippur-Krieges 1973 seine erste Drohne gebaut. 1977 wanderte Karem in die USA aus und begann 1980 in seiner Garage, eine weitere Drohne zu bauen. Mehr als ein Jahr brauchte er zusammen mit einem kleinen Team von Ingenieuren. Als er sein Gerät schließlich auf die Straße schob, sah es aus wie ein Torpedo, auf den quer ein langes Brett genagelt worden war. Das Heck bildeten drei Stummelflügel, die im Winkel von 120 Grad um den dort sitzenden Propeller angeordnet waren. Karem nannte seine Drohne »Albatros«. Er hatte sie bewusst einfach konzipiert, aus Sperrholz und selbstgefertigten Fiberglasteilen. Angetrieben wurde sie von einem kleinen Zweitaktmotor, der normalerweise für Karts verwendet wird. Karem wollte beweisen, dass es nicht auf teure Materialien ankommt, sondern auf ausgefeiltes Design und gut zusammenarbeitende Systeme. Drei Entwicklungsstufen später sollte daraus 1995 schließlich die »Predator« werden, die wohl bekannteste Kampfdrohne der USA. »Ich war nicht der Typ, der Raketen an den »Predator« gebaut hat«, zitierte das britische Magazin *Economist* Karem 2012 in einem Text mit der Überschrift »The Dronefather«. »Ich wollte nur, dass UAVs nach denselben Standards für Sicherheit, Zuverlässigkeit und Leistung funktionieren wie bemannte Flugzeuge.«

Er beeindruckte das amerikanische Militär damit nachhaltig. Seine Drohne kreiste 56 Stunden lang über einem Testgelände in Utah, damals eine unglaublich lange Flugzeit. Die DARPA gab Karem und seinem Team daraufhin Geld, um den »Albatros« weiterzuentwickeln. So entstand das nächste Flugmodell »Amber«. Auch »Amber« wurde mehr oder weniger in Heimarbeit entwickelt, dieses Mal mit einem Viertakt-Benzinmotor. Die Elektronik entstand im Wohnzimmer eines Mitglieds von Karems Entwicklungsteam. Sie wurde wegweisend. »Amber« konnte im Vergleich zu ihrer eigenen Größe schwere Nutzlasten mitnehmen und hatte ein einziehbares Fahrwerk, um die Flugeigenschaften zu verbessern. Army und Navy wollten das System in großem Umfang einsetzen, und Karem begann, eine Fabrik für die Produktion aufzubauen.

»Amber« flog 1986 in erster Version, erreichte Höhen von 10 000 Metern und kam auch mit schlechtem Wetter klar. Außerdem war die Drohne vergleichsweise billig. Dank des kleinen Teams und der kurzen Entwicklungszeit kostete jedes Testmodell nur 350 000 Dollar – wenig im Vergleich zu den früheren Versuchen des Militärs, bei denen viele UAVs, wie die »Aquila«, häufig abstürzten. Nach Meinung von Karem war mangelndes Training der Piloten die wichtigste Ursache dafür. Sie flogen zu wenig mit den Maschinen, weshalb er eine billige Trainingsdrohne namens »Gnat 400« baute, mit der die »Amber«-Piloten üben konnten. In 650 Flugstunden verzeichnete »Amber« nur einen Ausfall – der Motor war kaputtgegangen. Im Vergleich zu anderen Modellen dieser Zeit war das eine Verbesserung um den Faktor zehn. Die DARPA übergab das Projekt entsprechend ihrem Aufgabenspektrum 1987 an die Navy, die es zur Serienreife bringen sollte. Was letztlich sein Ende bedeutete. Obwohl zu dieser Zeit längst klar war, dass das Militär Drohnen wollte und brauchte, waren die Prioritäten der Navy nicht so eindeutig. Dort hatte man inzwischen die israelische »Pioneer« beschafft und wollte kein Geld ausgeben, um »Amber« weiterzuentwickeln.

Nachdem das Militär »Amber« aufgegeben hatte, suchte Karem einen Weg, um sein Unternehmen anderweitig zu finanzieren. Auf eigene Kosten entwickelte er das »Gnat«-Trainingsmodell weiter, um daraus eine preiswerte Version für den internationalen Markt zu ent-

Eine bewaffnete MQ-1B »Predator« kurz vor dem Start auf der Ali Base in Irak, 2008.

wickeln. So entstand die »Gnat-750«, eine Mischung aus dem Trainer und der »Amber«, die ein Triebwerk von der Stange und simplere Elektronik hatte. Karem konnte zwar einige an den Mann bringen, aber das rettete seine Firma nicht. Er musste das Unternehmen letztlich an General Atomics verkaufen.

Das Unternehmen übernahm die bestehenden Verträge – unter anderem einen mit dem US-Geheimdienst CIA. Die CIA hatte mehrere der »Gnat«-Drohnen beschafft und setzte sie über Bosnien ein, um Livebilder der Kämpfe dort zu bekommen. Karem, der nun bei General Atomics angestellt war, modifizierte die »Gnat-750« so, dass sie die aufgenommenen Bilder über Satelliten direkt in die USA senden konnte. Das Militär sah darin nun eine »revolutionäre« Technik und gab wieder Geld. Mit diesem wurde die Drohne umgebaut und das ganze Projekt direkt dem Verteidigungsminister unterstellt. Die Satellitenantenne, die bei der »Gnat« in einer eiförmigen Ausbeulung auf dem Rücken der Drohne gesessen hatte, wanderte nun in die dazu umgebaute Nase des Fluggerätes. Das hieß fortan General Atomics MQ-1 »Predator« und sollte später, dann bewaffnet, die meistgebaute Kampfdrohne der Welt werden.

Im Krieg gegen Serbien um die Provinz Kosovo 1999 setzten bereits mehrere beteiligte Alliierte, darunter auch Deutschland, Drohnen zur Aufklärung ein. Doch der Luftkrieg gegen Serbien zeigte auch die Grenzen der unbewaffneten Drohnen: So nützlich sie bei der Aufklärung waren, so verwundbar waren sie auch. Da sie nur sehr langsam flogen und sich nicht verteidigen konnten, blieb allein die Hoffnung, dass sie nicht entdeckt wurden. Relativ einfach konnten sie von Flugabwehrwaffen beschädigt oder abgeschossen werden. Auch war die Technik noch lange nicht ausgereift. Motor, Funkverbindung oder Programmierung fielen teilweise aus oder versagten völlig. Während der Einsätze im Kosovo 1999 verloren die Streitkräfte der beteiligten NATO-Staaten 21, nach anderen Quellen sogar 27 oder 30 ihrer UAVs. Zum Vergleich: Die NATO flog während des 78 Tage dauernden Luftkrieges 35 219 Einsätze. Von den mehr als tausend eingesetzten bemannten Maschinen wurde hingegen lediglich eine Handvoll abgeschossen.

Vom Bastlermodell zum Massenmarkt

Parallel zu »Predator«-Erfinder Karem arbeitete in den USA ein zweites Team an Drohnen, sehr kleinen dieses Mal. Paul MacCready, ein erfolgreicher Segelflieger, beschäftigte sich in seinem Luftfahrtunternehmen AeroVironment gern mit Dingen, die bis dahin unmöglich schienen. 1977 baute man dort den »Gossamer Condor«, das erste Flugzeug, das allein mit der Muskelkraft seines Piloten betrieben wurde und mit dem das Unternehmen den seit Jahren dafür ausgeschriebenen Pokal, den Kremer-Preis, gewann. 1987 entwickelte AeroVironment das erste unbemannte Flugzeug, das Soldaten im Rucksack transportieren und aus der Hand starten konnten. Das wenige Kilo schwere Gerät namens »Pointer« hatte in der Nase eine Kamera zur Beobachtung des Bodens. Das US-Militär kaufte einige als Prototypen, um deren Möglichkeiten zu testen.

Als im Oktober 2001 die ersten Sondereinsatzkommandos der Amerikaner in Afghanistan unterwegs waren, hatten sie zwei »Pointer« dabei, um ihre nähere Umgebung überwachen zu können. In den Bergen und Tälern Afghanistans erwiesen sie sich als so nützlich, dass die Truppe schnell mehr dieser Geräte verlangte. Für Firmen wie AeroVironment entstand ein riesiger Markt. 2001 machte das Unternehmen bereits 29 Millionen Dollar Umsatz. Inzwischen produziert es hauptsächlich Mini-, Mikro- und Nanodrohnen mit Namen wie »Puma«, »Raven« oder »Wasp III« und erzielte damit 2012 einen sprunghaft gestiegenen Umsatz von 325 Millionen Dollar.

Für andere Unternehmen sind die fliegenden Waffen ähnlich ertragreich. General Atomics, der Hersteller der »Predator«- und ihres Nachfolgers, der »Reaper«-Drohne, beschäftigt sich eigentlich mit Kernenergie und Bergbautechnik. Inzwischen aber macht der Firmenzweig, der Drohnen entwickelt, wohl mindestens ein Drittel des Umsatzes aus – genaue Zahlen sind nicht bekannt, da General Atomics nicht an der Börse gehandelt wird und deshalb keiner Informationspflicht unterliegt. Aber allein die »Predator«-Drohnen brachten dem Unternehmen 2005 einen fünf Jahre laufenden Vertrag über 5,7 Milliarden Dollar mit dem Pentagon ein. Für das Nachfolgemodell »Reaper« gibt das Pentagon sogar insgesamt 11,8 Milliarden Dollar aus – noch ist das nur ein Bruchteil der Summen, die für bemannte Kampfflugzeuge veranschlagt werden, doch wird es wohl nicht mehr lange dauern, bis sich auch das ändert.

Immer neue Modelle wurden um die Jahrtausendwende ins Arsenal der Militärs aufgenommen, darunter so kleine wie die RQ-12 »Wasp III« oder so riesige wie die Northrop Grumman »Global Hawk«, die fast 40 Meter Spannweite hat und in 20 Kilometern Höhe zwei Tage lang ununterbrochen kreisen kann. Das amerikanische Militär besitzt inzwischen Tausende Drohnen. Die Zahlen schwanken je nach Quelle und Zeitpunkt. Im Jahr 2008 soll allein die Air Force bereits 5300 unbenannte Fluggeräte besessen haben, zweimal so viele, wie sie damals Flugzeuge hatte.

»Gezielte Tötungen«

Am 11. September 2001 attackierten Mitglieder der bis dahin öffentlich nicht sonderlich bekannten Terrorgruppe Al-Qaida die USA. Bei den mit entführten Flugzeugen verübten Anschlägen starben ungefähr 3000 Menschen. Als Reaktion darauf erklärten die USA Al-Qaida den Krieg und begannen mit der Bombardierung Afghanistans, das von den islamistischen Taliban beherrscht wurde und einer der Rückzugsorte der Terroristen war.

»Hellfire«-Rakete am Flügel einer Drohne vom Typ MQ-1L »Predator«, aufgenommen 2004.

Neben dem offenen Kampf begann ein geheimer, vor der Öffentlichkeit bewusst verborgener Krieg, der bald auch mit Drohnen geführt wurde – ja dessen wichtigste Waffe Drohnen wurden. Der erste bekannt gewordene Angriff mit einer Drohne, der sich gezielt gegen einzelne Personen richtete, die keine Soldaten waren, geschah am 4. Februar 2002 in Afghanistan. Eine von der CIA ferngesteuerte Maschine feuerte im Osten Afghanistans nahe der Stadt Khost auf drei Männer, von denen die CIA einen für Osama bin Laden hielt, den Drahtzieher der Angriffe am 11. September – weil er für einen afghanischen Mann ungewöhnlich groß war. Die Rakete traf drei Unschuldige, die auf der Suche nach Metalltrümmern von Bomben waren, um sie als Schrott zu verkaufen.

Die Drohne hatte eine Rakete des Typs AGM-114 »Hellfire« abgefeuert. »Hellfire« war ursprünglich die Abkürzung für Helicopter Launched Fire and Forget Missile, also eine von Hubschraubern abgefeuerte, ihr Ziel selbständig ansteuernde Rakete. Es ist eine Waffe, die entwickelt wurde, um aus der Luft Panzer abzuschießen, nicht einzelne Menschen. Je nach Ausführung hat sie einen acht oder neun Kilogramm schweren Sprengkopf. Im Umkreis von 15 bis 20 Metern tötet sie alles, Splitter der Explosion sind noch in bis zu 100 Metern Entfernung lebensgefährlich. Diejenigen, auf die damit gezielt wird, haben keine Chance auf Flucht. Ab einer Entfernung von vier Kilometern ist die »Predator« vom Boden aus nicht mehr zu sehen oder zu hören. Diese vier Kilometer legt die »Hellfire« aber in wenigen Sekunden zurück, da sie schneller fliegt als der Schall. Ein kurzes Dröhnen sei zu hören, berichten Augenzeugen solcher Angriffe. Sofort danach erfolge schon die Explosion.

Neben den USA gibt es noch mindestens zwei weitere Länder, die bewaffnete Drohnen bereits in Gefechten eingesetzt und damit auf Ziele am Boden, auch auf Menschen, gefeuert haben: Großbritannien und Israel. Großbritannien nutzte dazu bisher amerikanische Modelle wie die »Predator« oder israelische wie die »Hermes 450« des Herstellers Elbit, arbeitet inzwischen aber an eigenen Drohnen.

Israel hingegen ist bereits seit Jahren ein wichtiger Hersteller, der wie die USA auch als Verkäufer auftritt. Auch wenn die Regierung das offiziell nie bestätigt hat, gilt inzwischen als gesichert, dass die israelische Armee bewaffnete Varianten einsetzt. Aus militärischer Sicht sind es die perfekten Waffen für ein Konzept, das Israel seit Jahren verfolgt, die sogenannten gezielten Tötungen. Seit dem Jahr 2000 bringt Israels Armee Führer der Hamas und anderer militanter Gruppen durch Bombenangriffe oder Raketenbeschuss um. Der Ausdruck »gezielt« ist angesichts der verwendeten Waffen allerdings ein Euphemismus, da dabei in der Regel viele Unbeteiligte ums Leben kamen und kommen. Trotz aller Kritik verteidigt die Regierung die Taktik, ging aber dazu über, Hubschrauber und eben Drohnen einzusetzen, die mehr Genauigkeit versprechen.

Dass Israel die dritte tödliche Drohnenmacht weltweit ist, belegen unter anderem von der Whistleblower-Plattform Wikileaks veröffentlichte diplomatische Meldungen aus den amerikanischen Botschaften. In einem geheimen Bericht der US-Botschaft in Tel Aviv aus dem Jahr 2009 mit der Nummer 10TELAVIV182_a beispielsweise geht es um die israelische Operation »Gegossenes Blei« im Gazastreifen. Am 27. Dezember 2008 hatte die israelische Luftwaffe dabei mit Angriffen gegen die Hamas begonnen, nachdem die militante Gruppierung in der Zeit zuvor vermehrt Raketen auf Israel abgefeuert hatte. In dem Botschaftsbericht wird ein Treffen zwischen amerikanischen und israelischen Regierungsbeamten beschrieben, bei dem unter anderem

Menschenrechtsverletzungen der israelischen Armee während »Gegossenes Blei« diskutiert wurden.

An einer Stelle ist im Rapport zu lesen, was Brigadegeneral Avichai Mandelblit, der leitende Generalstaatsanwalt der israelischen Armee, über seine Ermittlungen berichtet hatte. Speziell geht es um den Angriff auf die Ibrahim-al-Maqadna-Moschee, bei dem 15 Menschen getötet und 40 weitere verletzt worden waren. Die Moschee war während des Abendgebetes getroffen worden, als sich schätzungsweise 200 Menschen darin befanden: »Das UAV schoss zwei Raketen auf die [zwei bewaffneten Volksfront-]Agenten; die erste Rakete verfehlte sie, aber die zweite traf die Agenten. Videobilder des UAV von dem Angriff stützen die Annahme, dass Granatsplitter durch eine offene Tür in die Moschee eindrangen. Obwohl nicht absichtlich auf die Moschee gezielt worden war, sagte Mandelblit, trafen die Splitter des Angriffs die Zivilisten im Inneren.« Der spätere Bericht einer UN-Fact-Finding-Mission zu den Kämpfen, der sogenannte Goldstone-Report, kam allerdings zu dem Schluss, dass die Moschee durchaus das eigentliche Ziel des Angriffs gewesen sein könnte. Die israelische Armee habe darin ein Waffenversteck vermutet.

Drohnen sind für die Streitkräfte aller Länder inzwischen eine Technologie, die als zukunftsweisend gilt – und die alle nutzen wollen, sowohl zur Aufklärung als auch für den Einsatz von Waffen. Größere UAVs kaufen oder leasen die Deutschen wie die anderen Europäer entweder von den USA oder von Israel. Aus eigener Entwicklung kommen nur die kleineren Aufklärungsdrohnen der Bundeswehr. Vor allem in Deutschland sind bewaffnete Drohnen allerdings politisch umstritten – mehr als bemannte Flugzeuge, die ebenfalls Waffen tragen und einsetzen. Die deutschen Streitkräfte verfügen bislang nicht über Drohnen, die bewaffnet werden können. Aber es ist erklärter Wille der derzeitigen schwarz-roten Bundesregierung, diese Technologie zu beschaffen – wenn auch der Weg, wie dieses Ziel erreicht werden kann, noch offen ist (vgl. Kapitel 8 und 13). Da es in Deutschland wie in den anderen Industriegesellschaften Ziel ist, eigene Gefallene zu vermeiden, steigt das Interesse an jeder Technik, die ohne Bodentruppen auskommt. Der Politikwissenschaftler Herfried Münkler sagte in einem Interview in *DIE ZEIT* (34/2014, S. 35), »die Drohne ist das Wesen der postheroischen Gesellschaft«. Der Kampf von Angesicht zu Angesicht, der eben jene früheren Helden hervorbrachte, ist nicht mehr mehrheitsfähig – schon gar nicht bei Kriegen, die so weit weg sind, dass der Durchschnittsdeutsche kaum eine Vorstellung von dem Land hat, in dem da gerade gekämpft wird. Flugzeuge sind die Waffen der Moderne und eben ihre Fortentwicklung die Drohnen.

3. Am Himmel über dir – Fliegende Drohnen und was sie können

Aufklärung vom Sessel aus

Versteckt auf dem riesigen Gelände des Militärlagers Camp Marmal im Norden Afghanistans, der deutschen Basis nahe der Großstadt Mazar-i-Sharif, haben sich die Drohnenpiloten der Bundeswehr eingerichtet. Nahe der Landebahn, die direkt am schwer bewachten Camp entlangführt, stehen, durch einen Drahtzaun gesichert, zwei sandfarbene Container. In ihnen befindet sich die Kontrollstation, mit der die unbemannten »Heron«-Flieger der deutschen Streitkräfte gesteuert werden.

Wer diesen Sicherheitsbereich besuchen darf, bekommt ein Video gezeigt, mit dem die Piloten der Luftwaffe stolz die Fähigkeiten ihres Systems demonstrieren: Ein unauffälliges Stück Straße irgendwo im Norden Afghanistans ist da zu sehen. Mitten auf der Fahrbahn, nur mit der Infrarotkamera zu erkennen, hebt sich ein Fleck mit leicht unterschiedlichen Grautönen ab. An dieser Stelle wurde kurz zuvor gegraben – und vermutlich nicht von Straßenarbeitern. Genau dort, so fand eine Patrouille mit Sprengstoffexperten wenig später heraus, war eine Bombe versteckt. Die »improvisierte Sprengvorrichtung« sollte den nächsten Militärkonvoi treffen, der diese Stelle passiert.

Als »Chair Force« werden Drohnenpiloten im englischen Sprachraum verspottet, eine Verballhornung von Air Force – statt Luftstreitkräfte also Sesselstreitkräfte. Aber das Ziel von Spott werden die Piloten und ihre Kollegen nicht mehr lange sein, sie sind die Zukunft der militärischen Luftfahrt, ja der Waffentechnik überhaupt. Bisher dient der größte Teil der unbemannten Flugzeuge, die weltweit militärisch im Einsatz sind, der Beobachtung, als fliegende Kamerabasis oder als Funkhorchposten. Die sogenannten Aufklärungsdrohnen haben in den vergangenen zwei Jahrzehnten viele Aufgaben der bemannten Aufklärungsflugzeuge übernommen. Ihre Sensoren sehen mehr als das menschliche Auge, sie können Wolkenschichten durchdringen und auch bei völliger Dunkelheit noch Bilder liefern.

Im Gegensatz zu bemannten Fluggeräten spielen für die unbemannten Systeme zudem menschliche Bedürfnisse keine Rolle:

Pilot (links) und Sensor Operator (rechts) sitzen an einer Kontrolleinheit einer MQ-1 »Predator« auf der Balad Air Base 2007 in Irak.

Weder muss der Platz für einen Piloten berücksichtigt werden, noch sind lebenserhaltende Systeme für den menschlichen Bediener erforderlich. Und wie lange sie unterwegs sind, hängt allein von Antrieb, Nutzlast und Tankgröße ab – nicht von der Ausdauer einer menschlichen Besatzung. Bei der »Heron-1«-Drohne der Bundeswehr beispielsweise ist es nicht einmal die Tankgröße, die sie limitiert. Es ist der Ölverbrauch des Motors, der die Höchstflugzeit bestimmt.

Die Drohnentechnologie hat bereits den Charakter der militärischen Aufklärung verändert. Flugzeuge sammeln Daten nur zu einem bestimmten Zeitpunkt, sie überfliegen das Ziel und kehren schnell wieder zurück. Hubschrauber können vielleicht ein, zwei Stunden über einem Ort kreisen. Drohnen aber bleiben viele Stunden, im Zweifel Tage. Aus einzelnen gesammelten Datenpunkten entsteht ein Lagebild in Echtzeit. Auch wenn es unbemannte Flugzeuge schon seit Jahrzehnten gibt, haben erst Miniaturisierung, Digitalisierung und Satellitennavigation die Drohnen zum selbstverständlichen Aufklärungswerkzeug gemacht.

Noch beim Einsatz im Kosovo, beginnend im Sommer 1999, startete die Bundeswehr ihre Aufklärungsdrohnen vom Typ Canadair

CL-289 mit einer Filmkamera an Bord. Das raketengetriebene Fluggerät folgte einem zuvor eingegebenen Kurs, flog verschiedene Wegmarken ab und landete dann an einem festgelegten Ort. Anschließend konnte der Film entnommen und entwickelt, erst dann die Bilder betrachtet werden.

Inzwischen gibt es riesige Maschinen wie die amerikanische »Global Hawk« der Firma Northrop Grumman, die 36 Stunden in der Luft bleiben und enorme Gebiete überblicken kann. Ganz anderen Zwecken dient die 16 Gramm schwere »Black Hornet« des britischen Militärs. Die Hubschrauberdrohne aus norwegischer Fertigung erlaubt es Infanterieeinheiten, einfach mal um die nächste Hausecke zu schauen.

Allen Drohnen gemein ist, dass sie ständig mit einem menschlichen Bediener verbunden sind – auch dann, wenn sie einen zuvor festgelegten Kurs abfliegen oder abfahren. Damit ist der Einsatz von den Möglichkeiten des Datenfunks abhängig. Die Signale können zwar über Satelliten oder über andere, als Relaisstation dienende Drohnen weitergeleitet werden, sodass sich damit Drohnen auch nahezu weltweit steuern lassen. Allerdings braucht die Übertragung der Signale Zeit. Es kann mehrere Sekunden dauern, bis ein Steuerbefehl das Fluggerät erreicht. In kritischen Situationen ist das eine Ewigkeit.

Diese Latenzzeit ist eines der Probleme, die verhindern, dass Drohnen wie bemannte Flugzeuge im kontrollierten Luftraum unterwegs sind: Wenn der Pilot am Boden einen drohenden Zusammenstoß erkennt und das Signal zum Ausweichen gibt, kann es bereits zu spät sein. Deswegen sind in Bereichen, in denen zivile Maschinen fliegen, bislang keine unbemannten Systeme zugelassen. Fliegen dürfen Drohnen nur in Kriegsgebieten, in gesperrten Lufträumen oder in großer Höhe. Verkehrsflugzeuge steigen nicht über 15 000 Meter, der Raum darüber gehört den Drohnen. Die »Global Hawk« beispielsweise erreicht Höhen von 19 000 Metern.

Trotz dieser Beschränkungen sind Militärs weltweit geradezu verrückt nach Drohnen, bewaffnet oder unbewaffnet. Ihre lange Flugzeit erlaubt es, einen Gegner ohne Mühe und ohne dass er es bemerkt über Tage zu überwachen und zu verfolgen. Die Bedienmannschaft am Boden kann sich dabei problemlos abwechseln oder sogar zwischendurch an einen Vertreter übergeben, um auf die Toilette zu gehen. Sollte die Drohne doch entdeckt und abgeschossen werden, bedeutet der Verlust des Flugzeugs nicht auch den Verlust einer Besatzung.

Die USA verfügten 2012 über schätzungsweise 7000 Drohnen unterschiedlicher Größen, inzwischen dürften es weit mehr sein. Die Bundeswehr hat rund 400 Exemplare mehrerer Typen für verschiedene Verwendungen. Die Zahlen aus diesen beiden Ländern sind bekannt, doch wie viele Drohnen es weltweit gibt, bleibt im Dunklen: Große Staaten wie Russland, China oder Indien geben öffentlich keinen oder nur einen begrenzten Überblick über die unbemannten Systeme ihrer Streitkräfte. Sicher ist nur, dass ihre Zahl weltweit steigt und dass immer mehr Länder sie beschaffen und einsetzen.

Der britische *Guardian* versuchte 2012 eine grobe Schätzung und kam zu dem vorsichtigen Ergebnis, dass weltweit mindestens 800 größere Drohnen einsatzbereit seien, verwies aber zugleich darauf, dass das Fehlen jeglicher Daten für Russland und China diese Übersicht sehr unvollständig mache. Die Armada unbemannt fliegender Systeme ist mittlerweile kaum noch zu überschauen. Die vielen taktischen Kleindrohnen, die ebenfalls inzwischen in allen modernen Streitkräften vorhanden sind, werden zumeist überhaupt nicht erfasst.

Geräte wie die kleine »Black Hornet« oder der »Mikado«-Quadrokopter der Bundeswehr zeigen den Truppen am Boden vor allem, was im Umkreis von einigen Kilometern passiert. Gesteuert werden sie von den Soldaten einer Infanterieeinheit mit Hilfe von tragbaren Sende- und Empfangseinheiten. Einige starten wie ein Hubschrauber senkrecht aus eigener Kraft, andere, wie die »Raven« der US-Truppen oder die »ALADIN« (abbildende luftgestützte Aufklärungsdrohne im Nächstbereich) der Bundeswehr, werden wie ein Segelflugzeug mit Muskelkraft in die Luft geworfen, ehe sie in den Flug übergehen.

Eine Klasse größer sind Drohnen, die zwar auch taktischen Zwecken dienen, aber Startgeräte, eine Bedienmannschaft und eine größere Bodenstation benötigen. In den deutschen Streitkräften wird die »LUNA«-Drohne – ein Akronym für Luftgestützte Unbemannte Nahaufklärungsausstattung – mit einem Gummikatapult hochgeschossen. Die Artilleriedrohne »KZO« (Kleinfluggerät Zielortung) startet von einem Lastwagen aus mit Hilfe eines Katapults, bevor sie ihr Raketentriebwerk zündet. Bei der US Army startet der »Hunter«

(Jäger) – trotz seines Namens eine unbewaffnete Drohne – von einer Startbahn.

Um über große Entfernungen hinweg den Überblick über größere Gebiete zu bekommen, werden MALE-Drohnen eingesetzt. Die Maschinen der MALE-Klasse dienen außerdem – bislang als Einzige – auch als Träger für Waffen. Sie benötigen eine Start- und Landebahn und werden aus Bodenstationen wie den Containern im Camp Marmal der Bundeswehr gesteuert. Da die direkte Funkverbindung auf wenige hundert Kilometer begrenzt ist und zudem vom Gelände abhängt, werden Drohnen dieser Größenklasse in der Regel über einen Satelliten geführt. Der Pilot kann dabei im Einsatzgebiet sitzen, wie bei der Bundeswehr üblich, oder Tausende Kilometer entfernt sein, wie es von den USA und Großbritannien praktiziert wird.

Die Fähigkeit, lange zu »loitern« (herumzulungern), haben außerdem die hoch fliegenden Drohnen der HALE-Klasse. In 20 Kilometern Höhe, weit über dem normalen Flugverkehr, ziehen sie ihre Bahnen und können entweder mit Radar beobachten oder mit hoch empfindlichen Empfängern Funksignale erfassen. HALE-Drohnen bleiben mehr als 24 Stunden in der Luft. Bislang haben nur die USA mit der »Global Hawk« ein solches System; der Versuch Deutschlands, eine Variante dieser US-Drohne unter dem Namen »EuroHawk« in die Streitkräfte einzuführen, scheiterte 2013 vorerst. Aufgegeben sind solche Pläne jedoch nicht, nicht in Deutschland und auch nicht in anderen Ländern (vgl. Kapitel 13 u. 14). Die NATO plant seit Jahren, derartige Maschinen für ihr geplantes Alliance Ground Surveillance System (AGS, Bodenüberwachungssystem) anzuschaffen. Die Drohnen sollen die bestehende Luftraumüberwachung durch AWACS-Flugzeuge ergänzen.

Alle diese Drohnen haben im Vergleich zu bemannten Flugzeugen und Hubschraubern neben der Ausdauer einen weiteren Vorteil: Dank ihrer kleineren Motoren sind sie viel leiser als Jets oder Helikopter und damit vom Boden schwerer zu entdecken. Allerdings nur, solange der Gegner nicht über eine moderne Flugabwehr mit Radar verfügt. Denn schwerer abzuschießen sind die unbemannten Fluggeräte nicht, im Gegenteil. Alle bislang eingeführten Drohnen wurden für Missionen entwickelt, bei denen die Seite, die sie einsetzt, über die Lufthoheit verfügt. Da sie vergleichsweise langsam sind, stellen sie für die gegnerische Luftabwehr ein leichtes Ziel dar.

»Kampfdrohnen« gibt es noch gar nicht

Der Begriff »Kampfdrohne«, der sich in der deutschen Debatte für bewaffnete unbemannte Systeme eingebürgert hat, ist im Grunde irreführend. Denn Systeme wie die US-Drohne »Reaper« oder ihre israelischen Pendants können zwar Raketen einsetzen oder kleine Bomben abwerfen, kämpfen wie herkömmliche, bemannte Kampfflugzeuge können sie aber noch nicht. In einem konventionellen Krieg zwischen ähnlich gerüsteten Streitkräften mehrerer Staaten kommen Drohnen deshalb vermutlich noch auf längere Zeit nicht zum Einsatz. Auch wenn der Gegner über eine organisierte Luftverteidigung verfügt, bleiben Drohnen eher am Boden.

Die Arbeit an echten Kampfdrohnen hat aber längst begonnen. Die USA haben beispielsweise Drohnen – wie die Lockheed Martin RQ-170 »Sentinel« – mit sogenannter Stealth-Fähigkeit entwickelt, die für das gegnerische Radar schwerer zu entdecken sind. Und das britische Unternehmen BAE Systems hat im Juni 2014 ein Modell namens »Taranis« vorgestellt, das mit Überschallgeschwindigkeit fliegt. Es soll die erste Drohne einer neuen Generation sein, die zu einem Luftkampf mit gegnerischen Kampfflugzeugen in der Lage ist. Diese Drohnen, die nicht mehr unbemannte Fluggeräte heißen, sondern als unbemannte Kampfflugzeuge (UACV, Unmanned Aerial Combat Vehicles oder UACS, Unmanned Aerial Combat System) bezeichnet werden, sollen in Zukunft die bemannten Flugzeuge ablösen, was allerdings noch ein Jahrzehnt oder mehr dauern kann.

Anfang November 2014 unterzeichneten Großbritannien und Frankreich eine Reihe von Vereinbarungen über die Entwicklung eines unbemannten Kampfflugzeugs und stellten für die erste Untersuchungsphase 120 Millionen britische Pfund (ungefähr 150 Millionen Euro) bereit. Das Ganze ist ausdrücklich als langfristiges Projekt angelegt. In der Beschreibung heißt es: Ein unbemanntes Kampfflugzeuges (UCAS) könnte in den 2030er Jahren zu Aufgaben wie dauerhafter Überwachung, Zielmarkierung, Aufklärung und Abschreckung in der Lage sein und auch Angriffe in gegnerischem Gebiet ausführen (vgl. Kapitel 14).

An einem solchen Konzept forschen auch andere Länder. Russland stellte 2007 auf der Luftfahrtmesse MAKS ein erstes UACV mit Tarnkappenfähigkeit vor. Die MiG-»Skat« (Rochen) ist ein unbemannter

Modell einer russischen Kampfdrohne MiG »Skat«, aufgenommen 2009.

Nurflügler, der allein oder zusammen mit bemannten Kampfflugzeugen gegen feste und bewegliche Ziele am Boden eingesetzt werden soll. Die »Skat« war allerdings nur ein Demonstrationsobjekt, eine Flugerprobung gab es nie. 2012 dann erklärte der russische Hersteller Suchoi auf einer chinesischen Luftfahrtmesse, man werde in naher Zukunft mit der Entwicklung von Angriffsdrohnen beginnen. Auch wenn Russland noch keine UACV gebaut hat, zeigt es doch, dass das Konzept längst allgemein verbreitet ist.

Auch in Deutschland wird darüber nachgedacht. Das Luftfahrtunternehmen Cassidian hat dazu gemeinsam mit Spanien die »Barracuda« entwickelt, die 2006 ihren Erstflug hatte. Diese Drohne kann ferngesteuert, aber auch vollständig autonom fliegen und mit vielfältigen Sensoren bestückt werden. Sie ist momentan noch zur Aufklärung gedacht, könnte aber auch als unbemanntes Kampfflugzeug irgendwann das Mehrzweckkampfflugzeug »Tornado« ersetzen.

Außerdem gibt es in der Bundeswehr Überlegungen, die Drohne »Talarion« des europäischen Herstellers Cassidian zum Mehrzweckkampffluggerät auszubauen, das einst bemannte Kampfjets ablösen könnte. »Wir brauchen eine Nachfolge für den ›Tornado‹ als Multi-Purpose-Aircraft«, sagte ein anonym bleibender Offizier der Bundeswehr im Herbst 2014, der an der Planung zu Drohnen beteiligt ist. »Dafür könnte ›Talarion‹ taugen. Das ginge als Waffenträger, für Fotos, für alles Mögliche – wir nennen es ›Future Aircraft System‹.« Die Industrie müsste eine solche »Talarion«-Version allerdings erst einmal entwickeln, bisher ist die Drohne von Cassidian allein als Überwachungsgerät geplant. Allerdings hatte die Herstellerfirma die weitere Entwicklung 2012 eingestellt, weil es aus den beteiligten Staaten vorerst keine Bereitschaft zu einer weiteren Finanzierung gab.

Zeitgleich wird auch an der Drohnenabwehr gearbeitet. Chinesische Staatsmedien berichteten im November 2014 von einem Laser-System, mit dem sich vor allem Kleindrohnen abschießen lassen sollen. Innerhalb von fünf Sekunden würde die entsprechende Laserkanone Ziele in einem Umkreis von zwei Kilometern erfassen und zerstören. Damit könnten sprengstoffbestückte Terrorwerkzeuge bekämpft werden. Größere Flugzeuge kann der Laser allerdings nicht vom Himmel holen – noch nicht.

Während der unbemannte Luftkampf von Roboter gegen Roboter noch im Experimentierstadium ist, sind bewaffnete Drohneneinsätze gegen Ziele am Boden nicht nur Realität, sondern in einigen Konfliktregionen längst Standard. Die USA begannen bereits 2001 damit, ihre »Predator«-Drohnen mit Raketen zu bestücken, 2002 wurden sie zum ersten Mal auch eingesetzt. Obwohl inzwischen zahlreiche Staaten weltweit über Beobachtungsdrohnen verfügen, werden solche bewaffneten Drohnen bislang nur von den USA und Israel hergestellt.

Die Entscheidung über den tödlichen Waffeneinsatz trafen und treffen die Operatoren, die aus ihrer Bodenstation heraus den Flug steuern und auf ihren Monitoren das Kamerabild der Drohne sehen. Dabei sehen sie – das wird in der Debatte meist vergessen – zwar nur das, was die Sensoren ihnen liefern, aber dennoch oft mehr als der Pilot eines bemannten Kampfjets, der eine Bombe, eine Rakete oder einen Marschflugkörper zumeist kilometerweit vor dem Ziel ausklinkt und dabei für seine Entscheidung nur wenige Sekunden Zeit hat. Noch wird der jeweilige Feuerbefehl von Menschen erteilt. In der Debatte sind aber längst auch schon autonome Systeme, die nach zuvor programmierten Regeln selbst die Waffen auslösen (vgl. Kapitel 10 und 15).

Wenn Drohnen vom Himmel fallen

Die *Washington Post* hat 2014 untersucht, wie viele Abstürze amerikanischer Drohnen es seit 2001 gab. Die Zahl ist erschreckend hoch. Insgesamt 418 große Drohnen allein des amerikanischen Militärs sind in diesen dreizehn Jahren gecrasht. Vor allem die »Predator« kam häufig unfreiwillig wieder herunter, dicht gefolgt von den Typen MQ-5A »Hunter« und MQ-9 »Reaper«. Technisches Versagen, menschliche Fehler, schlechtes Wetter – die Gründe sind vielfältig und zeigen vor allem, dass es nicht so einfach ist, ein ferngesteuertes Flugzeug dieser Größe zu beherrschen. Bislang kam dabei kein Mensch zu Schaden, aber nach Aussage der Zeitung ist das nachgerade ein Wunder. Drohnen krachten auf Straßen, auf Häuser, in Flüsse, eine rammte eine Transportmaschine C-130 »Hercules« in der Luft.

Vier Drohnen des Typs »Predator« sind in den Jahren 2008, 2009 und 2011 über Afghanistan sogar spurlos verschwunden. Alle vier waren mit scharfen »Hellfire«-Raketen bewaffnet. Ihre Piloten steuerten sie ohne Probleme, bis die Flugzeuge aus ungeklärten Gründen ihre Satellitenverbindung verloren und damit führerlos weiterflogen. Gleichzeitig hätten die Transponder in den Drohnen nicht funktioniert, sodass sie auf keinem Radarschirm mehr zu sehen gewesen seien, schreibt die *Washington Post*. Eigentlich sind sie so programmiert, dass sie bei einem Verlust der Verbindung umdrehen und zur Startbasis zurückfliegen, aber keine der vier tat das. Die Armee kann nur spekulieren, ob ihre Verbindung gehackt wurde und jemand anderes sie übernahm, oder ob sie irgendwo abgestürzt sind. Keine der vier Drohnen wurde bislang gefunden.

Wer mit Piloten militärischer Drohnen redet oder sich Akten zu diesen Geräten durchliest, der bekommt schnell den Eindruck, dass das eigentliche Wunder die Tatsache ist, dass nicht noch viel mehr passiert. Vor allem in den USA werden Drohnen sofort in den Einsatz geschickt, auch wenn sie noch gar nicht ausgereift und richtig erprobt sind. So wurde einer der Prototypen der »Global Hawk« mit der Bezeichnung »Prototype Air Vehicle-3« (AV-3) in Afghanistan eingesetzt. Da es ständig zu Fehlern und Aussetzern kam, bekam er bald den Spitznamen »Grumpy« (englisch für grantig, mürrisch). Trotzdem flog die Maschine auch bei anderen Operationen in Irak und am Horn von Afrika. Gleichzeitig wurden erkannte Probleme bei neuen Versionen beseitigt. Die Entwicklungsarbeit geschieht also im laufenden Betrieb.

Die »Predator« beispielsweise hatte ursprünglich kein System, um vereiste Teile von eben diesem Eis zu befreien oder auch nur eine Vereisung zu bemerken. Eis ist für Luftfahrzeuge eine tödliche Gefahr, es ist schwer, und es verändert die Flugeigenschaften. Beim Flug durch Wolken kann es sich in Minuten an den Tragflächen bilden. Trotzdem hatte die amerikanische Luftwaffe 2001 alle ihre 60 »Predator«-Drohnen ohne eine Enteisungsanlage gekauft – obwohl eine solche bei diesem Modell schon 1998 erfolgreich getestet worden war, wie der Hersteller General Atomics Aeronautical Systems damals voll Stolz in einer Pressemitteilung verkündete. Das Ergebnis: Nach kurzer Zeit war ein Drittel der Maschinen abgestürzt. Erst die nächste Version, die »Predator B«, erhielt dann eine Enteisungsanlage. Ähnliche Probleme gibt es bei Gewitter. Die »Predator« ist nicht gegen Blitze geschützt. Trifft sie ein Blitz, fällt die gesamte Elektronik aus. Das war wohl auch die Ursache für das Verschwinden von mindestens einer der vier verlorenen Drohnen. Für ein Gerät, das ausdrücklich Bilder auch bei Wolken und schlechtem Wetter liefern soll, ist das ein erstaunliches Versäumnis.

Aber nicht nur amerikanische Drohnen fallen oft herunter. Alle drei »Herons« der Bundeswehr in Afghanistan mussten zwischen 2010 und 2014 ersetzt werden, weil sie beschädigt oder komplett zerstört wurden. Schon im März 2010 crashte die erste »Heron« auf dem Rollfeld, und das auch noch bei ihrem ersten Einsatz. Am 19. Dezember 2010 fiel bei einer »Heron« im Flug der Motor aus, und sie stürzte ab. Der Versuch, sie zu bergen, hätte dann fast noch einer Hubschrauberbesatzung das Leben gekostet. Die »Heron« hat keine Aufhängepunkte an Rumpf oder Tragflächen, um sie mit einem Kran anzuheben. Trotzdem versuchte ein »Chinook«-Transporthubschrauber, sie an den Haken zu nehmen. Sie war jedoch so leicht, dass sie beim Flug unter dem Hubschrauber genug Auftrieb bekam, um selbst wieder in die Luft zu gehen, zeitweise sogar neben dem Hubschrauber herflog und drohte in dessen Rotor zu geraten. Durch den Abwind des Rotors wurde sie dann schließlich wieder nach unten gedrückt, wobei sie in drei Teile zerbrach und endgültig kaputtging. Am 8. November 2013 riss bei einer »Heron« die Funk-

Eine unbewaffnete Heron-Drohne der Bundeswehr wird in Afghanistan für den Start vorbereitet. Seit März 2010 ist die Drohne beim Einsatzgeschwader Mazar-i-Sharif im Dienst.

verbindung zur Bodenstation in Mazar-i-Sharif. Sie zerschellte an einem Berg.

Die Bilanz bei den kleinen Drohnen der Bundeswehr sieht fast genauso trüb aus. »Insgesamt gingen in der Bundeswehr von 871 betriebenen UAV aller Teilstreitkräfte 124 durch Flugunfälle verloren. Dies schließt auch alle Fälle mit ein, in denen UAV bei der systemkonformen Landung so beschädigt wurden, dass eine Reparatur nicht mehr wirtschaftlich war«, teilte das Verteidigungsministerium im Sommer 2013 auf eine Bundestagsanfrage der Linkspartei mit. Später korrigierte das Verteidigungsministerium die Zahl nach oben: Bei insgesamt 137 Flugunfällen und Zwischenfällen sei es »zu einem Verlust des UAS« (Unmanned Aerial System) gekommen.

Die britischen Streitkräfte machten eine noch verheerendere Statistik auf. Bei ihren Einsätzen in Irak und in Afghanistan hätten die Soldaten ihrer Majestät rund 450 Drohnen verloren, musste die Regierung im Februar 2013 auf eine Anfrage des *Guardian* nach dem Informationsfreiheitsgesetz zugeben. Allerdings machte die kleine taktische Drohne »Desert Hawk 3« mit 412 Verlusten den Löwenanteil aus. Von den bewaffneten unbemannten Systemen des Typs »Reaper«, den Großbritannien von den USA gekauft hatte und auch von einer US-Bodenstation aus betrieb, ging eine Maschine verloren. Im Internet gibt es unter http://dronewars.net eine ganze Datenbank, in der eine kleine Gruppe von Kritikern versucht, alle Unfälle und Abstürze zu dokumentieren.

4. Bugs und Hacks – Auch Drohnen sind nur Computer

Mut zur Lücke

Drohnen sind fliegende, fahrende oder schwimmende Computer in einer windschnittigen Hülle. Von außen sehen sie aus wie gefährliche Tiere und sind doch nur vielseitig begabte Roboter, vollgestopft mit Kabeln und Steckern und Platinen. Hardware, die ohne Programmierung nutzlos wäre. Ihre Chips speichern die Befehle, mit deren Hilfe sie navigieren und fliegen, ihre Antennen empfangen Daten von Positionssatelliten und von der Funkfernsteuerung, ihre Sensoren senden Informationen an die Kontrollstation. Deshalb werden Drohnen von den gleichen Problemen geplagt wie jeder Rechner. Denn Daten können manipuliert, Programme gehackt werden. Ebenso wenig sind Drohnen davor gefeit, dass ihre Software Fehler hat und Dinge tut, die sie gar nicht soll. Oder dass sich jemand anderes als der Pilot Zugang zu Daten und Programmen verschafft und damit die Drohne manipuliert oder gar komplett übernimmt.

In den Balkankriegen fiel erstmals auf, wie schwierig es sein kann, fliegende digitale Technik im Kampf zu nutzen. Die USA schickten 1995 den Vorgänger der später als »Predator« bekannt gewordenen Drohnen dorthin, die »Gnat«. Diese funkte ihre Videosignale zur Bodenstation, was damals eine echte Errungenschaft war. Erstmals konnten Kommandeure aus der Ferne mitverfolgen, was auf dem Schlachtfeld passierte. Allerdings dauerte es aufgrund der etwas umständlichen logistischen Struktur der amerikanischen Drohnentruppe damals noch Stunden, bis die Bilder bei denen waren, die sie brauchten. Viel schneller konnten die Menschen in Bosnien die Drohnenbilder sehen – im Fernsehen. Da die Videosignale unverschlüsselt waren, wurden sie auch von Fernsehsatelliten ungewollt empfangen und weiterverbreitet. Es sei leichter, auf dem eigenen Fernseher Drohnenvideos zu finden als den Disney Channel, hieß es damals in Bosnien.

Noch 2008 kämpfte das US-Militär mit diesem Problem. Damals flogen amerikanische Drohnen über Irak und lieferten Videobilder – nicht nur an das amerikanische Militär, sondern auch an die schiitischen Kämpfer dort, die sich gegen die amerikanische Besetzung wehrten. Stundenlanges Videomaterial auf von den Aufständischen erbeuteten Laptops beweise, dass mit online erhältlichen kommerziellen Programmen wie SkyGrabber »regelmäßig« die Signale der US-Drohnen abgefangen worden seien, berichtete 2009 das *Wall Street Journal* unter Berufung auf das Pentagon. In Afghanistan gebe es ebenfalls solche Mitschnitte. Der Artikel ist nüchtern geschrieben, trotzdem ist darin leichtes Entsetzen zu spüren. Entsetzen darüber, dass die modernsten Waffen der USA mit einer Technik manipuliert werden konnten, die für 26 Dollar im Netz erhältlich war.

Interessant ist die Begründung des Pentagon, warum unverschlüsselt gesendet wurde, obwohl eine Codierung längst möglich gewesen wäre. Die Verschlüsselung sei abgeschaltet worden, zitierte der Sender CNN einen nicht genannten Mitarbeiter des Verteidigungsministeriums, da die Bilder an viele verschiedene Empfänger übertragen werden mussten. Würden sie zuvor verschlüsselt, seien sie »für eine Echtzeit-Übertragung zu langsam«. Verschlüsselungsexperten haben für diese Begründung nur ein Lachen übrig. Die Rechenkapazität der Drohnencomputer ist inzwischen völlig ausreichend, um Videos in Echtzeit zu verschlüsseln. Normale HDTV-Fernseher leisten das. Die Chips sind mittlerweile so klein und die Drohnen so leistungsfähig, dass sie problemlos Kryptomodule mitführen können. Das Problem ist vielmehr ein logistisches.

Für eine halbwegs sichere Verschlüsselung müssen die dazu eingesetzten Schlüssel regelmäßig ausgetauscht werden. Das aber muss auf allen Geräten geschehen, die die Bilder empfangen sollen, was mühsam und riskant ist, da viele Menschen Zugang zu den Geräten haben. Denn es geht längst nicht mehr nur um ein paar Kontrollstationen. Die Einheiten am Boden verfügen über »Rover« genannte Laptops und können auf ihnen ebenfalls die Bilder sehen. Und nicht nur US-Einheiten nutzen Rover, auch Streitkräfte verbündeter Nationen wie die Bundeswehr haben gegebenenfalls Zugriff auf die Bilder. »In diesem Umfeld ist die Schlüsselverwaltung ein Alptraum«, schreibt Bruce Schneier, Mathematiker und Experte für Verschlüsselung und Computersicherheit, in einem Beitrag für das Magazin *Wired*. Ein uraltes militärisches Problem in neuem technischen Gewand: Passworte und Parolen nutzen nur etwas, wenn alle, die sie brauchen, sie auch kennen, außer ihnen aber niemand.

Drohnen wie die »Predator« und die »Reaper« kommunizieren auf zwei Arten. Die Steuerbefehle des Piloten erhalten sie über eine Satellitenverbindung. Diese Kommunikation ist grundsätzlich verschlüsselt, und bislang wurde nicht bekannt, dass Unbefugte in sie eingedrungen sind. Die Verschlüsselung zu organisieren ist leicht, denn nur wenige Rechner und Menschen sind daran beteiligt, und sie alle befinden sich in gesicherten Stützpunkten. Die Videobilder der Kameras werden hingegen per Funk übertragen, über den sogenannten Common Data Link (CDL). Dieser wurde beim amerikanischen Militär Anfang der neunziger Jahre als sicheres Übertragungsprotokoll eingeführt, und grundsätzlich können damit Daten auch verschlüsselt übertragen werden. Doch erst waren es die in den Drohnen fehlenden Module, dann die mangelnde Ausstattung der Rover-Laptops, und schließlich die komplexe Schlüsselverwaltung.

Das US-Militär hat das Problem bis heute nicht vollständig gelöst. Nach Entdeckung der kopierten Videos 2008 hatte das Pentagon versichert, alle Drohnen würden mit neuen, verschlüsselten Sendern ausgerüstet. Schnell ging das nicht, wohl vor allem wegen des Preises der Umrüstung. Das Magazin *Wired* berichtete 2012, noch immer würden mehr als die Hälfte aller »Predator«- und »Reaper«-Drohnen ihre Videos unverschlüsselt senden. Nur bei 30 bis 50 Prozent sei die Umrüstung inzwischen erfolgt, und es werde mindestens bis 2014 dauern, die Geräte bei allen umzubauen. Die geringe Priorität der Umrüstung hat sicher damit zu tun, dass in den Datenlecks keine große Bedrohung gesehen wird. Die Videos geben den Milizen zwar unter Umständen Hinweise darauf, welche Bereiche und Straßen die Drohnen überwachen und was sie dabei entdecken können. Vorteile im Kampf aber können sie dadurch wohl eher nicht bekommen. »Ohne Zusammenhang und nur indem man einen zufälligen Videostream betrachtet, ist das Risiko durch eine solche Lauschaktion wohl eher gering«, schreibt Schneier in *Wired*. Das Risiko, dass eine Einheit am Boden nicht mit der Drohne kommunizieren könne, weil sie den falschen Schlüssel habe, sei da schon größer. Trotzdem zeigt das Beispiel die Probleme und Lücken, die eine solche Technik mit sich bringt.

Versagende Software

Am 2. August 2010 drang ein Hubschrauber der US Navy ohne Genehmigung in den gesperrten Luftraum über der amerikanischen Hauptstadt Washington, D.C. ein. Eine halbe Stunde lang taumelte das Gerät ungesteuert über den Himmel, bevor es von seiner Crew eingefangen und wieder auf Kurs gebracht werden konnte. Die Crew saß nicht im Helikopter, sondern in einer weit entfernten Kontrollstation. Es war ein MQ-8B »Fire Scout« von Northrop Grumman, ein ferngesteuerter Kampfhubschrauber. Der ist nicht gerade klein, die Maschine hat einen Rotordurchmesser von mehr als acht Metern und wiegt eineinhalb Tonnen. Ein Absturz in einer dicht besiedelten Region wie Washington hätte durchaus unangenehme Folgen gehabt. Die Ursache für den Blindflug: Die »Fire Scout« hatte den Kontakt zu ihrer Bodenstation verloren und bekam keine Steuerdaten mehr. Eigentlich hätte in diesem Fall ein Notfallprotokoll starten müssen, das die Helikopterdrohne autonom zu ihrem Startpunkt zurückfliegt, doch das Programm versagte, wie später festgestellt wurde.

Das Beispiel zeigt: Es braucht gar keine Hacker, um Drohnen vom Himmel fallen zu lassen. Die Technik ist noch immer nicht sonderlich ausgereift oder gar sicher. Die Schwierigkeiten dabei sind die gleichen, vor denen auch Entwickler von Software für andere Anwendungen und Steuerungen stehen. Je komplexer ein Programm, desto höher ist die Chance, dass im Code Fehler enthalten sind. Im jährlichen Bericht des Government Accountability Office (GAO), in dem die Waffenprogramme und neuen Projekte des Pentagon analysiert werden, schreibt das GAO im März 2011 über die Softwareentwicklung für das Projekt »Global Hawk«: »Das Programm wird mehr als sechs Millionen Zeilen Code verwenden, davon sind mehr als eine Millionen Zeilen neuer Code. Seit dem Start des Projektes ist die Menge an Code um ungefähr dreizehn Prozent gewachsen.«

Drohnen sind letztlich große Softwareprojekte. Sechs Millionen Zeilen Code entsprechen ungefähr der Größe älterer Betriebssysteme wie Windows NT. Und das meint nur den Code, den die Drohne an Bord hat, ohne den in der Steuereinheit am Boden. Fehler lassen sich dabei zwar minimieren, aber sie sind unvermeidlich. Software dieser Größenordnung fehlerfrei zu schreiben, ist unbezahlbar. Kommer-

Der Erstflug der amerikanischen Hubschrauberdrohne MQ-8B »Fire Scout« fand im Dezember 2006 statt.

zielle Programme gelten als stabil, wenn ihre Fehlerdichte nicht größer ist als 0,5 Fehler pro 1000 Zeilen Code und kein Fehler dabei größeren Schaden verursacht. Demnach gilt die Software der »Global Hawk« als stabil, wenn in ihr nicht mehr als 3000 Fehler enthalten sind.

Die Federal Aviation Administration (FAA), die Luftfahrtzulassungsbehörde der USA, hat sich bereits 2004 mit den Ursachen von Drohnenabstürzen beschäftigt. In der Studie heißt es beispielsweise, dass mechanische und elektrische Unzuverlässigkeiten der Drohnen mehr Abstürze verursacht hätten als Fehler der Piloten. Dabei hat die »Global Hawk« in der Statistik einen traurigen Spitzenplatz als die unfallträchtigste Drohne. Doch haben die Prüfer noch ein weiteres, für Drohnen spezifisches Problem identifiziert. Viele der Pilotenfehler, die natürlich auch vorkommen, seien darauf zurückzuführen, dass die Steuerung nicht auf Basis von Konzepten entwickelt wurde, die in der Luftfahrt längst eingeführt und erprobt sind. Folge davon sei, dass Drohnen im Gegensatz zu Flugzeugen nicht wirklich geflogen würden, sondern eher kommandiert, also mit bestimmten Kommandos und Knöpfen gesteuert. Mit anderen Worten: Eine Drohne per Tastatur und Touchscreen zu fliegen, mag funktionieren, sicher ist es nicht. Schon gar nicht, wenn jede Drohne auf andere Art gesteuert werde, wie die Studie bemängelt. Die Entwickler dieser Systeme seien eben keine Flugzeugbauer, konstatiert die FAA.

Den falschen Knopf gedrückt

Auch der Bundeswehr machen Bedienungsfehler zu schaffen. Sie verlor dadurch gleich die erste große Drohne, die sie in den Einsatz schickte. Im März 2010 krachte die erste »Heron 1« der Bundeswehr bei einer ihrer ersten Missionen auf dem Flughafen von Mazar-i-Sharif in Afghanistan in ein geparktes Flugzeug. Der Pilot hatte den falschen Knopf gedrückt. Es gibt ein Video von dem Unfall am 17. März 2010, aufgenommen von der Kamera am Leitwerk der Drohne. Darin ist zu sehen, wie die Drohne nach der Landung auf dem nächtlichen Rollfeld zum Stehen kommt. Plötzlich nimmt das Flugzeug wieder Fahrt auf, beschreibt eine leichte Rechtskurve und hält schließlich auf ein geparktes Transportflugzeug vom Typ Transall zu. Mit 35 Knoten Geschwindigkeit, fast 65 Kilometern in der Stunde, rammt die »Heron 1« die Seite der Transall. Totalschaden bei der Drohne, erheblicher Sachschaden bei der Transall und ein leicht verletzter Mechaniker waren das Ergebnis. Der Oberleutnant, der die »Heron 1« steuerte, drückte versehentlich den Knopf zum automatischen Start. Es war einer seiner ersten Einsätze, er soll ziemlich nervös gewesen sein.

Für die Probleme, die aus vergleichsweise neuartigen Konstruktionen entstehen können, ist auch die »Fire Scout« ein gutes Beispiel. Ihre Steuersoftware stürzte nicht nur ab, sie hatte noch dazu einen Glitch, eine ungewollte Funktion. Die Piloten hatten eine normale Computertastatur vor sich, wenn sie die »Fire Scout« steuerten. Dabei fungierte die Leertaste als Eingabetaste. In bestimmten Situationen konnte sie, wenn sie im falschen Moment gedrückt wurde, den Selbstzerstörungscountdown der Drohne starten. Das passierte beispielsweise einem Drohnenpiloten auf der amerikanischen Fregatte »Halyburton«, auf der 2011 eine MQ-8B stationiert war. Er war mit dem Kabel seines Headset-Mikrofons an die Leertaste gekommen und hatte die Selbstzerstörung gestartet. Letztlich konnte er verhindern, dass die Drohne in der Luft explodierte, aber der Vorfall muss zu einiger Hektik in der Kontrollstation geführt haben. Und er zeigt, wie komplex und anfällig diese Systeme sind.

Nicht nur bei der »Fire Scout« gab es Probleme mit der Software und der Bedienung. Bei der Entwicklung der RQ-4 »Global Hawk«, der derzeit größten Drohne der Welt, gingen gleich zwei Prototypen auf diese Art verloren. Die »Global Hawk« flog 1998 zum ersten Mal und ist von den Drohnen, die die USA beim Militär betreiben, die am weitesten automatisierte. Voll ausgestattet kostet ein Exemplar mehr als 200 Millionen Dollar, der Stückpreis der Prototypen lag immerhin bei rund 45 Millionen Dollar. Einer davon stürzte am 29. März 1999 über dem China Lake Naval Weapons Center in Kalifornien ab. Die Maschine flog in 13 000 Metern Höhe, als sie ein Funksignal empfing, das nicht für sie bestimmt war. Auf einem anderen Testgelände, der Nellis Air Force Base bei Las Vegas in Nevada, fand zur gleichen Zeit ein Raketentest statt. Die beiden Tests waren so weit voneinander entfernt, dass die Verantwortlichen ihre Funkfrequenzen nicht miteinander abgeglichen hatten. Als dann in Nevada an eine Rakete der Befehl gesendet wurde, ihren Flug abzubrechen, empfing diesen auch die »Global Hawk«, die immerhin ungefähr 250 Kilometer Luftlinie entfernt war. Sie führte den Befehl aus und startete ihr für Notfälle gedachtes Absturzprogramm. Immerhin bewies der Unfall die Qualität der Funkausrüstung. Die »Global Hawk« ist nicht nur zur Überwachung mit Kameras gedacht, sie soll auch Funksignale belauschen oder stören.

Eine weitere »Global Hawk« ging am 6. Dezember 1999 während der Erprobung verloren, weil der Pilot ein falsches Kommando eingegeben hatte. Die Maschine hatte beim Flug Schwierigkeiten mit der Temperaturregulierung. Sie landete daher auf einem zuvor programmierten Ausweichflughafen. Nach der fehlerfreien Landung gab der Pilot den Befehl zum sogenannten Taxiing, sie sollte also aus eigener Kraft zu ihrer endgültigen Position rollen. Allerdings wusste der Pilot nicht, dass im Missionsplan der »Global Hawk« zu diesem Befehl eine falsche Geschwindigkeit gespeichert war. Eigentlich sollte die Maschine über den Flughafen hinwegfliegen – mit einer Reisegeschwindigkeit von 287 Kilometern in der Stunde, oder englisch *taxi speed* von 155 Knoten. Die Planungssoftware bekam aufgrund eines Fehlers nicht mit, dass die »Global Hawk« nun aber am Boden war.

Die RQ-4 »Global Hawk« ist die derzeit größte Aufklärungsdrohne der Welt.

Als sie den Befehl zum Taxiing bekam, versuchte die Software, die Maschine auf 287 Kilometer pro Stunde zu beschleunigen. Die »Global Hawk« raste über die Landebahn, kippte weg, riss sich das vordere Fahrwerk ab und rutschte 50 Meter weit in die Wüste. Die Fehler in der Software waren durch Patches entstanden, die andere Fehler beheben sollten. Sie waren unentdeckt geblieben, weil der Programmteil, der sich um die Taxi-Phase kümmerte, aus Kostengründen nicht getestet worden war.

Virusalarm

Ungewöhnliche Konstruktionskonzepte, komplexe Software, Programmierfehler, ungenügende Tests – das alles klingt, als sollte es bei schwer bewaffneten halbautomatischen Flugzeugen besser nicht passieren. Doch es kommt noch schlimmer. »Irren ist menschlich«, lautet eines der sogenannten Murphy'schen Gesetze. Aber weiter heißt es: »Um die Lage wirklich ekelhaft zu machen, benötigt man schon einen Computer.« Und da Drohnen Computer sind, kann man sie hacken, in sie einbrechen.

Im Juni 2011 schlug die Firewall des Verteidigungsministeriums Alarm. Auslöser waren Computer auf der Creech Air Force Base in Nevada, vor allem jene, mit denen die Operatoren der »Predator«- und »Reaper«-Drohnen Kameras und Waffen dieser Drohnen steuerten. Der Virus machte nichts kaputt, er verschickte keine Daten, und er versuchte auch nicht, Schadsoftware aus dem Internet nachzuholen. Aber er registrierte und speicherte jeden Tastenanschlag. Harmlos also war er nicht. Genauso wenig wie die Drohnen, die von Creech aus gesteuert wurden, sie flogen scharfe Einsätze in Afghanistan und in Jemen. Die Techniker der Luftwaffe kamen nicht dahinter, was genau die Aufgabe der Software war. Es sei ein *credential stealer*, ein Programm zum Ausspähen von Passwörtern, vermuteten sie. Was sie aber noch mehr verwirrte, war die Tatsache, dass sie das Programm nicht loswurden. Sie löschten es, doch es kam immer wieder. Es verbreitete sich über USB-Sticks – offenbar hatten Soldaten einen infizierten Stick benutzt, obwohl externe Datenträger verboten sind.

Als die Air Force sich drei Monate nach dem Alarm endlich äußerte, war der Virus noch immer auf den Rechnern. Der Virus sei keine Bedrohung für die Einsätze, er sei lediglich lästig, aber nicht gefährlich, hieß es. Man ignorierte einfach das Problem und machte weiter in der Hoffnung, es werde schon nichts passieren. Wie sich später herausstellte, war es ein Programm, das die von Spielern von Onlinegames genutzten Passwörter ausspähen sollte, um sie betrügen zu können. Ein unvorsichtiger Soldat hatte auf einem der Rechner des Stützpunkts das Onlinegame »Mafia Wars« gespielt und das Programm eingeschleppt. Die Lösung, zu der man schließlich griff, war gründlich: Die Software der Drohnen wurde auf Basis von Linux neu programmiert, weil dieses Betriebssystem weniger oft Ziel von Viren- und Hackerangriffen ist als das zuvor verwendete Windows.

Hacken statt abschießen

Was in Creech ein Unfall war, kann genauso gut als Waffe taugen. Anfang Dezember 2011 war im iranischen Staatsfernsehen ein ungewöhnliches Objekt zu sehen. Voller Stolz zeigte die Führung des Landes ein großes, hellgraues Nurflügelflugzeug, das einem Rochen nicht unähnlich sah. Es war eine RQ-170 »Sentinel«, eine Tarnkappendrohne der USA, die dort in einem Hangar präsentiert wurde. Erst zwei Jahre zuvor war die Existenz dieser Aufklärungsdrohne vom US-Verteidigungsministerium überhaupt zugegeben worden. Nun sollten die Iraner eines dieser ferngesteuerten Hightech-Flugzeuge haben? Noch dazu nahezu vollständig? Ganz unbeschadet war sie offensichtlich nicht, die Flügel wirkten auf den Bildern wie mit Klebeband angeklebt, das Fahrwerk war durch Planen verhängt und möglicherweise nicht mehr vorhanden – dennoch ein großer Erfolg für Iran.

Die lange geheim gehaltene RQ-170 ist vermutlich seit 2007 im Einsatz und fliegt ferngesteuert oder vollautomatisch unbewaffnete Aufklärungsmissionen. Am 4. Dezember 2011 flog eine »Sentinel« eine geheime Spionagemission über Iran, um Atomanlagen zu filmen. Kurz darauf meldeten iranische Medien, man habe nahe der Stadt Kaschmar, mehr als 200 Kilometer von der afghanischen Grenze entfernt, ein unbemanntes Spionageflugzeug abgeschossen. Doch abgeschossen wurde die Drohne wohl nicht, wobei es zwei weitere Versionen der Geschehnisse gibt. Iran behauptet, man habe die »Sentinel« gehackt. Die GPS-Antenne der Drohne sei gestört worden, sodass sie keine Satellitensignale zur Peilung mehr habe empfangen können. Anschließend habe man ihr falsche Ortungssignale geschickt. Spoofing heißt das Verfahren, bei dem in ein mit GPS navigierendes System falsche Koordinaten eingegeben werden. Dass das Verfahren theoretisch auch bei Drohnen funktioniert, war schon länger bekannt. Die Zeitschrift *Christian Science Monitor* berichtete im Dezember 2011, die Iraner hätten das nun bewiesen. Es wird ein namentlich nicht genannter Ingenieur des iranischen Militärs mit der Aussage zitiert, nach der Blockade der Kommunikation durch Rauschen, Jamming genannt, sei die Drohne in den Autopilot-Modus gegangen. Anschließend sei ihr mit falschen GPS-Daten vorgegaukelt worden, sie werde auf ihrem Startflugplatz landen. Die Daten sind möglicherweise nicht genau genug und die Landung deshalb etwas unsanft gewesen, was die kaschierten Schäden erklären würde.

Die USA hingegen behaupteten nach anfänglichem Leugnen und Lavieren, die Drohne sei nicht gehackt worden. Vielmehr sei bei dem Einsatz ein Fehler passiert. Man habe die Kontrolle über die Drohne verloren, und sie sei in einer Region gelandet, wo sie nicht habe landen sollen. Der Geschwindigkeitssensor habe plötzlich völlig irrsinnige Werte angezeigt, berichtete der *New York Times*-Journalist David Sanger 2012 in seinem Buch »Confront and Conceal«. Daraufhin sei ein automatisches Notprogramm angesprungen, habe den Operatoren die Kontrolle abgenommen und die Drohne selbständig gelandet. Erschrocken hätten sie zusehen müssen, schreibt Sanger unter Berufung auf einen mit dem Vorgang vertrauten Geheimdienstmann, wie das geheime Flugzeug zwischen Ziegen auf einer iranischen Weide niederging. Auch diese Version klingt plausibel.

Welche Geschichte stimmt, ist nicht klar. Sicher ist jedoch, dass es iranischen Technikern gelang, die Daten zu hacken, die in der Drohne gespeichert waren. Am 7. Februar 2013 präsentierte das staatliche iranische Fernsehen Videos, die wahrscheinlich von der erbeuteten RQ-170 aufgenommen worden waren. Auch diese Bilder sind bei YouTube zu finden. Darauf ist unter anderem zu erkennen, wie die »Sentinel« bei einem früheren Einsatz auf der amerikanischen Basis im afghanischen Kandahar landet.

Selbst wenn die RQ-170 nicht gehackt worden sein sollte, ist das GPS-Spoofing von Drohnen doch ein realistisches Szenario. Das bewies Todd Humphreys, Assistenzprofessor für Raumfahrtentwicklung an der Universität von Texas in Austin. Im Juni 2012 lud er das amerikanische Ministerium für Heimatschutz ein, ihm dabei zuzuschauen, wie er gemeinsam mit Studenten eine Drohne im Flug hackte und übernahm. Die Idee dazu hatte er, als er über den Vorfall in Iran nachdachte. Der Bau eines GPS-Spoofers sei eigentlich ziemlich simpel, sagte Humphreys später in einer Gesprächsrunde auf der Technikkonferenz TED. Zivile GPS-Signale seien nicht verschlüsselt, und man müsse jedes eingehende Signal beim Empfänger nur zum richtigen Zeitpunkt durch ein stärkeres Signal überlagern. Die dafür nötige Ausrüstung koste weniger als 2000 Dollar. Die Vorführung fand auf dem Truppenübungsplatz White Sands Missile Range in New Mexico statt. Ziel war eine Drohne namens »Hornet Mini«, ein kleiner Überwachungshubschrauber des Unternehmens Adaptive Flight, den das US-Militär einsetzt. Aus mehr als 600 Metern Entfernung wurde er von den Forschern angegriffen. Vor den Augen der Beamten des Heimatschutzministeriums hackte Humphreys die 80 000 Dollar teure Drohne und steuerte sie in einen Sturzflug. Die Drohne hatte keine Möglichkeit, zwischen den echten und den falschen Signalen zu unterscheiden, sie handelte nach denen, die ihre

Antenne erreichten. Als diese Daten ihr suggerierten, dass sie sich steil nach oben bewege, obwohl sie weiter geradeaus flog, reagierte der Autopilot. Bei dem Versuch, die eingegebene Höhe zu halten, senkte er die Nase der Maschine und drückte sie damit in den Sturzflug. Dabei muss der Angreifer nicht einmal viel Energie aufwenden, da GPS-Signale sehr schwach sind. Humphreys Schlussfolgerung: »Gesicherte Navigationssysteme sind lebenswichtig für die sichere Integration unbemannter Systeme in unseren Luftraum.«

Drohnen sind meistens so programmiert, dass sie in ein Notfallprogramm schalten, wenn sie keine Steuerungs- oder Navigationssignale mehr erhalten. Doch diese Programme funktionieren nicht immer, vor allem weil sie selbst auf genaue Positionsangaben angewiesen sind, um das Fluggerät selbständig zur Basis zurückzubringen. Fehlen diese Daten, bleibt wie bei der »Global Hawk« nur der programmierte Absturz oder wie bei der »Sentinel« die Landung auf der Ziegenweide. Allerdings funktioniert ein Angriff wie der von Humphreys demonstrierte nur bei Systemen, die ihre Funksignale direkt von der Bodenstation erreichen, ohne den Umweg über einen Satelliten. Bei Drohnen, die wie die »Predator« über Satellitensignale ihre Steuerbefehle empfangen, ist ein Jamming vom Boden aus kaum möglich. Dazu müssten die Störsignale schon aus der Luft gesendet werden.

Luftkampf

Die Parrot AR.Drone ist ein Spielzeug. Die Besonderheit: Der Hersteller lässt Manipulationen an der Software zu. Über eine Schnittstelle lassen sich Programme installieren und der Parrot so neue Aufgaben und Funktionen übertragen. Ein paar Programmierer haben daraus eine Art Spiel gemacht, einen Wettkampf unter Software-Entwicklern, die DroneGames. Es geht darum, möglichst kreativ mit der Technik umzugehen und neue Einsatzmöglichkeiten zu entdecken. Den ersten Platz gewann 2012 James Halliday. Er hatte einen Virus geschrieben, ein Programm, das sich selbständig auf anderen Rechnern weiterverbreitete. Er injizierte seinen Virus von einer Parrot aus, die an anderen Parrots vorbeiflog. Im Flug installierte sich das Programm auf jeder Parrot in Reichweite, sprang so von Drohne zu

Parrot AR.Drone – eine Kameradrohne, die mit dem Smartphone gesteuert werden kann.

Drohne über und sorgte dafür, dass sie »Amok liefen«, wie Halliday dem Elektronikmagazin *Spectrum* sagte. Er hatte gezeigt, wie man einen ganzen Schwarm dieser Geräte kontrolliert, und damit einen Hinweis auf die Zukunft der unbemannten Luftfahrt gegeben: wie man mit Software kämpft statt mit Raketen.

Inzwischen sind sich die Hersteller von Drohnensystemen der Gefahr von Angriffen auf die Software bewusst. Im Mai 2014 präsentierte die Entwicklungsabteilung des Pentagon, die DARPA, eine unhackbare Drohne. Genauer gesagt handelt es sich um ein Modell, dessen Software erstmals gezielt entwickelt worden war, um Hacks zu erschweren und zu bekämpfen, denn unhackbare Computer gibt es genauso wenig wie unsinkbare Schiffe. High Assurance Cyber Military Systems oder kurz HACMS lautete der Name des Programms, in dessen Rahmen Software für eine Vielzahl von solchen stark gesicherten Systemen entwickelt werden soll, von der Insulinpumpe bis hin zu Drohnen und Satelliten.

Die Idee, Software mit Hilfe von mathematischen Beweisen auf Korrektheit zu prüfen, gibt es schon lange. Bei kommerziellen Programmen gilt sie allerdings als unbezahlbar beziehungsweise als für menschliche Programmierer kaum zu bewältigen. Daher will die DARPA ihre Software in erster Linie von Computern schreiben lassen, die teilautonom arbeiten und dafür klar nachvollziehbaren Regeln folgen. Die Fehlerquelle Mensch soll minimiert werden. Das heißt nicht, dass mit HACMS entwickelte Waffen nicht mehr gehackt werden können. Für jede technische Lösung gibt es Gegenmaßnahmen, manchmal erschreckend simple. Doch wird die Gefahr durch digitale Angriffe nun auch bei Drohnen mitgedacht, nicht anders als bei Rechnern, Smartphones, Autos, Flugzeugen und jedem anderen System, das einen integrierten Schaltkreis enthält.

EINSATZ

5. Zu Wasser und zu Lande – Drohnen gibt es überall

Aufklärer und Minenräumer

Ihre neuesten Drohnen bestellte die Bundeswehr Ende 2013. Ohne großes Aufsehen in der Öffentlichkeit, ohne Parlamentsbeschluss und ohne jegliche politische Debatte, obwohl die öffentliche Diskussion über bewaffnete Drohnen für die deutschen Streitkräfte schon im Gange war. Das Bundesamt für Ausrüstung, Infrastruktur und Nutzung der Bundeswehr (BAAINBw) schrieb die Beschaffung von zwei »autonomen Unterwasserfahrzeugen« zum Preis von insgesamt fünf Millionen Euro aus. Die Bremer Firma Atlas Elektronik erhielt, aus »technischen Gründen« ohne eine vorherige europaweite Ausschreibung, den Zuschlag für die Lieferung von zwei Drohnen des Typs »SeaCat« (Seekatze, auch wie der Fisch Seewolf).

Während die unbemannten Systeme in der Luft heftig und bisweilen emotional diskutiert werden, sind die Drohnen auf und unter Wasser ebenso wie die zu Lande kaum ein Thema in der Öffentlichkeit. Dabei haben vor allem die Unterwassergeräte eine viel längere Geschichte und gehören bei vielen Seestreitkräften weltweit schon seit Jahrzehnten zum Inventar. Wahrgenommen werden sie vielleicht gerade deswegen nicht, zumal sie, im Unterschied zu ihren fliegenden Verwandten, nicht für eine neue Art der Kriegführung stehen. Längst werden auch Überwassereinheiten erprobt, die selbständig ein Gebiet patrouillieren und auf Eindringlinge mit Waffengewalt reagieren.

Die »SeaCat«, die für die Deutsche Marine bestellt wurde, preist der Hersteller als »autonomes unbemanntes Unterwasserfahrzeug« an, das bis zu acht Stunden lang ein Gebiet untersuchen kann. Mit einer Kamera und Sensoren erfasst es die Umgebung, Rechner verarbeiten die Daten und erkennen so Veränderungen. Was das Gerät leisten kann, führte Atlas Elektronik nicht etwa in Nord- oder Ostsee vor, sondern weit im Landesinnern: Sieben Stunden lang navigierte das torpedoförmige Fahrzeug im März 2012 durch den Albstollen in Baden-Württemberg, eine 24 Kilometer lange unterirdische Pipeline, die vor allem die Landeshauptstadt Stuttgart mit Wasser versorgt. Nur auf den ersten 300 Metern wurde die »SeaCat« von einem Operator über ein Lichtwellenkabel gesteuert, den Rest des Weges legte die Drohne nach ihren einprogrammierten Befehlen zurück. Sie orientierte sich mit Laser-Entfernungsmessern und inspizierte zugleich die Wasserleitung. Bei der Marine soll die »Seekatze« der Erkundung und Überwachung von Küstengewässern, Häfen und anderen »maritimen Strukturen« dienen.

Die Bremer Unterwasserdrohnen-Manufaktur hat international einen guten Ruf und kann sich deshalb nach erfolgreichem Einsatz der »SeaCat« weltweit auf Kunden einstellen. Schon ihr »Seefuchs«, international als »SeaFox« vermarktet, war selbst für die US Navy das Mittel der Wahl für eine der politisch schwierigsten Seeregionen: die Straße von Hormus direkt vor der Küste von Iran, einer der wichtigsten Schifffahrtswege für den Öltransport. 2012 bestellte die amerikanische Marine den »Seefuchs«, um Minen ferngesteuert räumen zu können. Das System kann von einem Kriegsschiff aus ebenso eingesetzt werden wie von einem der kleinen Beiboote oder, nach Modifizierung durch die US-Firma Lockheed Martin, von einem Hubschrauber. Anhand der über einen Lichtwellenleiter übertragenen Daten können die Operatoren eine verlegte Seemine erkennen und sie kontrolliert zur Explosion bringen – wenn auch unter Verlust der Drohne. Dieses Einwegverfahren ist jedoch sicherer als der Einsatz von Minentauchern.

Die »Cole« und die Folgen

Zunehmend richtet sich das Interesse auch auf unbemannte Überwassereinheiten: Boote, die ferngesteuert und teilweise auch autonom auf der Wasseroberfläche fahren, Seegebiete überwachen und, wie ihre Pendants in der Luft, mit Waffen ausgerüstet werden können.

Die Industrie Israels, neben der amerikanischen in der Entwicklung und Vermarktung von fliegenden Drohnen weltweit führend, arbeitet seit Jahren an solchen Überwasserdrohnen – auch wenn dieser Begriff meist nicht verwendet wird. Als erstes »unbemanntes Überwasser-Kampfsystem« (Combat Unmanned Surface Vehicle) im Einsatz gilt die »Protector«, ein aufgerüstetes Schlauchboot mit starrem Rumpf, des israelischen Rüstungskonzerns Rafael. Schon 2005 wurden »Protector« an Singapur verkauft. Im Persischen Golf wurde das ferngesteuerte Boot von Kriegsschiffen der US-geführten Koalition ebenso unter Kriegsbedingungen eingesetzt wie im Anti-Piraterie-Einsatz vor der Küste Somalias und, angeblich, auch durch Israel selbst im Mittelmeer.

Als Auslöser für die Entwicklung einer solchen vergleichsweise kleinen, dafür aber schnellen, wendigen und bei Bedarf auch bewaffneten Überwasserdrohne gilt der Anschlag auf den Zerstörer »USS Cole« im Jahr 2000. Das Schiff lag im Hafen von Aden in Jemen, als es völlig überraschend angegriffen wurde. Ein mit mehreren hundert Kilogramm Sprengstoff gefülltes kleines Schnellboot rammte das Kriegsschiff, 17 amerikanische Seeleute wurden bei der Explosion getötet. Effektive Schutzmaßnahmen gegen einen solchen Anschlag gab es nicht, obwohl die Sicherheit von Kriegsschiffen in Häfen ein altes Problem ist. Taucher, im Wasser schwimmende Netze, Balkensperren – das alles sind Verfahren, die es seit vielen Jahrzehnten gibt. Ein echter Schutz sind sie nicht unbedingt. Ein kleiner, schneller Angreifer ist mit Schüssen aus Handfeuerwaffen nicht zuverlässig zu stoppen, und den Feuerbereich der Schiffsgeschütze unterläuft er schnell, wenn das Schiff im Hafen liegt und die Entfernung, die die Attentäter überwinden müssen, nicht sehr groß ist. Autonome und bewaffnete Patrouillenboote bieten also eine interessante Alternative.

Die israelische Marine hat dieses Konzept auf ihre gesamte Küste ausgedehnt. Ferngesteuerte Boote fahren dort vor der Küste und suchen nach Kämpfern, die über das Meer versuchen, Israel zu erreichen. Genau wie ferngesteuerte Luftfahrzeuge bieten auch ferngesteuerte Boote die Möglichkeit, längere Einsätze vor den Küsten zu fahren und zwischendurch lediglich die Bedienmannschaft auszuwechseln.

2014 stellte der israelische Luftfahrtkonzern Israel Aerospace Industries, der auch die »Heron«-Drohnen fertigt, eine Weiterentwicklung vor: das unbemannte Schnellboot »Katana«, benannt nach dem traditionellen Schwert der japanischen Samurai. Es ist mit elf Metern länger als die »Protector« und wurde mit Blick auf zusätzliche Aufgaben konstruiert: »Katana« soll Offshore-Anlagen wie Öl- und Gasfelder bewachen, gefährdete Schiffe wie Flüssiggastanker begleiten und die von Israel beanspruchte Wirtschaftszone im Mittelmeer schützen. Damit sind wohl die reichen Gasfelder vor der Levante gemeint, auch wenn das Einsatzprofil das nicht ausdrücklich sagt. Die neue Drohne ist damit nicht nur für den Küstenschutz konzipiert, sondern auch für die hohe See. Zudem erlaubt das Patrouillenboot sowohl den ferngesteuerten Betrieb als auch den Einsatz mit einer bis zu vierköpfigen Besatzung.

Fahrzeuge ohne Fahrer

An Land sehen sich ferngesteuerte oder gar autonome Fahrzeuge ganz anderen Herausforderungen ausgesetzt als in der Luft oder zu Wasser. Zum einen ist ihre Bewegungsfähigkeit vom Terrain abhängig, das ebenso eine asphaltierte Straße sein kann wie scheinbar unpassierbares Gelände. Von einem Punkt zu einem anderen führt meist keine gerade Linie, sodass eine anhand von Koordinaten vorgegebene Route im Regelfall wenig nützt. Zum anderen erschweren die Geländebedingungen, etwa Höhenzüge, Wald oder auch Gebäude, den Funkkontakt zu solchen Drohnen.

Dennoch gibt es solche unbemannten Geräte zu Lande sogar schon recht lange. Am präsentesten in der Öffentlichkeit dürften die ferngesteuerten Roboter sein, die von Polizei und Militär zum Entschärfen von Bomben oder Sprengsätzen verwendet werden. Aus Nachrichtensendungen kennt man diese kleinen, meist auf Raupenketten fahrenden Vehikel, die mit einem Greifarm verdächtige Gegenstände aufnehmen, transportieren, untersuchen oder im Zweifel zerstören können – mit einer gezielten Sprengladung, einem Hydraulikgeschoss oder einem Hochdruckwasserstrahl. Sprengstoffspezialisten können so aus gebührender Distanz eine Sprengladung erkennen und unschädlich machen.

Der »tEODor« – ein Name gebildet um den englischen Begriff »Explosive Ordnance Disposal« (EOD), deutsch meist als Bombenentschärfung bezeichnet – ist eines der Systeme, die auf diesen Bildern immer wieder auftauchen, schon weil es bei der Bundeswehr wie auch der Polizei im Einsatz ist. Hersteller ist die deutsche Firma Telerob Gesellschaft für Fernhantierungstechnik (inzwischen Teil der britischen Firma Cobham Unmanned Systems), die mit dem Slogan »Entfernung bedeutet Sicherheit« für ihren Manipulationsroboter wirbt.

»Wie andere ferngesteuerte Systeme soll auch der Manipulationsroboter Menschen in den Situationen ersetzen, in denen ihre physische Anwesenheit unmöglich wäre oder ein hohes Risiko bedeuten würde«, heißt es beim tEODor-Hersteller. Das Prinzip, Maschinen für Aufgaben mit den Merkmalen *dull, dirty, dangerous* (langweilig, schmutzig, gefährlich) anstelle von Menschen einzusetzen, steht bei diesen unbemannten Geräten an erster Stelle. Wie auch beim deutlich größeren Schweizer »Mine Wolf«, der Landminen und andere Sprengsätze unschädlich machen soll.

Jenseits solcher Manipulationsroboter, die auf kurze Distanz von einem Bediener eingesetzt werden, richtet sich das Interesse nicht nur von Streitkräften auf größere Landfahrzeuge ohne Besatzung. Der Nachschubkonvoi, der keinen Fahrer mehr braucht, ist eines der Ziele dieser Forschung. Ein zweites ist der Wachmann, der nie müde wird.

Bereits seit 2008 läuft bei der israelischen Armee ein Projekt für unbemannte Bodenfahrzeuge (Unmanned Ground Vehicles, UGV). Der »Guardium« ist ein hochbeiniges Geländefahrzeug, das selbständig an der Grenze zwischen Israel und dem Gazastreifen patrouilliert. Mit seinen Tag- und Nachtsichtkameras und Wärmebildgeräten operiert er näher am Grenzzaun, als es den israelischen Soldaten aus Sicherheitsgründen möglich ist. »Wir können vergrabene Sprengsätze entdecken, Fußabdrücke oder Menschen, die auf den Zaun zukriechen«, lobt ein Leutnant der israelischen Armee das rund um die Uhr betriebsbereite Patrouillenfahrzeug. Gesteuert wird es Kilometer entfernt aus einer Operationszentrale – aber auch bei einem Abbruch der Funkverbindung soll der »Guardium« selbständig seine Fahrt fortsetzen und Hindernissen ausweichen können.

Noch hat das unbemannte Bodenfahrzeug als einzige Waffe einen Lautsprecher an Bord, über den Palästinenser vom Überwinden der Grenze abgeschreckt werden sollen. »Der Guardium ist unbewaffnet«, versichern die israelischen Streitkräfte auf ihrer Webseite im April 2014. Das US-Magazin *Foreign Policy* hielt das nicht davon ab, die Bodendrohne als »Killer-Gokart« zu bezeichnen. Ob überhaupt und gegebenenfalls welche Waffensysteme nachgerüstet werden können, lässt der israelische Hersteller zwar offen, nach Angaben des Fachportals *Defense Update* kann der »Guardium« aber sowohl mit tödlichen als auch mit nichttödlichen Waffen bestückt werden. Den Feuerbefehl würden dann die Bediener in der Kontrollstation geben.

Dem israelischen Patrouillenfahrzeug bleibt ein Problem erspart, das sich unbemannten Landfahrzeugen sonst regelmäßig stellt: Der »Guardium« bewegt sich entlang einer feststehenden Grenzlinie, die noch dazu eben und ohne Hindernisse ist. Landdrohnen müssen aber in der Regel auch auf schwierigem Terrain zurechtkommen. Wenn sie autonom navigieren, wird zudem die Orientierung zu einer großen Herausforderung.

Die DARPA schrieb deshalb vor gut einem Jahrzehnt einen Wettbewerb aus: Eine Million US-Dollar winkten den Forschern oder dem Unternehmen, deren autonom fahrendes Auto einen über 200 Kilometer langen Kurs durch die Wüste von Nevada bewältigte. Beim ersten Wettbewerb im März 2004 kam keiner der Teilnehmer ins Ziel. Eineinhalb Jahre später winkte das doppelte Preisgeld, und vier Teams schafften den Parcours, an ihrer Spitze eine Gruppe der Stanford-Universität unter Leitung des deutschen Robotik-Forschers Sebastian Thrun. Den letzten Wettbewerb dieser Art veranstaltete die DARPA 2007 und schickte die Teilnehmer durch eine Stadtlandschaft.

Auch das europäische Pendant zu den DARPA-Wettbewerben, genannt European Land Robot Trials (ELROB), legt Grundlagen für die Forschung an autonomen Systemen. Dabei sind nicht unbedingt die Streitkräfte der größte oder wichtigste Kunde, denn die Prinzipien, nach denen sich Landfahrzeuge ohne menschliche Eingriffe bewegen, machen zunächst keinen Unterschied zwischen zivilem Transport und militärischem Einsatz. Vorangetrieben werden diese Entwicklungen deshalb auch von zivilen Organisationen und Unternehmen, deren Interesse von Hilfsmaßnahmen bei Unglücken und Naturkatastrophen bis zum fahrerlosen Auto reicht. Der Internetkonzern Google erprobte Letzteres schon ausführlich im kalifornischen Straßenverkehr, wenn auch noch unter menschlicher Aufsicht. Der im Mai 2014 von Google vorgestellte Prototyp geht noch weiter und nimmt dem menschlichen Beifahrer jede Eingriffsmöglichkeit: Er hat weder Lenkrad noch Bremse. Nur einen Panik-Knopf für Notfälle.

Der zivile Konzern ist damit der Idee, die das Militär mit Drohnen zu Wasser, zu Lande und in der Luft letztendlich verfolgt, bereits sehr nahe gekommen: vollständig autonome Gefährte, die einen vorgegebenen Auftrag erfüllen. Mit dem Unterschied, dass ein fahrerloses Auto Personen befördert, nicht Waffen.

Ein motorisierter Vierbeiner und der letzte Schritt

Inzwischen gibt es verschiedene Ansätze, autonome Landdrohnen zu bauen. Viele basieren auf klassischen Fahrzeugen, andere orientieren sich an der Tierwelt. Die amerikanische Armee hält die Gepäcklast ihrer Soldaten für eines der größten Probleme in modernen Kriegen. 40 bis 50 Kilogramm trägt ein Soldat heute auf dem Weg ins Gefecht, was seine Ausdauer stark begrenzt. LS3 soll das ändern. Das ist die Abkürzung für Legged Squad Support System (Gehendes Truppen-Unterstützungssystem), ein vierbeiniger Roboter, der wie ein Esel ohne Kopf aussieht und den Soldaten selbständig folgen und Material für sie tragen soll. Der »AlphaDog«, wie das Gerät auch heißt, wird von einem Verbrennungsmotor angetrieben und ist selbst in unwegsamen Gegenden trittsicher. Der Roboter transportiert Munition, Ausrüstung oder auch Verwundete. Außerdem ist er ein mobiler Generator, an dem die Soldaten die Batterien ihrer Funkgeräte aufladen können.

Gesteuert wird LS3 durch Sprachbefehle. Derzeit kann er zehn verschiedene Kommandos wie »Motor an«, »Halt« oder »dicht folgen« verstehen. Er bewegt sich mal so nah wie möglich bei seinem Trupp, mal in einem zuvor festgelegten Abstand und Korridor. Dank seiner Selbständigkeit muss die Einheit bei der Suche ihres Weges keinerlei Rücksicht auf den Roboter nehmen. Außerdem kann er, wie Drohnen in der Luft, zuvor programmierte Wegpunkte ansteuern und autonom Nachschub liefern. Die Maschine kann auch in einer Art Schleichmodus betrieben werden, wobei der Motor dann nur noch einen Geräuschpegel von etwa 40 Dezibel erzeugt. LS3 kommt mit einer Tankfüllung ungefähr 30 Kilometer weit. Künftig soll er außerdem bei Beschuss selbständig in Deckung gehen können und noch mobiler werden. Tiefer Schnee zum Beispiel macht ihm derzeit noch zu schaffen. Doch schon jetzt wirkt er ausgesprochen stabil. Fällt

»AlphaDog« doch einmal hin, kann er sich allein wieder aufrichten. Nur selten braucht er dabei Hilfe in Form eines Schubsers von der Seite.

Erstmals unter realistischen Bedingungen eingesetzt wurde LS3 bei der alle zwei Jahre abgehaltenen Übung der US-Pazifikflotte namens »Rimpac« im Juli 2014. Das Gerät, dem die Soldaten des 3rd Battalion 3rd Marines den Spitznamen »Cujo« gaben, lieferte dabei Nachschub. Mit dem Gelände kam Cujo dabei meistens gut zurecht. Allerdings störte die Soldaten der Motorenlärm, weshalb sie ihn eher in den hinteren Linien nutzten. Entwickelt wurde LS3 von Boston Dynamics, einer Firma aus Massachusetts, die 2013 von Google gekauft wurde. Boston Dynamics baut weitere Typen von Laufrobotern für andere Einsatzbereiche, zur Aufklärung zum Beispiel. Noch sind Steuerung und Koordination eine Herausforderung, doch wirken die Systeme in Tests erstaunlich agil und stabil. Sie mit Waffen auszurüsten, ist nur noch ein kleiner Schritt.

Diesen Schritt haben die USA bereits getan, als sie als erste bewaffnete Kampfroboter in einem Krieg einsetzten – auch wenn diese letztlich keinen Schuss abfeuerten. Im Juni 2007 schickten sie drei mit einem Maschinengewehr ausgerüstete Roboter nach Irak. Die UGVs mit dem Namen »SWORDS« fahren auf Ketten und tragen ein leichtes Maschinengewehr oder auch einen Granatwerfer (SWORDS steht für Special Weapons Observation Reconnaissance Detection System). Basis ist der Roboter »Talon«, der von der amerikanischen Armee seit Jahren zum Bombenräumen, zum Aufspüren von Gift- und Kampfstoffen und zur Beobachtung eingesetzt wird. Autonom handelt er dabei nicht. Talon basiert auf der gleichen Idee wie die Bombenträger der Wehrmacht im Zweiten Weltkrieg. Der kleine Roboter wird per Kabel oder per Funk gesteuert und kann sich bis zu 1000 Meter weit von seinem Bediener fortbewegen. Kameras zeigen diesem, was der Roboter sieht, er ist damit also vor allem eine vorgeschobene Waffenstation, die dem Schützen erlaubt, in Deckung zu bleiben.

Der Hersteller, das amerikanische Unternehmen Foster-Miller Inc., das inzwischen zum britischen Rüstungskonzern QinetiQ gehört, entwickelte aus Talon eine waffentragende Version. Die Geräte wurden bei der dritten Infanteriedivision in Irak stationiert und dort zur Sicherung und Überwachung eingesetzt. Darüber, wie erfolgreich dieser Einsatz war, gibt es allerdings widerstreitende Informationen. Das amerikanische Magazin *Popular Mechanics* schrieb im Oktober 2009 unter Berufung auf ein mit dem Roboterprogramm befasstes Mitglied der US-Armee, die SWORDS seien abgezogen worden, da es Probleme mit ihnen gegeben habe. Das Pentagon habe das Programm gestoppt, nachdem sich die Waffe des Roboters ungeplant bewegt habe. Der Hersteller QinetiQ widersprach jedoch der Darstellung; es habe bei dem Einsatz keine Probleme gegeben, sondern lange vorher, bei der Erprobung. Die Ursache sei ein loser Draht gewesen, man rüste das System seitdem mit redundanter Verdrahtung aus. Sicher ist nur, dass SWORDS seitdem nie wieder eingesetzt wurde und auch kein anderer bewaffneter Roboter. Möglicherweise besteht hier eher eine ethische als eine technische Grenze, die selbst das amerikanische Militär derzeit nicht überschreiten will.

6. Zivile Drohnen – Für Post und Landwirtschaft

Mehr als Spielzeuge

Ein regnerischer Sommertag im August 2007. In einer Splitterschutzbox eines alten sowjetischen Militärflugplatzes, in der früher MiG-Jagdflugzeuge standen, sitzen ungefähr 150 Leute und beobachten, was vor ihnen auf der Bühne geschieht. Ein vierarmiges, hubschrauberartiges Gebilde erhebt sich dort ferngesteuert unter lautem Sirren in die Luft, steigt über die Köpfe der Sitzenden und fliegt über sie hinweg zum Hangartor hinaus. Alles, was die Drohne dabei filmt, überträgt sie live auf die große Leinwand hinter der Bühne. Die Menge sieht sich dort selbst von oben, dann den Blick aus 20, vielleicht 30 Metern Höhe über das gesamte Areal: Auf dem Flugplatz nordöstlich von Berlin findet das Sommercamp des Chaos Computer Clubs statt. Mehrere tausend Interessierte sind gekommen – Programmierer, Elektrotechniker, Sicherheitsanalysten, Hacker –, um Projekte vorzustellen und über Technik und ihre gesellschaftlichen Auswirkungen zu reden. Unter ihnen einige, die sich mit der noch relativ neuen Idee befassen, staatlichen Organisationen die Hoheit über den Blick von oben zu entwinden, und Kameradrohnen bauen. Solche wie die, die eben über die Zuschauer hinweggeflogen ist. Sie kehrt nach einem kurzen Rundflug über den Platz zurück und landet unter Applaus wieder auf der Bühne.

Die Drohne, die die Zuschauer beim Chaos Communication Camp 2007 in Finowfurt sahen, war eine MD4-200 des Unternehmens Microdrones aus Siegen. Die Firma wurde 2005 gegründet, um solche kleinen Fluggeräte professionell zu bauen und zu vermarkten. Die MD4-200 war ihr erstes Produkt. Die nachfolgenden setzt die sächsische Polizei inzwischen für Überwachungseinsätze ein, auch verschiedene andere Behörden in Deutschland nutzen sie dazu. Seit Luftbilder angefertigt werden, also ungefähr seit dem Ersten Weltkrieg, war der fotografische und filmische Blick von oben auf die Welt den Regierungen vorbehalten. Flugzeuge, Hubschrauber, erst recht Satelliten sind teuer. Wer Luftbilder haben wollte, musste sich diesen Wunsch zuerst einmal genehmigen lassen und ihn dann mit viel

Geld bezahlen. Die Genehmigungspflicht für Luftaufnahmen ist 1990 aus dem deutschen Gesetz gestrichen worden. Seitdem darf jeder von oben fotografieren, solange er dabei die Sicherheit der Bundesrepublik nicht gefährdet, also nicht geheime Militärobjekte filmt, und solange er die Privatsphäre anderer Menschen achtet. Nur wer mit Luftbildern Geld verdienen will, braucht noch immer eine Genehmigung. Ein ferngesteuertes Luftfahrzeug, das gewerblich genutzt wird, benötigt eine sogenannte Aufstiegserlaubnis.

Neben den rechtlichen Änderungen gab es in den vergangenen Jahren auch zahlreiche technische, die dafür gesorgt haben, dass der Blick von oben mehr und mehr Menschen zugänglich wurde. Ungefähr seit der Jahrtausendwende sind mikroelektronische Bauteile und Sensoren so klein und preiswert, dass eine ganze Szene von Bastlern entstanden ist, die sich Drohnen selbst baut. Rund um diese Szene sind inzwischen auch viele Geschäftsmodelle und erfolgreiche Unternehmen gewachsen. Doch was ist der eigentliche Fortschritt in diesem Zusammenhang? Schließlich gibt es ferngesteuerte Modellflugzeuge bereits seit dem 19. Jahrhundert.

Nun sind Modellflugzeuge und Drohnen keinesfalls dasselbe. Bei Modellmaschinen geht es allein um das Erlebnis, ein fliegendes Gerät so geschickt wie möglich vom Boden aus zu steuern. Das Gefährt bleibt dabei immer in Sichtkontakt – englisch *line of sight* – des Piloten. Bei Drohnen hingegen sind verschiedene Fähigkeiten automatisiert oder stark erweitert. So können sie beispielsweise zu vorher in Form von GPS-Koordinaten gespeicherten Positionen fliegen oder selbständig zu einem zuvor festgelegten Ausgangspunkt zurückkehren. Sie können dabei auch außerhalb der Sichtweite agieren, autonom oder gesteuert, denn eine Kamera an der Drohne zeigt dem Piloten üblicherweise das Sichtfeld der Maschine. Der wichtigste Unterschied ist aber wohl die Nutzlast. Drohnen – ob sie nun wie ein Flugzeug, wie ein Hubschrauber oder wie ein Multikopter funktionieren –, können erstaunliche Lasten tragen, im Zivilbereich zumeist Kameras und Vermessungsgeräte.

Auch die Hersteller militärischer Drohnen haben sich Gedanken darüber gemacht, wie diese zivil genutzt werden können. Eines der ersten Ergebnisse dessen war die »Firebird 2001«. Das ist eine kleinere Version der israelischen »Heron«-Drohne, die auch die Bundeswehr einsetzt. Die »Firebird« ist kürzer und hat einen schwächeren Motor als die »Heron«, kann nur wenige Kilo Nutzlast tragen, fliegt langsamer, tiefer und bleibt maximal fünf Stunden in der Luft.

Die abgespeckte Version soll nicht Bilder aus Kampfgebieten liefern, sondern Waldbrände überwachen, um der Feuerwehr zu helfen. Dazu ist sie gut geeignet. Dank einer normalen und einer Infrarotkamera kann sie in Echtzeit Informationen darüber beschaffen, wie groß und schnell ein Waldbrand ist und in welche Richtung er sich bewegt. Durch die starke Rauchentwicklung und die große Hitze sind bemannte Flüge über einem solchen Areal schwierig bis unmöglich. Außerdem können Waldbrände sehr schnell sein, es braucht daher möglichst eine laufende Überwachung. Drohnen beheben dieses Problem. Die »Firebird«-Daten werden beim Einsatzleiter zu einer detaillierten Karte zusammengesetzt, auf der man sehen kann, wo das Feuer wie stark brennt und welche Windbedingungen wo herrschen. So lässt sich entscheiden, an welchen Koordinaten die nächsten Löschversuche gestartet werden. Gleichzeitig dient die »Firebird« als Kommunikationsrelais, um den Funkkontakt zwischen weit verstreuten Einheiten zu halten.

Daneben gibt es auch noch andere Verwendungen für Drohnen. Der japanische Konzern Yamaha, der vor allem für seine Musikinstrumente und für seine Motorräder bekannt ist, entwickelte auf Bitten des japanischen Landwirtschaftsministeriums bereits in den achtziger Jahren eine zivile Drohne, um Pestizide und Düngestoffe aus der Luft versprühen zu können. Das geschah bis dahin entweder von Hand oder mit richtigen Hubschraubern, was in beiden Fällen aufwendig war und hohe Kosten verursachte. Das Ergebnis der Forschung war der R-50, ein ferngesteuerter Hubschrauber, der bis zu 20 Kilogramm Gewicht transportieren konnte. Er wurde 1987 vorgestellt und schon bald in der Landwirtschaft eingesetzt. 1998 folgte die weiterentwickelte Version, die noch schwerer tragen konnte, der RMAX. Er sieht aus wie ein großer Modellhubschrauber, ist unge-

Der professionelle Kamerakopter MD4-1000 der deutschen Firma Microdrones wird seit 2009 produziert.

fähr einen Meter hoch und hat einen Rotordurchmesser von mehr als drei Metern. Betrieben wird er mit einem Zweizylinder-Benzinmotor, dessen Tank für eineinhalb Flugstunden ausreicht. Bei einem Eigengewicht von knapp 100 Kilogramm schafft er mehr als 25 Kilogramm Ladung, in dieser Gewichtsklasse eine beeindruckende Leistung.

Ferngesteuerte Hubschrauber sind schwer zu fliegen, ihre Kontrolle braucht viel Geduld und Erfahrung. Jedem Hobbypiloten wird empfohlen, erst einmal mit Simulatoren am Computer zu trainieren, da Abstürze und teure Totalverluste sonst unvermeidlich sind. Hubschrauber müssen ständig »geflogen werden«, was bedeutet, dass sie sofort instabil werden und abstürzen, sobald der Pilot keine Steuerkommandos mehr gibt und kurze Zeit nichts tut. Flugzeuge können noch ein Stück segeln oder einfach geradeaus fliegen, Hubschrauber nicht, sie wollen stets herunterfallen.

Der RMAX hat einen Computer an Bord, der die Kontrolle übernimmt, wenn der Pilot nichts tut. Dann geht der RMAX in einen stabilen Schwebeflug über und bleibt in der Luft auf der Stelle stehen, bis er neue Kommandos erhält. Er kann dabei einerseits über die Fernsteuerung gelenkt werden, andererseits aber auch vorher programmierte GPS-Wegpunkte abfliegen und seine Arbeit fast allein erledigen. Er ist so konstruiert, dass er kaum vibriert, wodurch er gut dazu taugt, Fotos und Filmaufnahmen zu machen. So kann er programmiert werden, zur immer gleichen Zeit an immer der gleichen Stelle aus der gleichen Höhe Fotos eines Feldes aufzunehmen. Diese werden dann benutzt, um die Wuchshöhe des Getreides zu bestimmen, sodass der beste Zeitpunkt für das Düngen oder für die Ernte bestimmt werden kann. Allerdings ist der RMAX auch ziemlich teuer. Die Basisversion kostet bereits 80 000 Dollar, die Komplettversion gar eine Million Dollar. Dennoch haben diese Maschinen die herkömmlichen Helikopter in Japan nahezu vollständig verdrängt, wenn es um Landwirtschaft geht.

Nicht nur in Japan werden Drohnen intensiv in der Landwirtschaft genutzt. In allen Ländern, in denen die Technik verfügbar ist und in denen es große, zusammenhängende Ackerflächen gibt, ist das Interesse an Drohnen groß. Die Landwirtschaft gilt nach dem Militär derzeit als der größte Markt für diese Geräte. Schwerter zu Pflugscharen sozusagen. Die Landwirtschaft muss in Zukunft sehr viel mehr Menschen versorgen, die weltweite Bevölkerung wächst. Nach Berechnungen der Organisation für wirtschaftliche Zusammenarbeit und Entwicklung OECD und der UN-Ernährungsmittel- und Landwirtschaftsorganisation FAO muss die weltweite Ackerproduktion bis 2050 um 60 Prozent steigen, soll sie den Hunger der wachsenden Weltbevölkerung stillen. Denn dann, so die Prognose, werden 9,1 Milliarden Menschen auf der Erde leben. Automatisierung gilt als einer der Wege, um mit diesem Problem fertigzuwerden.

Bei Traktoren und Mähdreschern ist das längst passiert. Moderne Landmaschinen fahren vollautomatisch über die Felder, genau wie Drohnen in der Luft. Gesteuert über Positionssignale von GPS- oder Glonass-Satelliten, ziehen sie zentimetergenau ihre Furchen, säen und ernten. Der Fahrer kontrolliert nur noch, die Steuerung hingegen übernimmt ein Computer. Die Maschinen können dabei auf bis zu 2,5 Zentimeter genau ihre Position bestimmen. Womit auch die einzelnen Mähspuren sich am Rand nur noch um eben diese 2,5 Zentimeter überlappen statt wie früher um 50 Zentimeter. Felder können so schneller und effektiver beackert werden. Dabei sammeln Traktoren und Mähdrescher auch gleich noch Daten über die Feuchtigkeit des Bodens, seinen Stickstoffgehalt und die geerntete Menge an jedem Ort.

»Wie bekommen wir die nötigen Daten, wie vermessen wir unsere Farmen?«, fragte Chris Anderson in einem Interview, das die BBC 2014 mit ihm geführt hat. Anderson war lange Jahre Chefredakteur des amerikanischen Technikmagazins *Wired*, ist inzwischen aber Mitgründer und Chef einer Firma für Drohnen und Roboter namens 3DRobotics. Wichtigste Zielgruppe des Unternehmens sind Landwirte. »Die Antwort ist, entweder Sensoren wie Samen über die ganze Fläche zu verteilen, was aufwendig ist. Oder man kann die Sensoren zur Farm bringen, wozu eben Drohnen in der Lage sind.« Andersons Firma erforscht und baut Drohnen zu genau diesem Zweck. »Als ich damit begann, dachte ich ironischerweise ursprünglich, autonome Drohnen seien die Zukunft des Fliegens. Aber in Wahrheit sind sie möglicherweise die Zukunft der Ernährung.« So wie sie hervorragend dazu geeignet sind, über Schlachtfeldern Informationen zu sammeln, können sie das auch über Getreidefeldern tun. *Crop survey*, Überwachung des Pflanzenwachstums, ist dabei die derzeit wichtigste Aufgabe. Gegenwärtig geht es darum, einfach zu bedienende und billige Geräte zu entwickeln, die jeder Bauer handhaben kann. Dann könnten Drohnen helfen, den nächsten Produktivitätssprung in der Landwirtschaft umzusetzen.

Quadrokopter als Erfolgsmodell

Wer heute im zivilen Bereich den Ausdruck Drohne benutzt, der meint meistens Quadro- oder besser Multikopter. Sie haben den Siegeszug angetreten, denn Quadrokopter lassen sich einfacher fliegen als herkömmliche Hubschrauber, sie sind stabiler und toleranter gegenüber Fehlern. Auch Ungeübte bekommen sie in die Luft und wieder zurück zum Boden, ohne sie gleich zu zerstören.

Multikopter funktionieren anders als Flugzeuge oder Hubschrauber. Bei ihnen hebt nicht eine Luftschraube das System nach oben, sondern – je nach Bauart – vier bis acht. Am häufigsten sind die Modelle mit vier Propellern, eben die Quadrokopter. Die Propeller sitzen bei ihnen direkt auf den Elektromotoren, die sie antreiben. Die wiederum hängen an den äußeren Enden der Rahmen des Kopters, die ein Kreuz mit vier Armen bilden. Dabei laufen immer zwei der Motoren in der gleichen Drehrichtung, also die zwei an einem

Arm linksherum und die zwei anderen rechtsherum. Dadurch kann der Kopter stabil auf der Stelle schweben, da die Kräfte der Rotoren sich aufheben. Multikopter können allein durch die unterschiedliche Drehzahl der einzelnen Motoren gesteuert werden, sie benötigen keine verstellbaren Luftschrauben oder Ruder. Soll ein Quadrokopter Fahrt aufnehmen, also die Nase nach unten neigen, um Schub nach vorn zu entwickeln, müssen lediglich die hinteren Propeller stärker laufen als die vorderen. Soll er sich auf der Stelle um seine eigene Achse drehen, gieren genannt, müssen die beiden Motoren einer Drehrichtung stärker laufen als die beiden mit der gegenläufigen Drehrichtung.

Das Quadrokopter-Konzept ist schon ziemlich alt, wurde in der Luftfahrt aber nie gründlich verfolgt. Das schnelle und genaue Ansteuern von vier verschiedenen Motoren ist komplex. Ein Mensch ist dazu nicht in der Lage. Die Motoren eines Quadrokopters brauchen ununterbrochen Steuersignale. Das können nur Computer. Seitdem diese kleiner, leichter und billiger geworden sind, haben die Multikopter eine neue Chance. Es genügt, dass der Pilot einen Hebel bewegt, die Steuerelektronik berechnet daraufhin, welcher Motor wie schnell laufen muss, um den Befehl umzusetzen.

Bastler haben um die Jahrtausendwende das Konzept der Multikopter wiederbelebt und es zu einem Produkt für den Massenmarkt gemacht. Zu den Pionieren dabei gehörte autopilot.sourceforge.net. Die Website wurde 2001 aufgesetzt und widmete sich dem Versuch, einen Bausatz zu entwickeln, mit dem sich jeder eine autonom fliegende Drohne zusammenlöten kann. Design, Teile und Software dafür sollten, so die Bedingung, die sich die Entwickler stellten, frei verfügbar sein. Basis des Projektes waren noch ferngesteuerte Modellhubschrauber. Mit der selbst entwickelten Open-Source-Steuersoftware gelang der Bastlergruppe dann 2003 der erste autonome Flug. Im selben Jahr startete der Franzose Pascal Brisset ein ähnliches Projekt namens Paparazzi UAV. Auch das hatte sich vorgenommen, quelloffene Steuersoftware für autonome Fluggeräte zu schreiben. Die französische Gruppe nutzte dafür Modellflugzeuge.

Das Ganze war nicht trivial. Zwar gab es zu dieser Zeit längst militärische und auch kommerzielle Drohnen, für Hobbyflieger aber waren diese nicht zugänglich oder kaum erschwinglich. Projekte wie die genannten entwickelten daher die notwendigen Programme noch einmal, um sie dann allen zur Verfügung zu stellen. Ein komplexes Unterfangen. Damit eine Drohne in jeder Millisekunde weiß, wo sie sich befindet, braucht es viel Mathematik und Technik.

Software war das eine, es brauchte auch Hardware, also Chips und Platinen. Bei den ersten Versuchen wurden die Daten noch in einem Laptop am Boden verrechnet und die Kommandos dann an die Drohne gefunkt, was jedoch eher unpraktisch war. Dank der Entwicklungen auf dem Mobilfunkmarkt wurden kleine und billige Bauteile verfügbar, um die zur Umrechnung der Steuerkommandos notwendigen Rechenoperationen auszuführen. Die Steuerplatinen von handelsüblichen Quadrokoptern vereinen dazu inzwischen viele verschiedene Komponenten: Barometer zur Höhenbestimmung, Kompass, Empfang und Verarbeitung von GPS-Koordinaten, Lage- und Beschleunigungssensoren zur Bestimmung der Position in der Luft, Rechner zur Motorsteuerung, Speicher für Flug- und Wegprogramme. Die Erfinder der ersten automatisierten Flugzeuge hatten Mühe, auch nur die Hälfte dieser Komponenten in ihren Maschinen unterzubekommen. Heute sitzen sie alle auf einer Leiterplatte, die nur ungefähr fünf mal fünf Zentimeter groß ist und so viel Rechenkraft hat wie vor 20 Jahren ein ganzer PC. Je nach Qualität und Fähigkeiten kosten solche Flight Controller für den privaten Gebrauch zwischen 20 und 400 Dollar. Was allein schon die Bandbreite zeigt, die inzwischen entstanden ist.

Der Mobilfunkmarkt sorgte im Übrigen auch dafür, dass viel Geld in die Erforschung neuer Akkumulatoren gesteckt wurde – ebenfalls eine wichtige Voraussetzung für autonome Drohnen. Lithium-Polymer-Akkus liefern für die Elektromotoren genug Strom, um eine halbwegs akzeptable Flugdauer zu erreichen.

Aus der Szene wird eine Branche

Anfangs waren es also noch Modellhubschrauber und Modellflugzeuge, bald aber sollte das Konzept des Quadrokopters wiederbelebt werden. Daniel Gurdan und Klaus Michael Doth belegten 2003 bei »Jugend forscht« bundesweit den vierten Platz in der Kategorie Technik. Die beiden Abiturienten hatten einen Quadrokopter gebaut, der stabil flog und mit Hilfe eines Datenhandschuhs gesteuert werden konnte. Eine Nürnberger Regionalzeitung berichtete über das Gerät, wodurch die chinesische Firma Silverlit auf sie aufmerksam wurde, die eine Vertretung in Nürnberg unterhält. Silverlit nahm die beiden unter Vertrag, und im Februar 2004 stellte die Firma eine Version ihres »Ufos« auf der Spielwarenmesse in Nürnberg vor. Noch auf der Messe bestellten Großhändler davon Zehntausende Exemplare. Ende des Jahres begann die Produktion des Silverlit X-UFO, der für ungefähr 250 Euro in den Handel kam. Autonom flog er nicht. Doch um dieses Spielzeug wuchs unter den Hightech-Bastlern eine Szene, woraus eine regelrechte Branche entstand.

Auch viele Universitäten beteiligten sich an den neuen Entwicklungen und gaben ihre Ergebnisse an die Szene zurück. Möglich war das alles, da quelloffene Software und jedem zur Verfügung stehende Baupläne verwendet wurden. Als dann auch noch digitale Kameras in den Handel kamen, die klein und leicht waren, begann aus der Spezialdisziplin für Bastler und Wissenschaftler ein richtiger Markt zu werden. Bald gab es mehrere Unternehmen, die erfolgreich Drohnen vertrieben.

Das bekannteste Produkt ist wahrscheinlich die AR.Drone der französischen Firma Parrot. Bei ihrer Vorstellung 2010 hatte sie als Erste keine Fernsteuerung mit Hebeln und Reglern mehr, die AR.Drone wird allein mit einem iPhone oder einem iPad gelenkt, inzwischen auch mit Android-Handys. Auf Handy oder Tablet muss lediglich eine kostenlose App installiert werden, anschließend kann sich das Gerät mit der Drohne über WLAN verbinden. Die Bilder der eingebauten Frontkamera werden auf den Bildschirm des Smartphones oder Tablets übertragen. Der Pilot sieht also, was die Drohne sieht. Steuern kann er sie, indem er sein Handy oder Tablet in der Hand kippt und dreht oder mit einem Finger eine Art Steuerknopf verschiebt. Die Software basiert auf dem freien Betriebssystem Linux, über eine Programmierschnittstelle kann jeder auf sie zugreifen und eigene Steuerprogramme und Anwendungen auf der Drohne installieren.

Preis des ebenfalls als Spielzeug gedachten Gerätes: ab 250 Euro; die 2012 vorgestellte zweite Generation der Parrot-Drohne kostet um die 350 Euro. Bis Anfang 2013 wurden nach einem Bericht des Onlinetechnikmagazins *Ars Technica* eine halbe Million Exemplare der AR.Drone verkauft. Es folgten Kopter der chinesischen Firma DJI mit deutlich besserer Qualität der Kamerabilder. Sie kosten zwischen 400 und 1000 Euro und wollen mehr sein als Spielzeuge. Sie richten sich an den neuen Markt der Filmer und Fotografen, die Drohnen einsetzen.

Kollisionen mit dem Gesetz

Raphael Pirker ist Gründer einer Gruppe namens Team BlackSheep, schwarzes Schaf. 2010 lud er bei YouTube ein Video hoch, das ihn und seine Freunde sehr schnell bekannt machte. Es sind Bilder, die eine Kameradrohne aufgenommen hatte, als sie am Himmel über New York herumflog, über der Brooklyn Bridge kreiste, nah an Häuserfronten entlangtauchte und schließlich auf die Freiheitsstatue zuraste. Solche Videos hat das Team BlackSheep anschließend in vielen Städten gedreht, auch über dem Berliner Tiergarten. »Anarchisten der Lüfte« *(aerial anarchists)* wurden Pirker und seine Freunde dafür von dem australischen Fernsehsender ABC genannt. Von Drohnenfans bekamen sie viel Applaus, von Behörden eher Strafzettel. Weil Pirker 2011 mit einer Kameradrohne den Campus der University of Virginia in »leichtsinniger und rücksichtsloser Art und Weise« überflogen hatte, wie es in der Begründung hieß, verhängte die amerikanische Luftfahrtbehörde FAA gegen ihn eine Strafe von 10 000 Dollar. Die Uni selbst hatte gar nichts dagegen, Pirker verkaufte ihr sogar die Luftbilder, die er dabei angefertigt hatte. Die FAA jedoch versucht seit Jahren, Drohnen zu regulieren. Pirker klagte gegen die Strafe. Er argumentierte vor dem National Transportation and Safety Board (NTSB), die FAA habe keine Hoheit über Hobbydrohnen. In einer Instanz bekam er Recht, doch 2014 entschied das NTSB, die FAA könne auch Hobbydrohnen Regeln auferlegen.

Ein zweites Beispiel: Im Herbst 2013 organisierte die CDU eine Wahlkampfveranstaltung an der Dresdner Frauenkirche. Ein Mitglied der sächsischen Piratenpartei wollte diese aus der Luft filmen, um gegen Überwachung zu protestieren. Seine Parrot.AR-Drohne schwebte zuerst mehrere Minuten lang in größerer Höhe über der Menschenmenge auf dem Dresdner Neumarkt. Der 23-jährige Pilot steuerte sie dann tiefer und näher an die Bühne heran, auf der unter anderem Bundeskanzlerin Angela Merkel, Verteidigungsminister

Thomas de Maizière und der sächsische Ministerpräsident Stanislaw Tillich standen. Die kleine Drohne schwebte kurz vor Merkel – die amüsiert lächelte, bevor das Fluggerät eher unsanft am Bühnenrand niederging und von einem Personenschützer weggebracht wurde. Die Bruchlandung war nicht geplant, die Polizei hatte den Piloten in der Zwischenzeit ausfindig gemacht und ihn gezwungen, die Parrot zu landen. Es ist verboten, über den Köpfen von Menschen zu fliegen. Auch wenn eine Parrot.AR nur 450 Gramm wiegt, kann sie einige Verletzungen anrichten, wenn sie herunterfällt. Die Bundesaufsicht für Flugsicherung sah darin später eine Ordnungswidrigkeit und verhängte ein Bußgeld von 500 Euro gegen den Piloten.

Ein Drohnenflug zur gleichen Zeit im US-Bundesstaat Georgia hatte härtere Folgen. Zwei Männer versuchten, dort heimlich Tabak in ein Gefängnis zu transportieren. Eine Wache des Calhoun State Prison sah jedoch die Drohne, woraufhin der örtliche Sheriff in der Umgebung begann, nach den Piloten zu suchen. Eine Stunde später hielt er ein verdächtiges Auto an, in dem sich die Drohne, mehrere Pfund Tabak und zwei Leute fanden. Sie hatten das Fluggerät von einem Waldstück aus gesteuert und dabei mit einem Fernglas den Flug beobachtet. Dafür kamen sie nun selbst ins Gefängnis. Es gilt in den USA als Verbrechen, illegale Dinge in Haftanstalten zu schmuggeln. Zum Drogentransport über Grenzen hinweg werden Multikopter ebenfalls eingesetzt. Im Januar 2015 machte eine mit Methamphetamin beladene Drohne eine Bruchlandung auf dem Parkplatz eines Supermarktes in Tijuana. Laut mexikanischer Polizei sollte sie damit nach Kalifornien fliegen, doch die drei Kilo Drogen waren zu schwer.

Solche Flüge beschäftigen auch die deutschen Behörden. Nachdem eine Drohne mit illegaler Ladung – ein Mobiltelefon und Drogen – in einer Hamburger Haftanstalt entdeckt wurde, suchten die Justizministerien der Bundesländer nach Möglichkeiten, diese Nutzung von Kleindrohnen zu unterbinden. Aus Sicht der Personenschützer bei der Polizei sind die ferngesteuerten Fluggeräte ebenfalls eine potenzielle Gefahr – wie sie dagegen vorgehen können und wollen, ist allerdings noch offen.

Luftpost

Nicht nur Drogenkuriere, auch Unternehmen nutzen Drohnen bereits für Transportzwecke. Im September 2014 nahm die Deutsche Post probeweise den weltweit ersten Linienverkehr mit einem Quadrokopter auf. Wenn das Wetter es zuließ, der Wind also nicht zu stark war, pendelte die Maschine mehrere Wochen lang einmal täglich vom kleinen Ort Norddeich aus zur Nordseeinsel Juist und zurück, jede Strecke ungefähr zwölf Kilometer über das Wattenmeer. Dafür brauchte der Kopter jeweils 16 Minuten. Die Technik stammte von Microdrones, dem Hersteller aus Siegen. Bis zu 45 Minuten konnte der Paketkopter am Stück fliegen und dabei maximal 1,2 Kilogramm Last tragen. In der eiförmigen gelben Box unter seinem Bauch beförderte er kleine Päckchen, vor allem Medikamente für die Inselapotheke. Der gesamte Flug erfolgte autonom. Er wurde von der Landung bis zum Start vorher programmiert, anschließend erledigte die Drohne alles allein. Die Piloten überwachten das Ganze von ihrer mobilen Kontrollstation im Hafen Norddeich nur, um im Notfall eingreifen zu können.

Für die Flüge wurde außerdem ein 500 Meter breiter und 100 Meter hoher Luftkorridor freigehalten, der nicht über bewohntes Gebiet führte. Das war notwendig, da nicht »auf Sicht« geflogen wurde, was laut Luftverkehrsgesetz eigentlich vorgeschrieben ist. Zur Sicherheit landete der Kopter auch nicht vor der Apotheke oder am Hafen, sondern auf einer Wiese.

Die Post schien mit den Ergebnissen zufrieden. »Unser Fazit ist absolut positiv«, zitierte die *tageszeitung* im November 2014 Andrej Busch, den Europachef der Paketsparte von DHL. Der Apotheker war es auch. In einem von der Post produzierten Werbevideo sagte Erich Hrdina, der Inhaber der Seehund-Apotheke: »Der Unterschied mit dem Paketkopter liegt darin, dass zu typischen Insel-Wetterlagen, wenn normale Lieferung nicht mehr erfolgen kann, der Paketkopter noch fliegen kann. Beispielsweise bei Seenebel oder auch nachts.«

Auch die französische Post hat bereits solche Versuche unternommen. Auf einem Testgelände im Département Var am Mittelmeer erprobte La Poste im September 2014 eine Drohne zum Pakettransport. Der Kopter von Atechsys mit sechs Rotoren trug dabei ein Paket mit zwei Kilogramm Gewicht über eine Strecke von 1,2 Kilometern. Start,

Die Paketdrohne der Deutschen Post landet auf der Nordseeinsel Juist auf einer Wiese, 2014.

Flug und Landung erfolgten automatisch. Ziel ist es, vier Kilogramm schwere Pakete bis zu 20 Kilometer weit zu fliegen.

Am gleichen Thema arbeitet auch Amazon. Viele tausend Paketfahrer sind jeden Tag weltweit unterwegs, um die Produkte des Onlinewarenhauses zu verteilen. Geschwindigkeit ist dabei für Amazon eines der wichtigsten Kriterien, die Firma strebt die Lieferung noch am Tag der Bestellung an, am liebsten sogar innerhalb einer halben Stunde. Möglich machen soll das der Paketkopter-Service namens »Amazon Prime Air«. Am 1. Dezember 2013 kündigte Amazon-Chef Jeff Bezos den Plan in einem Fernsehinterview an. Auch entsprechende Versuche hat das Unternehmen bereits gestartet. Auf der Website zu Prime Air heißt es, eines Tages werden die Paketdrohnen am Himmel so normal sein wie die Postlaster in den Straßen.

Logistikunternehmen versprechen sich viel von der Technik. Der Zustelldienst UPS ist einer der größten Interessenten. Doch will UPS nicht vorrangig kleine Drohnen einsetzen. Der weltweit operierenden Firma geht es um eine andere Dimension. Autonome Frachtflugzeuge – je größer, desto besser – würde UPS gern um die Welt fliegen lassen. Würden die Flugzeuge autonom fliegen, könnten die beiden Piloten, die sonst in einer Maschine säßen, gleichzeitig zehn oder auch zwanzig von ihnen überwachen. Denn schon jetzt sind viele Flugmanöver vom Computer gesteuert, und Piloten überwachen mehr, als dass sie selbst fliegen. In Europa wird auch bereits an entsprechenden Modellen geforscht. Das Unternehmen Airbus Defence and Space, der Flugzeughersteller Fokker, die Fluglinie KLM und die niederländische Twente University in Enschede wollen bis 2020 gemeinsam ein unbemanntes Frachtflugzeug entwickeln.

Ein solcher wachsender, globaler Markt ist kaum ohne China vorstellbar. Rund 400 Firmen, darunter auch Staatsunternehmen wie die chinesische Post oder das staatliche Energienetzwerk, sollen sich auf die Entwicklung ziviler Drohnen geradezu stürzen. Dabei geht es auch in China vor allem um die Nutzung der unbemannten Fluggeräte als kleine Frachtmaschinen. Von dem derzeitigen weltweiten zivilen Drohnenmarkt mit rund 100 Milliarden US-Dollar Umsatz, berichtete der Fachdienst *China Business News*, erwarteten die chinesischen Unternehmen einen Anteil von gut acht Milliarden Dollar.

Die Drohne, die in der Großstadt den Starbucks-Kaffee oder die Amazon-Pakete ausliefert, bleibt sicher noch für lange Zeit Science Fiction. Längst aber sind die Geräte dabei, Hubschrauber aus der Luft zu verdrängen. Bei Filmproduktionen, in der Landwirtschaft oder bei der Kontrolle von Stromtrassen sind sie die billigere und leichter einsetzbare Alternative. Und die kommenden Jahre werden noch viele Geschäftsideen bringen, die auf Drohnen basieren. Auch in Deutschland.

7. Allsehende Augen – Staatlicher Einsatz im Inland

Das FBI im Luftraum

»Jedes Auto mit einem EU-Nummernschild und auch sämtliche Transit-Lkws besitzen eine Geosignatur, deren Verlauf laut Enhanced Privacy Act unbegrenzt gespeichert werden muss. Aber natürlich könnte ein versierter Krimineller das abklemmen. Dann würden ihm allerdings nach spätestens einer Stunde unsere Drohnen auf die Pelle rücken. Die mögen keine Autos, die die Identifikation verweigern.« Noch ist diese Beschreibung Science-Fiction. Das Zitat stammt aus dem Buch »Drohnenland« von Tom Hillenbrand. Es spielt in einer nicht sehr weit entfernten Zukunft, in der Drohnen allgegenwärtig sind und alles registrieren, was auf der Welt so geschieht. Bald könnte die Fiktion real werden – die Technik für eine flächendeckende Überwachung wird seit einigen Jahren entwickelt und auch schon eingesetzt.

Bekannt wurde diese Tatsache durch Robert Mueller. Der Chef der amerikanischen Bundespolizei FBI trat am 19. Juni 2013 vor dem Justizausschuss des amerikanischen Senats auf. Es war eine Routinesitzung, auf keinen Fall ein Tribunal. Mueller wurde von den Senatoren zu diversen Ermittlungen und Überwachungsprogrammen seiner Behörde befragt. Die Affäre um den Whistleblower Edward Snowden hatte gerade erst begonnen, noch war den meisten Menschen in den USA und in der Welt das Ausmaß der Überwachung nicht klar. Die Mitglieder des Senate Judiciary Committee waren ausgesprochen nett zu Mueller, der bald aus dem Amt scheiden sollte. Sie wollten sich lediglich ganz allgemein über die aktuellen Aktivitäten des FBI informieren. Doch was Mueller dabei nebenher preisgab, war eine Sensation. Der republikanische Senator Chuck Grassley aus Iowa dankte dem FBI-Direktor erst einmal für seine langjährige Arbeit und lobte die Bundespolizei ausgiebig. Irgendwann kam er dann auf das Thema Drohnen:

GRASSLEY: »Ich werde Direktor Mueller fragen, ob das FBI Drohnen gekauft hat oder plant, Drohnen zu kaufen; welche Beschränkungen dafür eingerichtet wurden und wie das FBI Drohnentechnik einsetzen will. [...] Kommen wir zu den Drohnen. [...] Besitzt das FBI derzeit Drohnen und wenn ja, zu welchem Zweck?«

MUELLER: »Ja. Und zur Überwachung.«

GRASSLEY: »Okay. Hat das FBI irgendeine Abmachung mit anderen Regierungsbehörden – lassen Sie mich ein paar nennen, es mag noch mehr geben, beispielsweise Verteidigungsministerium und Heimatschutzministerium –, um bei der Nutzung von Drohnen Unterstützung zu bekommen?«

MUELLER: »Ich bin mir nicht sicher. Ich denke nicht. Aber wann immer, äh ... nun, alles was ich sage, ist, dass [...] bei jedweder Nutzung von Drohnen durch irgendeine Behörde, dass dann einige Kommunikation hin- und hergehen würde.«

GRASSLEY: »Also, statt eine Frage zu stellen, kann ich, denke ich, annehmen, da Sie Drohnen nutzen, dass das FBI eine Reihe von Regeln, Prozeduren und Beschränkungen für die Drohnennutzung entwickelt hat, falls es irgendwelche Auswirkungen auf die Privatsphäre amerikanischer Bürger gibt.«

MUELLER: »Wir haben gerade angefangen, das zu tun. Ich möchte betonen, dass der Umfang [unserer Drohnennutzung] sehr gering ist. Wir haben sehr wenige und nutzen sie nur begrenzt, und wir untersuchen nicht nur die Nutzung, sondern auch die notwendigen Regeln dazu.«

GRASSLEY: »Setzt das FBI auf amerikanischem Boden Drohnen zur Überwachung ein?«

MUELLER: »Ja.«

GRASSLEY: »Ich möchte zum nächsten Thema kommen.«

MUELLER: »Lassen Sie mich das in den Zusammenhang stellen: in sehr, sehr begrenztem Umfang und sehr selten.«

GRASSLEY: »Okay.«

Der republikanische Senator hatte seine Antwort bekommen und war es zufrieden. Ihm genügte, dass Mueller versicherte, es habe alles seine Ordnung. Dabei waren seine Sätze ein Skandal. Es war das erste Mal, dass öffentlich bekannt wurde, dass die amerikanische Regierung Drohnen nicht nur in Staaten wie Irak oder Afghanistan einsetzt, sondern auch gegen die eigenen Bürger.

Auch wenn Amerikaner ein anderes Verhältnis zu Überwachung und Datenschutz haben als Deutsche – dass sie vom FBI aus der

Luft ausgespäht werden, überraschte und verärgerte viele. So auch die demokratische Senatorin Dianne Feinstein aus Kalifornien, die ebenfalls in der Anhörung saß. Feinstein war keine Gegnerin der Geheimdienste, im Gegenteil. Sie hatte Snowden öffentlich einen Verräter genannt und die Spähprogramme anfangs verteidigt. Muellers Aussagen aber schienen ihr gegen den Strich zu gehen. Als sie in der Befragung an der Reihe war, nannte sie Drohnen eine große Bedrohung für die Privatsphäre und wollte vom FBI-Chef wissen, wie er denn die Bürgerrechte der Amerikaner zu schützen gedenke und was er im Rahmen seines Drohnenprogramms dazu unternommen habe. Mueller war darauf offensichtlich nicht vorbereitet. Er konnte nichts dazu sagen.

Der Auftritt Muellers war nicht nur peinlich, er enthielt auch ein paar handfeste Lügen. Denn das FBI hatte sich zu diesem Zeitpunkt längst die Frage gestellt, ob die Drohnenüberwachung von Amerikanern gegen die Verfassung verstößt. Und die Bundespolizei hatte diese Frage mit einem eindeutigen Nein beantwortet. Die Argumente waren hanebüchen und wirken ebenso konstruiert wie die Rechtfertigungen, die das Pentagon für den geheimen Drohnenkrieg im Ausland zusammengebaut hatte (vgl. Kapitel 11).

Die Bürgerrechtsorganisation Citizens for Ethics and Responsibility in Washington (CREW) klagte auf Herausgabe der entsprechenden Dokumente. Im November 2013 bekam sie vom FBI Hunderte Seiten über das Drohnenprogramm. Sie stammen aus dem Februar 2012, wurden also mehr als ein Jahr vor der Anhörung Muellers im Senat für den internen Gebrauch verfasst. Darin stand die klare Frage: »Ist die Überwachung per UAS [Unmanned Aerial System] verfassungsgemäß?« Die Antwort des FBI: »Der Vierte Verfassungszusatz [über den Schutz der Bürger vor staatlichen Übergriffen, Anm. d. Verf.] fordert ja auch nicht von der Polizei, wenn sie sich [beispielsweise mit einem Hubschrauber, Anm. d. Verf.] in 300 Metern Höhe im öffentlichen Luftraum bewegt, einen Durchsuchungsbeschluss, nur um zu sehen, was von dort mit dem bloßen Auge zu sehen ist.« In den Dokumenten wird eingeräumt, dass Thermalkameras ein Problem sind, wenn sie durch Wände hindurchsehen würden, alles andere aber sei erlaubt. Dass Drohnen sehr viel mehr können, zum Beispiel sehr lange filmen und somit dauerhaft überwachen, spielte für die juristischen Überlegungen des FBI keine Rolle.

Ebenso fragwürdig war die Aussage Muellers, dass man nur wenige, begrenzte Einsätze mit Drohnen fliege. Wie im April 2014 bekannt wurde, war der erste Drohneneinsatz des FBI bereits im Oktober 2006 erfolgt. Seitdem hatte es diverse Flüge gegeben, bei Entführungen, gegen Drogendealer, bei illegalen Hundekämpfen, bei der Suche nach Verdächtigen. Medien wiesen nach, dass allein zwischen 2011 und 2013 mindestens 17 Überwachungsmissionen geflogen worden waren, weitere zehn waren zumindest intern genehmigt worden, auch wenn sich keine Unterlagen darüber fanden, ob sie stattgefunden hatten oder nicht.

Grenzkontrolle

Das FBI ist nicht die einzige amerikanische Behörde, die auf Drohnen zurückgreift. Seit fast zehn Jahren setzt die US Customs and Border Protection (CBP) Drohnen ein, um ihre Grenze zu Mexiko und ihre Seegrenzen zu überwachen und illegale Einwanderer zu finden. Allerdings erfüllen die UAVs dabei bei weitem nicht die an sie gestellten Hoffnungen. Die *Washington Post* zitierte im Januar 2015 aus einem internen Untersuchungsbericht, der »die politische Unterstützung für den Wunsch nach mehr Drohnen an den US-Grenzen untergraben könnte«. Demnach gebe es »wenige bis keine Belege« dafür, dass die Drohnenflotte der Grenzschützer bei der Überwachung effektiv sei. Den Bericht hatte nicht etwa eine Bürgerrechtsorganisation verfasst, sondern der Inspector General, also so etwas wie der Chef der Innenrevision des Heimatschutzministeriums.

Die CBP besitzt zehn Drohnen des Typs »Predator B«, die von Basen in Texas, Florida, North Dakota und Arizona aufsteigen. Fünf davon sind dazu ausgerüstet, über Land aufzuklären, zwei dienen der Seeaufklärung, drei können beides. Zwischen 2005 und 2013 haben die Grenzschützer 360 Millionen Dollar ausgegeben, um diese Drohnen anzuschaffen. Die Grenzschutzagentur will die Flotte sogar auf 24 Stück für weitere 443 Millionen Dollar aufstocken. Der Inspector General stellt allerdings fest, dass die Drohnen teurer seien, als die Grenzschützer angeben. Die CBP gebe den Preis einer Flugstunde mit 2468 Dollar an, doch sie schummele, da die Kosten für Piloten, Ausrüstung und Verwaltung nicht eingerechnet seien. Einschließlich dieser Faktoren komme man auf einen Preis von 12 255 Dollar pro Flugstunde. Es gebe keine Hinweise darauf, dass die Kosten der Überwachung dank der angeblich preiswerten Drohnen gesunken seien, so das Urteil. Sie würden auch längst nicht so oft fliegen wie kalkuliert, schreiben die Revisoren. Vier Drohnenpatrouillen pro Tag seien geplant, an jedem Tag des Jahres, jede davon 16 Stunden lang. Die maximale Zeit, die eine »Predator B« in der Luft bleiben kann, liegt bei 20 Stunden. Tatsächlich aber fliegen sie weniger als ein Viertel der erhofften Stunden. Es fehle an ausgebildetem Personal und an Ersatzteilen. Auch lasse es das Wetter nicht zu, dass die UAVs wie erhofft rund um die Uhr in der Luft sind. Bei starken Höhenwinden oder geschlossener Wolkendecke würden sie am Boden bleiben.

Der wohl gravierendste Befund aber ist der zur Überwachung. Die Grenzschutzbehörde könne nicht darlegen, »wie das Drohnenprogramm die Sicherheit der Grenzen verbessert habe«, heißt es in dem Bericht. Es sei schwer abzuschätzen, bei wie vielen Operationen die Drohnen Nützliches geliefert hätten. Als Vergleich zitiert der Bericht eine Statistik mit den Zahlen der illegalen Einwanderer. Von den 120 939 Einwanderern, die 2013 in Arizona bei dem Versuch festgenommen wurden, die Grenze zu überqueren, seien weniger als zwei Prozent dank der Hilfe von Drohnen entdeckt worden. In Texas und im Tal des Rio Grande sei die Quote noch schlechter, dort waren es demnach nur 0,07 Prozent. Überwachungsdrohnen sind also nicht nur teurer als erhofft, sie nützen auch längst nicht so viel. Bevor die Grenzschützer mehr davon anschafften, so eine Schlussfolgerung des Berichts, sollten sie doch erst einmal eine unabhängige Studie darüber anfertigen, ob sie die UAV überhaupt brauchen.

Ausweitung der Überwachungszone

Das Drohnenprogramm der Grenzagentur sorgt aber noch für ganz andere Bedenken. Denn CBP verleiht die Überwachungsgeräte in großem Stil an andere Behörden wie den US Marshalls Service, das FBI, die Drug Enforcement Agency oder die Nationalgarde. Bürgerrechtler sehen darin einen Missbrauch und eine Gefahr. Die Electronic Frontier Foundation (EFF) hat nach dem Informationsfreiheitsgesetz gegen die Grenzschützer geklagt, um die Flugpläne der Drohnen zu erhalten. Die Bürgerrechtler stellten so fest, dass die Grenzdrohnen zwischen 2010 und 2012 mehr als 700 Flüge für andere Behörden unternommen hatten.

Die CBP absolvierte laut dem Untersuchungsbericht des Heimatschutzministeriums im Jahr nur 300 von ursprünglich 1460 kalkulierten Flügen. Kein Wunder, wenn gleichzeitig fast genauso viele für andere Behörden unternommen werden. Für die EFF ist das ein Skandal, werde damit doch die Überwachung in illegaler Weise auf Amerikaner ausgedehnt. Die Drohnen mögen die Grenze schlechter überwachen als erhofft, aber der Grenzschutz sei nun einmal ihre Aufgabe. Ihre Verlegung zu Diensten im Inland sei daher ein Problem, so die EFF, da sie nichts mehr mit dem ursprünglich genehmigten Zweck zu tun habe. »Immer mehr Menschen werden so zum Gegenstand einer Überwachung durch Drohnen.«

Dabei geht es längst nicht nur um Terrorismus. Kelly Janke, Sheriff des Nelson County im Bundesstaat North Dakota, suchte am 23. Juni 2011 auf der Farm der Familie Brossart nach sechs vermissten Kühen, als drei Männer ihn mit Gewehren in der Hand bedrohten und verjagten. Janke rief Verstärkung. Die kam nicht nur in Form von Hilfssheriffs dreier anderer Countys, der Highway Patrol, eines SWAT-Sondereinsatzkommandos und einer Bombenräumeinheit, sondern auch aus der Luft. Nicht weit entfernt von Nelson liegt Grand Forks, einer der Luftwaffenstützpunkte, von denen aus die Drohnen der CBP zu Grenzpatrouillen starten. Am nächsten Morgen war eine »Predator B« über Nelson unterwegs und zog, wie die *Los Angeles Times* 2011 berichtete, in drei Kilometern Höhe ihre Kreise. Ihre Sensoren orteten die drei Verdächtigen und zeigten der Polizei, dass sie nun unbewaffnet waren. Die Beamten griffen zu. Es war das erste Mal, dass amerikanische Staatsbürger in den USA mit Hilfe einer Drohne festgenommen wurden.

Inzwischen sind solche Festnahmen Alltag. Obwohl die Luftfahrtbehörde FAA Firmen und Privatleuten die kommerzielle Nutzung bislang untersagt, erlaubt sie es Behörden anstandslos, Drohnen zu verwenden. Die Polizei nutzt diese Möglichkeit inzwischen gern. Genau wie die in Europa. Auch dort sind es zuerst einmal die Außengrenzen, an denen Überwachungsdrohnen fliegen. Frontex ist die Kurzform von Agence européenne pour la gestion de la coopération opérationnelle aux frontières extérieures, Europäische Agentur für die

MQ-9 »Reaper« in Afghanistan mit dem Überwachungssystem »Gorgon Stare«, das in den beiden Behältern (Pods) unter den Flügeln untergebracht ist.

operative Zusammenarbeit an den Außengrenzen der Mitgliedstaaten der Europäischen Union. Dieser Zusammenschluss der EU-Staaten betreibt ein Programm namens Eurosur, ebenfalls eine harmlos klingende Abkürzung, dieses Mal für European border surveillance system, auf Deutsch Europäisches Grenzüberwachungssystem. Das Gesetz über Eurosur wurde im Oktober 2013 vom EU-Parlament beschlossen, es regelt die Zusammenarbeit der Länder bei der Überwachung der Grenzen. Seit es in Kraft ist, fliegen auch über Europa Drohnen, um Menschen daran zu hindern, illegal einzureisen.

Vor allem das Mittelmeer ist das Ziel dieser Aufrüstung. Flugzeuge, Satelliten, Drohnen und Offshore-Sensoren sollen Flüchtlingsboote auf dem Mittelmeer entdecken, noch bevor sie europäische Gewässer erreichen. So interessiert sich Frontex beispielsweise für die Drohne »Global Hawk« und ließ sich auch viele andere Modelle vorführen. Bislang haben die europäischen Grenzschützer aber noch keine gekauft. Mehr ist dazu leider nicht zu erfahren. Fabrice Leggeri, der neue Executive Director von Frontex, beantwortet Fragen zum Thema Drohnen nicht. Offensichtlich ist der Behörde bewusst, wie kritisch sie gesehen werden.

Überhaupt stoßen die Pläne von Frontex auf Kritik, gehe es bei dieser Überwachung doch nicht um die Rettung der Verzweifelten, die auf den Booten eingepfercht sind, sondern in erster Linie darum, sie zu ihren Ausgangspunkten an der afrikanischen Küste zurückzudrängen. »Bannoptikum«, ein Wortspiel aus verbannen und Panoptikum, nennt der Philosoph Zygmunt Baumann diese Form der Überwachung. Das Bannoptikum sei »nur ein Beispiel der allgemeinen Erscheinungsform jener Überwachungsphilosophie und ihres Instrumentariums, die nicht wie das Panoptikum auf das Festhalten von Insassen, sondern auf das Fernhalten von Externen abzielt und die sich aus dem derzeit offenbar unaufhaltsam wuchernden Bedürfnis nach Sicherheit speist, nicht wie das Panoptikum aus dem Bedarf an Disziplinierung«.

Dieses von der Politik gern geschürte Bedürfnis nach Sicherheit ebnet auch in Europa neuen Überwachungstechniken den Weg. Wie in der Einleitung beschrieben, fliegen Drohnen auch schon innerhalb Deutschlands. Polizeibehörden in mehreren Bundesländern haben bereits Multikopter verschiedener Hersteller angeschafft. Hessen erkundet damit Orte, an denen anschließend das Sondereinsatzkommando SEK zugreift. Berlin fotografiert damit Tatorte, Nordrhein-Westfalen sucht nach versteckten Hanfplantagen. Sachsen schaffte Drohnen an, um Gewalt bei Fußballspielen zu überwachen, und hat sie – wie in der Einleitung beschrieben – auch schon mehrfach bei Demonstrationen eingesetzt.

Datenschützer und Juristen sehen diese Aufrüstung mit Sorge, und selbst die Polizeibehörden anderer Bundesländer halten das für kritisch. Berlin, Nordrhein-Westfalen und Niedersachsen schließen Einsätze der Fluggeräte über Menschenmengen aus. Sie seien nicht sicher genug, die Absturzgefahr zu hoch. Datenschutz spielt dabei weniger eine Rolle. Dabei gab es 2010 bei einem Castortransport deswegen ziemlichen Ärger. Die Polizei hatte nach eigenen Angaben zwecks Luftaufklärung einen Kopter im Einsatz, um Einsatzführung, Beweissicherung und Dokumentation zu erleichtern. Datenschützer und eine Bürgerinitiative sahen darin illegale Überwachung. Auch die Bundespolizei hat inzwischen mehrere Drohnen. Sie beobachtet damit Gleise und Grenzen, sie sucht nach Schleusern von illegalen Einwanderern. Die Deutsche Bahn will welche anschaffen, um Sprayer zu jagen, die ihre Züge beschädigen. Das Argument ist dabei immer das gleiche: Drohnen seien billiger als Hubschrauber.

Jagd auf Drohnen

So alltäglich sind Drohnenflüge mittlerweile, dass es überall Versuche gibt, sich ihrer zu erwehren. In dem kleinen Ort Deer Trail nahe Denver im US-Bundesstaat Colorado gab es gar den Wunsch, eine Art Jagdschein für Drohnen zu beschließen. Ein Antrag forderte, dass jeder Drohnen abschießen dürfe, wenn sie den Luftraum des Ortes durchflögen. Für erjagte Drohnen oder Drohnenteile sollte es gar ein Kopfgeld geben, 25 Dollar für einen Flügel, 100 Dollar für die ganze Drohne mit den Insignien der US-Regierung. Diejenigen im Ort, die den Antrag unterstützten, sahen darin einen Protest gegen Überwachung und einen Schutz ihrer Privatsphäre. Es herrschte Streit, und im April 2014 wurde abgestimmt. Die Befürworter verloren, der Antrag wurde abgelehnt. Es klingt wie eine Posse, aber die amerikanische Luftfahrtbehörde nahm die Sache ziemlich ernst. Die FAA hatte einen solchen Beschluss für »kaum legal« erklärt und Deer Trail gedroht, das Abschießen könne für den Betreffenden hässliche Konsequenzen haben. Im Übrigen gebe man sich große Mühe, sichere Wege zu finden, um Drohnen in den zivilen Luftraum zu integrieren. Den Befürwortern des Jagdscheins genügen solche wolkigen Versprechen nicht. Sie sehen sich durch staatliche Drohnen bedroht. Dass Drohnenabschießen nicht legal sei, sei ihm durchaus klar, zitierte die *Huffington Post* Phillip Steel, der den Entwurf des Antidrohnenerlasses verfasst hatte. Aber er werde darüber gern vor einem Gericht streiten. Denn er halte es für genauso illegal und für einen Verstoß gegen die Verfassung, wenn amerikanische Bürger heimlich überwacht würden.

Auch Unternehmen fühlen sich bedroht. Im September 2014 flogen Fans eine Kameradrohne über das Gelände der englischen Pinewood Studios in der Nähe von London. Sie filmten Requisiten eines neuen Star-Wars-Films, der dort gerade gedreht wurde, und luden die Aufnahmen anschließend bei YouTube hoch. Die Filmfirma fand das nicht lustig und bestellte sich einen Drohnenschild, einen Detektor, der anfliegende Drohnen erkennt. Der amerikanische Hersteller Droneshield verspricht, seine kleinen Geräte könnten jede Drohne hören und ihre Ankunft melden. Dazu registrieren Mikrofone die akustische Signatur der Kopter und können nach Angaben des Herstellers daraus auf den Typ der Drohne schließen. Allerdings nutzte das der Filmfirma Pinewood nicht viel, das amerikanische Außenministerium stoppte den Versand der Geräte ins Ausland. Die Begründung: Auch wenn die Mikrofone für den zivilen Einsatz gedacht seien, fielen sie unter die Regeln zum internationalen Waffenhandel, der Export sei genehmigungspflichtig.

Dass bereits eine solche Abwehrtechnik existiert, zeigt, wie groß der Markt inzwischen sein muss. Droneshield ist nicht die einzige Firma dieser Art. Nach dem gleichen Prinzip arbeiten die Geräte der Firma Drone Detector aus Frankreich. Und es gibt Produkte, um mit Hilfe von Funkfrequenzen nach Drohnen am Himmel zu suchen und sie zu behindern. Sogenannte Jammer, Störgeräte für Sendefrequenzen, beeinträchtigen auch die funkferngesteuerten Kopter. Diese sind für wenig Geld zu haben, allerdings ist es Normalbürgern verboten, sie einzusetzen, da sie auch Mobilfunkfrequenzen und GPS-Signale stören. Eine chinesische Firma, die solche Blockierer in den USA anbot, wurde 2014 von der FAA zu einer Strafe von 34,9 Millionen Dollar verurteilt.

Das Prinzip scheint klar: Für staatliche Überwachung soll es keine Hindernisse geben. Besonders eindringlich hat das Kalifornien demonstriert. Der amerikanische Bundesstaat ist oft ein Vorreiter, wenn es um Regulierung geht. So sollten auch den Überwachungsdrohnen der Polizei enge Grenzen gesetzt werden. AB-1327 hieß der Gesetzentwurf des republikanischen Abgeordneten Jeff Gorell. Er wollte damit erreichen, dass die Polizei einen Durchsuchungsbeschluss braucht, bevor sie Drohnen zur Überwachung von Verdächtigen einsetzt. Das Gesetz passierte beide Parlamentskammern mit großer Mehrheit, Bürgerrechtler begrüßten es als Fortschritt. Doch es wurde nie verabschiedet. Der demokratische Gouverneur Jerry Brown legte im September 2014 sein Veto ein. Er erklärte: »Es gibt unzweifelhaft Umstände, unter denen ein Durchsuchungsbeschluss angebracht ist. Allerdings scheinen die in dem Gesetz formulierten Ausnahmen zu eng zu sein und könnten Voraussetzungen erzwingen, die über die Forderungen des Vierten Verfassungszusatzes und die Bestimmungen der kalifornischen Verfassung zur Privatsphäre hinausgehen.«

Der Gesetzentwurf hatte unter anderem gefordert, dass alle Daten, Bilder und Videos solcher Drohnenflüge innerhalb eines Jahres zerstört werden müssen, wenn nicht besondere Umstände dagegen sprächen. Polizisten und Strafverfolger lehnten das ab, schon das war ihnen zu viel Beschränkung. Brown folgte ihnen. Kurz darauf unterzeichnete er dann allerdings ein Gesetz, dass es Privatleuten verbietet, andere auszuspionieren. Der Einsatz von Kameradrohnen zur »Aufnahme persönlicher und familiärer Aktivitäten« wurde mit dem Gesetz AB-2306 verboten. Es richtet sich vor allem gegen Paparazzi und will all jene hart bestrafen, die Drohnen einsetzen, um mit Gewinnabsicht von anderen Fotos oder Videos zu machen. Aber auch jeder andere ist betroffen, der seinen Nachbarn gegen dessen Willen filmt. »Durch die fortschreitende Technik und durch roboterartige Geräte, die für mehr und mehr Menschen erschwinglich sind, wächst die Gefahr der Verletzung der Privatsphäre substanziell«, schrieb Unterhausmitglied Ed Chau, der den Entwurf eingebracht hatte, auf seiner Website.

Das Vorhaben ist sinnvoll. Doch wirkt es seltsam, dass die Überwachungsmöglichkeiten der Bevölkerung eingeschränkt werden, da sie die Privatsphäre verletzen könnten. Die Technik des Staates hingegen, die genau die gleiche Gefahr birgt, soll nicht beschränkt werden. Vertrauen weckt das sicher nicht. Auch weil diese Überwachungsinstrumente nur Spielzeug sind im Vergleich zu dem, was die amerikanische Regierung in den Himmel schickt.

Das Auge der Gorgo

Das amerikanische Militär hat einen Hang zu sprechenden und vor allem zu martialischen Namen, wenn es um seine Waffen geht. Es gibt Flugzeuge, die Hornisse heißen (F/A-18 »Hornet«), Bomben namens Vipernangriff (GBU-44 »Viper Strike«) und Drohnen fliegen als Raubtier (»Predator«) oder Sensenmann (»Reaper«) durch die Gegend. Mächtig und überlegen soll das klingen. Überwachungssysteme machen da keine Ausnahme: »Gorgon Stare«, das Starren der Gorgo, spielt auf das mythische Wesen an, dessen Blick jeden versteinert. Das Kamerasystem kann unter die »Reaper«-Drohnen geschraubt werden, um riesige Areale auf einmal zu überwachen. Es kommt damit der Idee des allsehenden Auges sehr nahe.

Anstoß für die Entwicklung war ein technisches Problem, denn auch Drohnen haben ihre Grenzen: Sie sehen aus großer Höhe, sie

Bewaffnete Drohne des Typs MQ-9 »Reaper«, aufgenommen 2007 in Afghanistan.

sehen scharf, aber sie sehen nicht sehr viel auf einmal. Der Sichtkreis der Kameras ist klein, je genauer sie hinschauen, desto kleiner. Im Extremfall hat er nur einen Radius von ungefähr 30 Metern, den die Piloten bei der höchsten Zoomstufe noch überblicken können. Zoomen sie heraus, um auch die Umgebung ihres Ziels zu sehen, verlieren sie Schärfe und können keine Menschen und Gegenstände mehr unterscheiden. Gorgon Stare soll das beheben. In der ersten Ausbaustufe erzeugte das System dreidimensionale Bilder eines 16 Quadratkilometer großen Gebietes. Jedoch ist die Datenmenge so groß, dass sie nicht live zum Boden übertragen werden kann. Wie früher muss die Drohne landen, erst dann können die Datenspeicher ausgelesen werden. Auch gab es Schwierigkeiten mit der Errechnung der Darstellung aus den vielen Einzelbildern.

Noch etwas gespenstischer wirkt »ARGUS«, die Weiterentwicklung von Gorgon Stare. Die Abkürzung steht für Autonomous Real-Time Ground Ubiquitous Surveillance Imaging System, also allgegenwärtiges Echtzeit-Überwachungssystem. ARGUS hat vier Kameras, deren Aufnahmen zu einem Bild von 1,8 Gigapixeln, also mit 1,8 Milliarden Bildpunkten verarbeitet werden. Der dazu verwendete Bildchip besteht aus 368 handelsüblichen Kamerachips mit je fünf Megapixeln. Aus 5000 Metern Höhe kann damit eine Fläche von 36 Quadratkilometern in Ultra-HD gefilmt werden. Und ARGUS sendet diese Bilder auch live zum Boden. Die Videos sind nicht nur gestochen scharf, Computer verfolgen auch sich bewegende Objekte und markieren sie. David A. Deptula, pensionierter General der US Air Force, sagte in einer Dokumentation des Fernsehsenders PBS mit dem Titel »Rise of the Drones«: »Wir haben heute Sensoren entwickelt, die mit einem ›allsehenden‹ Auge ausgestattet sind und ein Gebiet von der Größe einer Kleinstadt überblicken.« Und Yiannis Antoniades, Entwickler beim ARGUS-Hersteller BAE Systems, sagte in derselben Dokumentation: »Das ist die nächste Generation der Überwachung.«

Je mehr die Drohnen sehen, desto größer wird allerdings ein anderes Problem: die Datenmenge. Im Jahr 2004 lieferten alle Drohnen des amerikanischen Militärs zusammen 71 Stunden Videomaterial, das ausgewertet werden musste. 2011 waren es bereits 300 000 Stunden. Vier Jahre später sendete eine einzige ARGUS-Einheit mehrere Terabyte pro Minute zur Bodenstation. Bereits 2012 gab die US Air Force zu, dass ihr nicht Piloten fehlten, sondern dass derzeit vor allem die personellen Engpässe bei der Analyse der Bilder die Drohneneinsätze begrenzten. Die Folge: Computer sichten sie. Je besser die Luftbilder werden, desto stärker die Tendenz zu automatisierter Überwachung und automatisiertem Krieg. Die Drohnen entscheiden, was auf den Bildern zu sehen ist und nicht mehr die Menschen. Was direkt zu der Frage nach der Ethik dieser Maschinen führt.

ETHIK

8. Schutzengel der Infanterie – Warum Soldaten sich Drohnen wünschen

Helfer in der Not

Die US-Marines in der zentralirakischen Provinz Anbar waren in einer verzweifelten Lage. Die Mörser irakischer Aufständischer hatten die Soldaten unter Feuer genommen, eine Granate nach der anderen schlug in ihre improvisierte Stellung ein. Auf seinem Rover, einem Laptop, auf dem Einheiten am Boden live verfolgen können, was die Drohnen in der Luft gerade filmen, sah ein Soldat der US Air Force, der die Marines begleitete und Luftangriffe koordinieren sollte, die Videobilder einer in der Nähe operierenden »Predator«-Drohne. Diese war eigentlich für einen ganz anderen Einsatz vorgesehen, doch sofort bat der unter Beschuss liegende sogenannte Joint Terminal Attack Controller darum, die Drohne umzudirigieren. Wenige Minuten später feuerte die »Predator« ihre »Hellfire«-Raketen auf den Gegner ab.

Der Vorfall im Juni 2005 markierte eine Neuerung beim Einsatz von Kampfdrohnen. Dank der Rover-Geräte, eine Abkürzung für Remotely Operated Video Enhanced Receiver, sind die US-Soldaten am Boden nun in der Lage, mit den Augen der Drohne ihre eigene Umgebung zu sehen. Die Kommunikation mit den Drohnenpiloten ist dadurch viel leichter, können die Einheiten dem weit entfernten Piloten doch die Ziele nennen, die er anfliegen oder genauer beobachten soll. In der nächsten Rover-Version soll das sogar per Touchscreen gehen. Der Luftwaffen-Koordinator tippt dann auf einen Punkt auf dem Bildschirm, und der Pilot weiß sofort, wohin er fliegen oder schauen oder im Zweifel feuern soll.

Dass Drohnen zum Schutz der Infanterie in den Kampf eingreifen, steht für Soldaten ganz oben auf ihrer Prioritätenliste. »Armed Overwatch«, die bewaffnete Begleitung und Überwachung aus der

Luft, soll eine Lücke schließen. Bislang können die Truppen, wenn sie unter Feuer geraten, nur um Hilfe bitten und warten. Egal ob Artillerie, Hubschrauber oder Kampfflugzeuge, es dauert seine Zeit, bis diese nach der Anforderung über Funk eintreffen. »Die Minuten unter Feuer können sehr lang werden«, fasste Generalleutnant Werner Fritz, der Befehlshaber des Einsatzführungskommandos der Bundeswehr, im Sommer 2014 vor dem Verteidigungsausschuss des Bundestages sein Plädoyer für bewaffnete Drohnen zusammen. »Wer erlebt hat, wie sich Soldaten fühlen, die im Gefecht auf Unterstützung aus der Luft warten, sei es durch Kampfhubschrauber, durch Jets oder Artillerie, der weiß, wie lange sich eine Minute anfühlen kann, in der möglicherweise der Tod eintritt.« Mehr als eine Viertelstunde, so schilderte Fritz, verging zum Beispiel beim ersten scharfen Einsatz deutscher Artillerie in Nordafghanistan. So lange dauerte es von dem Moment an, in dem ein durch Milizen beschossener Konvoi die Unterstützung anforderte, bis die ersten Granaten aus der Panzerhaubitze 2000 einschlugen. Noch länger, so berichteten Soldaten aus dem Afghanistan-Einsatz immer wieder, warteten sie auf Kampfjets, die mit Raketen oder Bomben eine gegnerische Stellung ausschalten sollten. Eine halbe Stunde oder mehr habe das dauern können. Eine halbe Stunde, in der sie mit Kalaschnikows und Maschinengewehren beschossen wurden.

Allerdings ist die ständige Nahunterstützung aus der Luft, der sogenannte Close Air Support, für die Bundeswehr bislang nur Theorie: Anders als ihre amerikanischen Kameraden haben deutsche Soldaten in Afghanistan keine eigenen bewaffneten Drohnen. Und es sind nur zwei Fälle bekannt geworden, in denen US-Kampfdrohnen dem deutschen Kontingent am Hindukusch zu Hilfe kamen. Zumindest hat das Verteidigungsministerium bislang nur diese zwei Aktionen öffentlich mitgeteilt. Details dazu nannte die Bundesregierung im Mai 2013 in ihrer Antwort auf eine Anfrage der SPD, die – damals noch in der Opposition – über die deutsche Haltung zu bewaffneten Drohnen informiert werden wollte: »Am 8. Juni 2009 wurde durch Waffeneinsatz eines unbemannten US-Luftfahrzeugs eine behelfsmäßige Sprengvorrichtung (Improvised Explosive Device – IED) zerstört. Personenschäden konnten bei diesem Einsatz nicht festgestellt werden. Am 11. November 2010 erfolgte der Waffeneinsatz eines unbemannten US-Luftfahrzeugs gegen eine Gruppe Aufständischer im Distrikt Chahar Darrah. Dabei wurden vermutlich vier Aufständische getötet. Zivile Opfer wurden nicht festgestellt.« Den tödlichen Schüssen der Drohne war dabei eine intensive Luftaufklärung, vermutlich durch dieselbe Drohne, vorausgegangen. Dazu die Antwort der Bundesregierung: »Am Abend des 11. Novembers wurden auf einer Versorgungsstraße im Verantwortungsbereich des Regionalkommandos Nord mehrere Personen beim Verbringen von Sprengfallen identifiziert. Da sich im erweiterten Umkreis die Gefährdung von unbeteiligten Zivilpersonen ausschließen ließ, wurde zur Bekämpfung der Aufständischen Luftunterstützung eingesetzt.« Vom Boden aus nachzuschauen schien damals zu riskant – »aufgrund der außerordentlich hohen Gefährdung der ISAF-Truppen durch Sprengfallen und Feuerüberfälle in diesem Raum«.

Ob Bundeswehr-Patrouillen während ihrer Einsätze außerhalb der befestigten Feldlager von solchen bewaffneten Systemen geschützt wurden, ist unklar. Offizielle Angaben dazu gibt es nicht, und eine eigene Entscheidungshoheit hatten und haben die Deutschen bislang nicht: Sie konnten um Unterstützung bitten, ob ihrem Ruf aber ein Kampfjet, ein Hubschrauber oder eine Kampfdrohne folgte, lag in der Hand des US-dominierten Oberkommandos. Vor allem hing es davon ab, welches Waffensystem gerade verfügbar war. Von vornherein planen, dass ein bewaffneter Flieger die ganze Zeit einen Konvoi begleitete, konnten die Deutschen nicht.

Die »Heron« in Afghanistan

Immerhin bekam die Bundeswehr im Jahr 2010, gut acht Jahre nach Beginn ihres Einsatzes in Afghanistan, eigene Aufklärungsdrohnen vom Typ »Heron«. Sie wurden von der israelischen Firma Israel Aerospace Industries (IAI) geleast und von der deutschen Firma Rheinmetall betrieben, die diesen Unternehmensteil später an die Airbus-Tochter Cassidian verkaufte. Die »Heron 1«, wie die Bundeswehr sie nennt, ergänzt die taktischen Drohnen der Typen »LUNA« und »KZO«, die schon zuvor am Hindukusch in Betrieb waren. Laut Vertrag standen der Bundeswehr pro Monat 480 Flugstunden zur Verfügung, die vor allem zur Sicherung der eigenen Einheiten am Boden genutzt wurden.

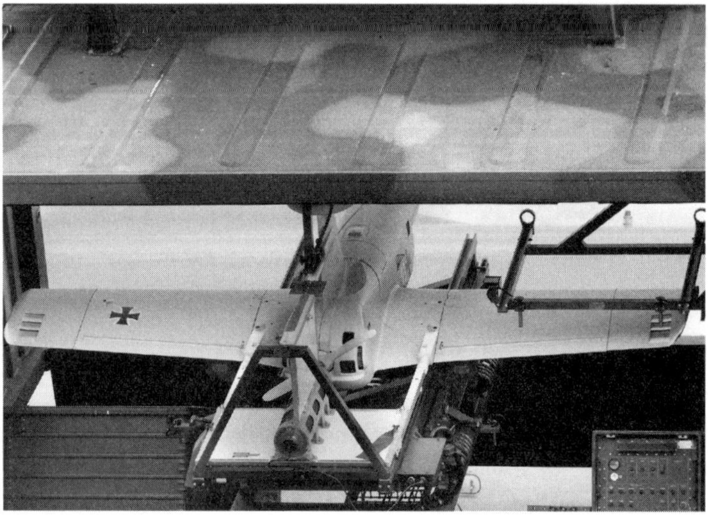

Ein »Kleinfluggerät Zielortung«, kurz KZO der Bundeswehr, auf der Luftfahrtshow ILA, 2012.

Mit der »Heron«, zu Deutsch Reiher, konnte die deutsche Führung des Regionalkommandos Nord der Afghanistan-Schutztruppe ISAF den Soldaten am Boden einen ständigen Beobachter zur Seite stellen. Die Nachfolgemission, *Resolute Support*, vermag im Norden des Landes ebenfalls auf die deutschen Beobachtungsdrohnen zu bauen. Die Bodenstation für die drei geleasten Maschinen stand und steht im deutschen Hauptquartier in Mazar-i-Sharif. Zunächst war die Standortentscheidung technisch bedingt, da die Satellitenkommunikation zur Steuerung der »Heron« erst später nachgerüstet wurde und die Einsatzentfernung von der Reichweite der Funkverbindung abhing. Aber auch nach Einbau der Satellitensteuerung blieb die Bodenstation im Camp Marmal: Piloten und Payload Operator sollen ganz bewusst, so erklärt die Bundeswehrführung immer wieder, im Einsatzgebiet stationiert sein, um den Kontakt zur Mission nicht zu verlieren.

Das Konzept unterscheidet sich deutlich von dem der amerikanischen und britischen Streitkräfte, deren »Predator«- oder »Reaper«-Operatoren auf Basen in ihren Heimatländern sitzen, eine halbe Welt entfernt. Die Bedienmannschaften der Bundeswehr erlebten damit nicht nur die Bedingungen des heißen afghanischen Sommers und des kalten Winters am eigenen Leib, sie hatten auch direkten Kontakt zu ihren »Kunden«. Die Drohnenpiloten trafen so regelmäßig auf Mitglieder der Einheiten, die auf die Beobachter aus der Luft vertrauten. Bei Einsätzen der Spezialeinheit Task Force 47, die mehrheitlich aus Soldaten des Kommandos Spezialkräfte (KSK) besteht, saßen KSK-Vertreter oft auch mit in der Kontrollstation, um die Mission im Blick zu haben und die Piloten und Kameraoperatoren auf Details hinzuweisen, die für die Soldaten am Boden von Bedeutung waren – »waren«, weil die »Heron«-Drohnen im Frühjahr 2015 zwar noch in Afghanistan aktiv sind, es aber nach dem offiziellen Ende des Kampfeinsatzes praktisch keine Bundeswehr-Patrouillen mehr gibt.

Die Überwachungsmission der »Heron«-Drohnen begann nicht erst, wenn sich eine Patrouille auf den Weg machte. Bereits Stunden zuvor überflogen die UAV die geplante Marschroute, beobachteten Häuser und Dörfer der Region, in der die Soldaten aktiv werden sollten. Jede mögliche Gefahrenstelle, auch jede verdächtige Bewegung, wurde im Vorfeld untersucht. Während des Einsatzes kreiste die »Heron« weiter über der Einsatzstelle, und die Beobachter in Mazar-i-Sharif sahen sofort, wenn ein Hinterhalt drohte oder sich Gruppen von Aufständischen für einen Angriff auf die Deutschen formierten. Für die Einheit am Boden sei das eine große Erleichterung, berichtet ein Drohnenpilot mit langer Einsatzerfahrung. »Versetzen Sie sich in einen Patrouillenführer: Vor sich haben Sie ein Dorf, Sie sollen da Gesprächsaufklärung machen. Da sehen Sie nur Mauern, nur Compounds [Gebäudekomplexe] und haben keine Ahnung, was da drin los ist. Das ist ein anderes Gefühl, als wenn der ›Heron‹ dort schon zwei Stunden geguckt hat und per Funk sagt, da spielen Kinder auf den Straßen, da ist alles safe, keine Motorräder zu sehen. Da gehen Sie mit einem ganz anderen Gefühl rein, als wenn sie blind sind.«

Drohnen haben gegenüber bemannten Flugzeugen und auch Hubschraubern einen Vorteil: ihre geringe Geschwindigkeit und ihre lange Einsatzdauer. Die »Heron« kann über Stunden über einem Punkt kreisen und alles erfassen. Sie dient dabei nicht nur als Beobachtungsstation, sondern auch als Funkrelais, über das die Soldaten am Boden direkt mit den Drohnen-Operatoren und auch mit der Einsatzleitung sprechen können. Selbst ohne ein Rover-System erfährt die Truppe schnell, aus welcher Richtung Gefahr droht. Traditionelle

Aufklärung sei nicht die Aufgabe von Drohnen, erinnert sich einer der ersten deutschen »Heron«-Piloten an seine Einsätze am Hindukusch. Es gehe nicht darum, irgendwohin zu fliegen, Bilder zu machen und zurückzukehren. Der wahre Vorteil sei die unmittelbare Unterstützung der Einheiten am Boden: »Retten diese Geräte wirklich Leben? Ich sage ja.« In den vergangenen Jahren hätten deshalb auch Kompaniechefs und Zugführer vor ihren Missionen unmissverständlich um Hilfe aus der Luft gebeten – »die wollen nicht mehr ohne uns raus«.

Auch umgekehrt sind die Piloten der Drohnen sehr zufrieden mit ihrer Arbeit. Sie haben das Gefühl, ihre Kameraden am Boden schützen zu können. Matthias Kühl, Payload Operator einer »Heron«, sagt: »Ich bin ziemlich happy, muss ich sagen. Auch wenn der Job sehr belastend ist, nicht nur zeitlich, sondern auch mental, macht er sehr viel Freude. Zum Beispiel eine Situation: Wir haben in der Nacht eine Patrouille begleitet. Die haben ihren Verfügungsraum bezogen, haben ihre Wagenburg aufgebaut. Wir waren über Funk mit ihnen in Kontakt, und dann haben sie gefragt, ob sie uns mal hören dürften. Wir sind tiefer gegangen, dann haben sie uns gehört und sagten: ›Ein herrliches Geräusch. Nun können wir alle pennen.‹ Toll. Das gibt einem schon was.«

Dass die Drohnen dabei keine Waffen haben, ist aus Sicht der Operatoren ein klarer Nachteil. Zwar sitzen sie in ihrer sicheren Kontrollstation, doch emotional fühlen sie sich eng mit den Soldaten im Einsatz verbunden. Einen Angriff auf die Kameraden zwar beobachten und sie warnen zu können, aber keine Möglichkeit zum Eingreifen zu haben, ist nach Meinung von Piloten und Kamerabedienern das derzeit größte Problem der deutschen UAV.

»Bestmöglicher Schutz« oder volles Einsatzspektrum?

Für Bundeswehr-Drohnen, die nicht nur als fliegendes Auge die Truppe bewachen, sondern notfalls auch mit Waffen eingreifen, plädiert auch Hellmut Königshaus, bis Mai 2015 Wehrbeauftragter des Bundestags. »Die Systeme können länger über einem Ort, an dem eine Gefährdung festgestellt wurde, verbleiben als jedes andere System«, sagte Königshaus bei der Bundestagsanhörung im Sommer

2014. Gerade weil die Piloten am Bildschirm die Lage aus der Distanz beurteilen könnten, hätten sie die Möglichkeit, »sehr konkrete Entscheidungen zu treffen, die vor Ort und möglicherweise unter Feuer in dieser Form gar nicht getroffen werden können«. Daher reiche eine reine Beobachtungsdrohne auch nicht aus: »Ein bewaffnetes System hat aber darüber hinaus den Vorteil [...], dass es unmittelbar auf eine erkannte Gefahr reagieren kann.«

Dem liegt der Gedanke zugrunde, dass Soldaten in einer gefährlichen Situation Anspruch auf den »bestmöglichen Schutz« haben. So äußerte sich auch Verteidigungsministerin Ursula von der Leyen. Sie vertritt die Position, die Bundeswehr solle als Übergangslösung bis zu einer europäischen Neuentwicklung Drohnen leasen, die bei Bedarf und mit Zustimmung des Bundestages bewaffnet in einen Einsatz geschickt werden können.

Damit aber haben sich die Verteidigungsministerin und die Regierungsparteien der schwarz-roten Koalition auf einen einzigen Einsatzzweck für bewaffnete unbemannte Systeme festgelegt: Luftnahunterstützung, den direkten Schutz der Soldaten am Boden. Das entspricht dem Wunsch der Bundeswehrsoldaten und ist wahrscheinlich das Maximum dessen, was politisch durchsetzbar ist. Aus militärischer Sicht ist es aber eine Begrenzung. Wie alle Waffensysteme sind auch bewaffnete Drohnen auf verschiedene Weise einsetzbar. Sie per Parlamentsbeschluss auf einen einzelnen, eng definierten Einsatzzweck zu beschränken, ist ein in der Geschichte der Streitkräfte noch nicht erprobter Weg.

Er entspricht auch nicht der grundsätzlichen Planung der Luftwaffe. Deren Inspekteur, Generalleutnant Karl Müllner, ist ein Verfechter bewaffneter Drohnen. Er zieht daher den Rahmen auch deutlich weiter. In dem unter seiner Ägide verfassten Grundlagenpapier »Luftmacht 2030« heißt es: »Der Schwerpunkt wird dabei im Betrieb unbemannter Luftfahrzeuge mit einem Leistungsspektrum jenseits von taktischen Drohnen liegen. Schon heute tragen sie durch eine kontinuierliche, großräumige, luftgestützte Überwachung und Aufklärung bis in die Tiefe des Einsatzgebiets erheblich zur Verbesserung des Lagebilds und zur Entscheidungsqualität auf allen Führungsebenen bei. Die Nutzung und Weiterentwicklung der Fähigkeiten unbemannter Luftfahrzeugsysteme ist in allen Bereichen der Aufklärung-Führung-Wirkung und Unterstützung zu optimieren und deren Einsatzspektrum auszuweiten.« Das heißt übersetzt: Bewaffnete Drohnen müssen aus Sicht der Luftwaffe langfristig für alle Aufgaben geeignet sein, die heute noch von bemannten Flugzeugen erledigt werden: direkte Unterstützung, Funkaufklärung, Aufklärung von Radaranlagen, taktische und strategische Bombenangriffe, Luftkämpfe und so weiter. Aus Sicht der Luftwaffe sind sie nicht allein die Schutzengel der Bodentruppen.

Würde Deutschland umfassend einsetzbare Drohnen auf die gleiche Weise verwenden wie die USA, Großbritannien und Israel? Würden auch deutsche UAVs gezielte Tötungen ausführen und damit völkerrechtlich umstrittene Aktionen außerhalb eines festgelegten Kriegs- oder Konfliktgebietes? Diese Befürchtung bestimmt hierzulande die Debatte über diese Fluggeräte.

Politische Erklärungen wie der Koalitionsvertrag von Union und SPD aus dem Jahr 2013 sollen diese Sorge ausschließen: »Extralegale, völkerrechtswidrige Tötungen mit bewaffneten Drohnen lehnen wir kategorisch ab. Deutschland wird für die Einbeziehung bewaffneter unbemannter Luftfahrzeuge in internationale Abrüstungs- und Rüstungskontrollregime eintreten und sich für eine völkerrechtliche Ächtung vollautomatisierter Waffensysteme einsetzen, die dem Menschen die Entscheidung über den Waffeneinsatz entziehen.«

Glücklicherweise verbietet die Rechtslage, die den Einsatz deutscher Streitkräfte bestimmt, deutsche Drohnenmissionen nach US-Vorbild. Wie jede Entsendung deutscher Soldaten außerhalb der Landes- und Bündnisverteidigung müsste auch der Einsatz unbemannter Systeme vom Bundestag gebilligt werden. Dabei wäre es egal, von wo aus die Drohnen gesteuert würden. Denn als Kriterium für die Entscheidung, ob die Abgeordneten einem solchen Einsatz zustimmen müssen, gilt nach der Rechtsprechung des Bundesverfassungsgerichts allein die Wahrscheinlichkeit, dass die Soldaten »in eine bewaffnete Unternehmung« einbezogen werden. Dabei spielt es keine Rolle, ob die Soldaten sich in einem Konfliktgebiet aufhalten: »Der Aufenthaltsort eines Soldaten selbst ist aber, der Rechtsprechung des Bundesverfassungsgerichts folgend, nicht von übergeordneter Bedeutung, sofern eine Einbeziehung in eine bewaffnete Unternehmung gegeben ist«, argumentiert der Jurist Simon Gauseweg in einem Sammelband »Drohnen und das Recht« von Völkerrechtlern der Viadrina-Universität in Frankfurt (Oder). »Deutsche Soldatinnen und

Soldaten wären in die bewaffnete Unternehmung also in jedem Falle einbezogen, wenn sie die Drohne direkt steuerten. [...] Es kommt bei der Unterscheidung zwischen einem Einsatz im Ausland und einem Einsatz im Inland nicht ausschließlich darauf an, wo sich ein Großteil der zur Operation notwendigen Handlungen abspielen [sic!], sondern maßgeblich darauf, wo sich diese Handlungen im Sinne eines militärischen Erfolgs (oder dessen Möglichkeiten), zumindest aber der tatsächlichen Waffenwirkung, verwirklichen.«

Der Einsatz auch bewaffneter Drohnen und seine ethischen Aspekte sind damit, so das Fazit, ebenso wie jeder andere Auslandseinsatz der Bundeswehr, Sache des Parlaments. Eine Vorlage über die Entsendung bewaffneter Drohnen steht noch aus (vgl. Kapitel 13).

9. Wenn der Himmel auf den Kopf fällt – Die Opfer des Drohnenkrieges

Der unsichtbare Todesengel

Seit Stunden folgten die beiden Soldaten am Bildschirm dem kleinen Konvoi durch die Berge. Zwei SUVs und ein Pick-up fuhren in der Nacht vom 20. zum 21. Februar 2010 über die staubige Piste in der zentralafghanischen Provinz Daikundi. Die Insassen kamen aus drei kleinen Dörfern und hatten sich mitten in der Nacht auf ihren langen Weg gemacht. Sie ahnten nicht, dass fast fünf Kilometer über ihnen eine amerikanische »Predator« kreiste und jede ihrer Bewegungen verfolgte.

Die Drohnenpiloten glaubten, ein Ziel gefunden zu haben. Der Konvoi bewegte sich in Richtung eines amerikanischen Sondereinsatzkommandos, das wenige Stunden zuvor in der Region abgesetzt worden war. Ein Hubschrauber hatte das Team dorthin gebracht, zu Fuß sollte es ein nahe gelegenes Dorf nach Kämpfern durchsuchen. Da vor einiger Zeit ein anderes US-Kommando in der Gegend angegriffen worden war, hatten die Soldaten Luftunterstützung. Eine viermotorige Propellermaschine vom Typ AC-130, wegen der vielen Waffen an Bord »Gunship« genannt, zwei Kampfhubschrauber vom Typ »Kiowa« und die Drohne eskortierten die Mission. Die Besatzung der AC-130 hatte die Fahrzeuge in der Nacht entdeckt, die »Predator«-Drohne hatte die Beobachtung übernommen.

Um 6.15 Uhr Ortszeit, kurz bevor die Sonne über den Bergen aufging, hielten die drei Fahrzeuge an. »Wir haben 18 Passagiere, die die Fahrzeuge verlassen haben und sich in diesem Moment verteilen.« Die Worte stammen von einem der beiden Mitglieder der Drohnencrew. Die beiden saßen zu diesem Zeitpunkt in ihrem Kontrollraum auf der Creech Luftwaffenbasis in Nevada, mehr als 11 000 Kilometer entfernt, vor sich Bildschirme, Schalter und Joysticks. Sie steuerten das millionenteure Überwachungsgerät und sprachen gleichzeitig mit den Soldaten am Boden, eine halbe Welt entfernt. Dank der Infrarotkamera konnten sie selbst im Dunkeln sehen, was bei den drei Autos vor sich ging.

Zumindest glaubten sie das. Denn der Einsatz, der später von

Journalisten und Bürgerrechtlern mit Hilfe von Überlebenden, Militärakten und den Protokollen des Funkverkehrs rekonstruiert werden konnte, war ein Fiasko. Der Journalist David Cloud von der *L.A. Times* hat ihn 2011 aufgearbeitet und in dem Text »Anatomy of an Afghan war tragedy« (Anatomie einer afghanischen Kriegstragödie) festgehalten, dem die hier präsentierten Informationen entnommen sind.

Pilot und Payload Operator der »Predator« waren erfahrene Leute. Zum Drohnenteam gehörten noch ein sogenannter Mission Intelligence Coordinator (Missions-Aufklärungskoordinator) und ein Safety Observer, ein Sicherheitsbeobachter, die beide sahen, was die Drohnenpiloten sahen. Genau wie die Screener, die Auswerter der Videobilder, in einem Stützpunkt in Okaloosa, Florida. Auch sie hatten die Videos der Drohnenkamera im Blick und konnten im Zweifel sowohl dem Drohnenteam als auch den Soldaten am Boden Hinweise geben und Beobachtungen melden. Die Einheit am Boden wurde von einem Captain, also Hauptmann kommandiert, auch er ein erfahrener Soldat. Etwaige Luftangriffe hingen von seinem Befehl ab, da in der US-Armee die Einheit am Boden entscheidet, wann etwas beschossen wird, nicht die in der Luft.

In der Nacht hatte es durchaus Zweifel an der Mission gegeben. Keiner der Beteiligten hatte auf den Bildern eindeutig Waffen erkennen können. Doch maßen sie dem nicht viel Bedeutung bei. Da die Kämpfer längst wussten, dass Waffen für die Drohnen sichtbar sind, versteckten sie sie regelmäßig in Decken oder Kleidung. Allerdings hatte einer der Screener gemeldet, dass wohl mindestens ein Kind unter den Personen sei. Doch auch das wurde ignoriert. Ein anderer Bediener vermutete, dort werde vielleicht jemand als menschliches Schutzschild missbraucht. Dann hieß es, unter den Afghanen seien wohl ein bis zwei Jugendliche. Aber letztlich gingen alle Beteiligten davon aus, »Military Abled Males« (militärtaugliche Männer – MAM) vor sich zu haben, wie potenzielle Kämpfer in diesem Konflikt von den Amerikanern genannt werden, kurz: Ziele.

Verstärkt wurde ihr Eindruck noch durch Informationen von Abhörspezialisten, die in der Region mehrere Mobiltelefongespräche mitgeschnitten und analysiert hatten. Nach ihrer Einschätzung befand sich in der Gegend eine Einheit der Taliban und plante eine Attacke. Die US-Einheit am Boden glaubte daraufhin, in dem sich nähernden Konvoi könne ein Kommandeur der Taliban sein, obwohl nichts darauf hindeutete, dass in den Fahrzeugen Taliban saßen. Auch hatte die Fahrzeugkolonne, die ursprünglich auf die US-Einheit zufuhr, inzwischen ihre Richtung geändert und entfernte sich von ihr. Trotzdem befahl der Hauptmann am Boden den Angriff.

Das folgende Gespräch stammt aus dem Protokoll des Funkverkehrs an jenem Tag. Die *L.A. Times* hatte im Rahmen ihrer Recherchen zu dem Fall auf die Veröffentlichung des Funkverkehrs geklagt. Die angegebenen Uhrzeiten beziehen sich auf die sogenannte Zulu-Zeit, die weltweite Standardzeit, die der Greenwich-Zeit entspricht. Kirk97 ist das Rufzeichen von Pilot und Payload Operator der Drohne, BamBam41 das der beiden Kampfhubschrauber.

04:01

OPERATOR: »Ich sag dir, wir könnten hier oben eine ganze Flotte von Preds [Predators] haben.«

PILOT: »Schön wär's, Mann. Das wäre großartig.«

04:02

OPERATOR: »Wir haben ja schon ein paar Mal darüber geredet. Ich finde, nun ja, was, wenn wir welche hätten.«

PILOT: »Yeah. Kumpel, das wäre großartig.«

OPERATOR: »Das wäre absolut cool. Aber ... wir sind keine Killer, wir sind ISR [intelligence, surveillance, reconnaissance – Information, Überwachung, Aufklärung].

04:05

PILOT: »Yeah. Okay, also der Plan ist, Mann, wir werden zusehen, wie das Ding hopsgeht, die Hubschrauber werden so viele ausschalten, wie sie können, und wenn sie keine Munition mehr haben, können wir Aufräumen spielen.«

04:06

OPERATOR: »Geht klar.«

PILOT: »Also laut Briefing werden wir wohl ein paar Typen jagen, die sich in alle Richtungen zerstreuen, also wenn es losgeht, kümmere dich nicht um irgendwelche Anweisungen von mir oder von Jaguar [JAG25 oder Joint Terminal Attack Controller, der Angriffskoordinator], mach einfach, was dir am sinnvollsten erscheint. Bleib an wem auch immer dran, der die beste Chance bietet, auf ihn zu schießen.«

04:07
PILOT: »Letztlich, wenn jeder in eine andere Richtung rennt, ist es mir, wie gesagt, egal, ob du einem einzelnen Typen folgst. Was immer du entscheidest, ich bin dabei.«
OPERATOR: »Alles klar.«
PILOT: »Solange du irgendjemanden im Visier behältst, auf den wir schießen können, bin ich zufrieden.«
OPERATOR: »Geht klar.«

04:08
EINSATZKOORDINATOR: »Yeah, sie versuchen zu bestätigen, in welchem Auto die Kinder sind, äh, die Jugendlichen.
PILOT: »Wer versucht das?«
EINSATZKOORDINATOR: »Der Bildauswerter spricht gerade davon.«
PILOT: »Okay.«
EINSATZKOORDINATOR: »Aber der Angriffskoordinator sagte ja bereits, ich meine, sie können sich jederzeit eine Waffe greifen … Also …«

04:09
OPERATOR: »Hey, weißt du noch? Diese Mudschaheddin, dreizehn Jahre alt.«
PILOT: »Ja, klar, genau darüber haben wir geredet. Ich habe mit dem Angriffskoordinator gesprochen, und er sagte genau dasselbe, Mann. Sie nannten sie Jugendliche. Wir nannten sie, du weißt schon, wahrscheinlich im zweistelligen Altersbereich. Und er meinte, das ist alt genug, um gefährlich zu sein.
OPERATOR: »Yep.«
PILOT: »Womit er Recht hat.«

04:11
BAMBAM41: »Kirk97, BamBam41 hört euch laut und deutlich.«

04:12

PILOT: »Okay, BamBam41, Kirk97 hat euch auch laut und klar. Wie ich gehört habe, verfolgt ihr bereits unsere drei Fahrzeuge, müsst ihr noch irgendetwas wissen, oder habt ihr sie?«

BAMBAM41: »41 hat sie, direkt südlich des Passes im angegebenen Planquadrat, ein weißer Highland, gefolgt von zwei SUV.«

PILOT: »Kirk97 verstanden. Das sind eure drei Fahrzeuge. Zur Information, wir haben ungefähr einundzwanzig MAMs, bislang ungefähr drei Gewehre positiv identifiziert in der Gruppe und, äh, das sind eure drei.«

04:13

BAMBAM41: »JAG25, bestätigen. Sprach gerade mit Kirk97, und er bestätigte, dass es dieselben Fahrzeuge sind.«

OPERATOR: »Yeah.«

PILOT: »Das sieht nach einem coolen Abschuss aus.«

OPERATOR: »Oh, großartig.«

BAMBAM41: »JAG25, BamBam41, Kirk bestätigt, dass sie mindestens drei Waffen, einundzwanzig Männer im kampffähigen Alter positiv identifiziert haben und dass sie den Kontakt nicht verloren haben. Sie beobachten diese Fahrzeuge weiter.«

BAMBAM41: »[unverständlich] Sieht so aus, als haben wir die Freigabe zum Angriff.«

PILOT: »Okay, er hat die Freigabe. Ich werde unsere Raketen auch scharf machen.«

Um 04.16 Uhr begannen die »Kiowa«-Kampfhubschrauber auf die Fahrzeuge zu feuern. Mehrere Minuten lang beobachteten die Drohnenpiloten anschließend das Einschlagen der Raketen, die Explosionen, die Verletzten am Boden und versuchten, mögliche Ziele für die eigenen Waffen auszumachen. Um 04.22 Uhr begannen beide, sich über das, was sie sahen, zu wundern, da die Getroffenen nicht versuchten, von den Fahrzeugen wegzurennen.

04:22

OPERATOR: »Das ist seltsam.«

PILOT: »Keine Ahnung, was zur Hölle die da machen.«

04:23
OPERATOR: »Wahrscheinlich fragen sie sich gerade, was ihnen zugestoßen ist.«
SICHERHEITSBEOBACHTER: »Da ist noch einer am linken Rand des Bildschirms.«
OPERATOR: »Ja, ich sehe sie.«
SICHERHEITSBEOBACHTER: »Tragen die Burkas?«
OPERATOR: »So sieht es zumindest aus.«
PILOT: »Sie waren alle positiv als Männer identifiziert. Keine Frauen in der Gruppe.«
OPERATOR: »Der Typ sieht aus, als ob er Schmuck und Mädchensachen trägt, aber er ist kein … Wenn das ein Mädchen ist, dann aber ein großes.«

Um 04:40 identifizierten Operator und Einsatzkoordinator mehrere Opfer eindeutig als Frauen und Kinder. Waffen sahen sie nun keine mehr.

04:42
OPERATOR: »Ja, im Moment würde ich lieber … wäre es mir persönlich lieber, nicht auf diese Leute zu schießen.«
EINSATZKOORDINATOR: »Nein.«

04:43
PILOT: »Die Frau da unten hält ein Baby im Arm, oder? Vielleicht.«
SICHERHEITSBEOBACHTER: »Nein.«
EINSATZKOORDINATOR: »Nein.«
OPERATOR: »Oh, doch.«

Zweieinhalb Stunden nach dem Angriff erreichten Einheiten der amerikanischen und der afghanischen Armee die Stelle und leisteten Erste Hilfe. Die Verletzten – es waren Händler, Arbeitssuchende, Reisende auf dem Weg zu ihren Familien – wurden in ein Krankenhaus ausgeflogen. Die Amerikaner zählten 15 oder 16 Tote und zwölf Verwundete, darunter eine Frau und drei Kinder. Afghanen aus den Dörfern der Opfer berichteten hingegen später, es seien 23 Menschen gestorben, darunter zwei kleine Jungen im Alter von drei und vier Jahren. Noch am Abend des Angriffs entschuldigte sich der Kommandeur der US-Einheiten in Afghanistan, General Stanley A. McChrystal, persönlich bei Präsident Hamid Karsai. Zwei Tage später versprach McChrystal im afghanischen Fernsehen, der Fall werde untersucht, um so etwas in Zukunft zu verhindern.

Gezielt Zivilisten anzugreifen, ist ein Kriegsverbrechen. Keiner der Beteiligten wurde vor ein Gericht gestellt. Mehrere Wochen nach dem Anschlag besuchten amerikanische Offiziere die Dörfer. Jeder Überlebende des Angriffes bekam von ihnen 2900 Dollar, Familien von Toten erhielten 4800 Dollar.

Kriegsverbrechen

Seit Beginn des Krieges in Afghanistan 2001 setzen die USA dort bewaffnete Drohnen ein, seit 2002 auch in Jemen. Von 2004 bis 2013 richtete sich der Fokus der Drohnenangriffe vor allem auf die Grenzregion zwischen Pakistan und Afghanistan. Ab 2004 flog Israel im Gazastreifen solche Angriffe, ab 2007 kam auf die amerikanische Liste noch Somalia. An allen diesen Orten gab es Vorfälle wie den eben beschriebenen. Sie sind tragisch. Aber sind sie ein gewöhnliches und unvermeidliches Schicksal im Krieg? Oder gibt es systematische Fehler bei dieser Art der Kriegführung? Das Pentagon untersuchte den Fall ebenfalls. Das Urteil: Die Drohnencrew habe die Möglichkeit, dass dort Kinder waren, heruntergespielt. Der Hauptmann am Boden habe die Bedrohung falsch interpretiert, es habe keine Notwendigkeit gegeben, schnell zu handeln. Gleichzeitig räumten Offiziere des Pentagon gegenüber der *L.A. Times* ein, dass die Fülle der von Drohnen gelieferten Informationen zu der falschen Überzeugung führen könne, dass man alles sehe und alles wisse. Diese trügerische Sicherheit könne es schwierig machen, Freund von Feind zu unterscheiden.

Befürworter der Drohnen hindert das nicht daran, sie als ethische und präzise Waffe zu bewerben, die weniger ungewollte Schäden verursache als jede andere. Ja, einige nennen sie gar eine humanitäre Waffe. Doch basiert diese Behauptung unter anderem darauf, dass bei den bisherigen Drohneneinsätzen nach offizieller Zählung kaum Zivilisten getötet wurden. Das liegt allerdings nicht daran, dass wirklich keine Zivilsten sterben. Sondern es liegt an der Praxis, alle Toten mit Hilfe der Definition als Military Abled Males im Nachhinein zu Terroristen und Kämpfern zu erklären. Gleichzeitig instrumentalisiert natürlich auch die andere Seite in diesen Konflikten die Toten und ist bemüht, ihre Zahl möglichst hoch und so den Gegner als möglichst grausam erscheinen zu lassen. Mit dem Ergebnis, dass es kaum möglich ist zu sagen, wie viele Tote dieser doch angeblich so präzise Krieg tatsächlich fordert. Mehrere Menschenrechtsorganisationen versuchen sich seit Jahren darin, doch sind sie alle sehr vorsichtig mit ihren Schätzungen. Auch ihnen ist bewusst, dass es in einem Krieg, in dem es keine Fronten und keine Uniformen gibt, schwierig ist, die kämpfenden Seiten eindeutig auseinanderzuhalten. Trotzdem versuchen sie immer wieder, den Nebel des Drohnenkrieges zu lichten.

Human Rights Watch hat 2013 eine Studie angefertigt, um die Opfer der »gezielten Tötungen« in Jemen zu zählen. In »Between a Drone and al-Qaeda« wird das gleiche Problem beschrieben, das auch der Vorfall aus Afghanistan belegt: Freund und Feind sind mit den Augen einer Drohne sehr viel schlechter zu unterscheiden, als die Technik es suggeriert. Ein Beispiel stammt aus dem Jahr 2012. Am Abend des 29. August standen im Dorf Khashamir im Südosten Jemens fünf Männer hinter der örtlichen Moschee in einem Palmenhain. Eine amerikanische Drohne feuerte drei »Hellfire«-Raketen auf sie ab. Vier der Männer waren sofort tot. Ein fünfter wurde verletzt und versuchte wegzukriechen. Eine vierte »Hellfire« tötete auch ihn. Das jemenitische Verteidigungsministerium erklärte anschließend, drei der Männer seien Mitglieder der Terrorgruppe Al-Qaida auf der Arabischen Halbinsel (Al-Qaeda in the Arabian Peninsula – AQAP) gewesen. Sie seien getötet worden, als sie sich mit Kampfgefährten getroffen hätten. Die anschließende Untersuchung ergab, dass die beiden anderen Opfer keineswegs Al-Qaida angehörten, im Gegenteil. Es waren Salim bin Ali Jaber, ein Imam, der in seinen Predigten die Gewalt von AQAP öffentlich immer verurteilt hatte, und sein Cousin Walid bin Ali Jaber, einer der örtlichen Polizisten. Die drei AQAP-Mitglieder hatten das Treffen mit dem Geistlichen eingefordert, da er die Handlungen der Terroristen zuvor besonders heftig kritisiert hatte. Zu dem Gespräch hatte der Geistliche zur Sicherheit seinen Cousin, den Polizisten, mitgebracht. Die Amerikaner töteten dort also auch zwei ihrer Verbündeten.

Human Rights Watch wirft der amerikanischen Regierung in dem Bericht vor, Zivilisten nicht ausreichend zu schonen. Da die USA an dem Konflikt zwischen der jemenitischen Regierung und der örtlichen Terrorgruppe AQAP teilnähmen, sei die US-Regierung dem Kriegsvölkerrecht unterworfen. Mit solchen Angriffen jedoch verletze sie dieses. Die Menschenrechtler geben an, die CIA und das Joint Special Operations Command (JSOC), die für geheime Einsätze zuständige Abteilung des Pentagon, hätten zwischen 2002 und 2009 insgesamt 81 solcher Angriffe in dem Land unternommen. Dabei seien mindestens 473 Kämpfer und Zivilisten gestorben. Das Bureau of Investigative Journalism hat ähnliche Zahlen. Es schätzt, dass zwischen 2002 und 2014 in Jemen zwischen 71 und 83 Drohnenangriffe geflogen wurden. Dabei seien zwischen 362 und 531 Menschen gestorben. Nach Meinung des Bureau waren unter den Opfern insgesamt 64 bis 83 Zivilisten, davon sieben Kinder.

Amnesty International hat 2013 die Toten durch Drohnen in Pakistan untersucht. Die Menschenrechtsorganisation konzentrierte sich dabei auf neun Fälle, bei denen eindeutig Zivilisten starben und die damit nach Ansicht von Amnesty illegal waren. Denn auch in Pakistan haben die USA offensichtlich ohne rechtliche Grundlage Menschen umgebracht. Die USA weigerten sich, heißt es in dem Bericht, Informationen zu den Hintergründen der Angriffe zu veröffentlichen. Aufgrund der eigenen Recherchen komme man aber zu der Überzeugung, dass es sich um Kriegsverbrechen handele.

Ähnliche Studien gibt es auch zu dem Krieg Israels in den palästinensischen Gebieten. Eine aktuelle heißt »Sleepless in Gaza« und wurde von Atef Abu Saif angefertigt, Professor an der Al-Azhar Universität Gaza, die Rosa-Luxemburg-Stiftung hat sie mitfinanziert. Darin zitiert Abu Saif das palästinensische Center for Human Rights mit der Aussage, zwischen 2006 und 2011 seien in Gaza 825 Menschen durch israelische Drohnen getötet worden, die meisten davon Zivilisten. Auch die *Washington Post* zitiert in einem Text aus dem Jahr 2011 selbige Quelle mit dieser Angabe. All die Zahlen zeigen vor allem, wie schwierig es selbst bei gründlichen Recherchen im Nachhinein ist, in diesem geheimen Krieg Zivilisten und Kämpfer zu unterscheiden. Wie viel schwieriger muss es sein, wenn man dabei Tausende Kilometer weit weg vor einem Bildschirm sitzt und lediglich Death-TV schaut, wie die Drohnenpiloten es nennen?

Es stimmt, dass Drohnen zielgenauer als Artillerie sind, als Bomben und als von Flugzeugen aus abgefeuerte Raketen. Dazu ein Beispiel: Die USA führten von 1965 bis 1975 in Vietnam Krieg. Wie viele Menschen starben, ist bis heute ungeklärt. Khue Pham schreibt im *ZEITmagazin* vom 13. November 2014: »Die Todesbilanz des zehnjährigen Krieges: [...] 1,1 Millionen nordvietnamesische Soldaten sowie bis zu 4 Millionen Zivilisten. Zuverlässige Zahlen gibt es allerdings ebenso wenig wie genaue Angaben zu dem, was danach folgte: Wie viele behinderte Kinder kamen in den Regionen zur Welt, in denen die Amerikaner das Entlaubungsmittel Agent Orange versprühten?« Konservative amerikanische Studien hingegen gehen davon aus, dass in diesem Krieg insgesamt 882 000 Vietnamesen durch amerikanische Soldaten starben, davon 84 000 Kinder. Ungefähr die Hälfte der Toten seien Soldaten gewesen. War es also ein Verhältnis von Zivilisten zu Soldaten von eins zu vier oder doch von eins zu eins? Sicher ist nur, dass die amerikanische Armee sich in Vietnam an keine Regeln und Gesetze hielt. Es gab dort »Feuer-frei-Zonen«, in denen auf alles geschossen werden durfte, was sich bewegte, es gab riesige Bombardements aus großer Höhe, es gab die Vorgabe, so viele Getötete wie möglich an die Kommandeure zu melden und jeden als Kämpfer zu betrachten, der umgekommen war.

Anders der Luftkrieg der NATO gegen Jugoslawien, bei dem 1999 hauptsächlich lasergelenkte Bomben eingesetzt wurden und die Vorgabe bestand, nur militärische Ziele zu treffen. Trotzdem starben dabei schätzungsweise 300 Soldaten und 500 serbische Zivilisten. Das zumindest waren die Angaben der Unabhängigen Internationalen Kosovo-Kommission, die von der schwedischen Regierung gebildet wurde und den Luftkrieg anschließend untersuchte.

Im Vergleich dazu wirken die Zahlen der toten Zivilisten aus Jemen und Pakistan niedrig. Das Bureau of Investigative Journalism geht davon aus, dass in Pakistan zwischen insgesamt 2391 und 3873 Menschen durch Drohnen getötet wurden. Davon sollen zwischen 416 und 959 Zivilisten gewesen sein. Das wären maximal 25 Prozent der Toten in Pakistan und, legt man die oben genannten Zahlen zugrunde, 17 Prozent in Jemen. Aber sind Drohnen deswegen bereits »chirurgische« oder gar »ethische« Waffen?

Dazu trifft es viel zu oft die Falschen. Auf jeden Terrorverdächtigen, der durch Drohnen stirbt, kommen 28 getötete Zivilisten. Diese

Zahlen hat Reprieve ermittelt. Das ist eine in Großbritannien und den USA ansässige Menschenrechtsorganisation, die vor allem gegen die Todesstrafe kämpft und auch die »gezielten Tötungen« in diesen Zusammenhang stellt. In der 2014 veröffentlichten Studie »You Never Die Twice« haben die Aktivisten genau aufgeschlüsselt, wie viele Attentatsversuche auf 41 Personen, deren Name auf der amerikanischen »Kill List« (Todesliste) stand, verübt wurden und wie viele weitere Menschen dabei jeweils umkamen. Demnach brauchten die USA sieben Versuche, um einen Mann namens Baitullah Mehsud zu töten. Bei diesen sieben Versuchen starben jedoch auch 164 Menschen, darunter 11 Kinder. Auf Ayman al-Zawahiri wurde demnach bereits zweimal mit Drohnen geschossen, wobei 105 Menschen starben, jedoch nicht al-Zawahiri, der im Februar 2015 noch immer am Leben ist. Bei den Angriffen auf die 41 von den USA als Ziel definierten Personen wurden 1147 Menschen getötet, 28 im Zweifel Unbeteiligte für jeden Namen auf der »Kill List«.

Fog of war

Dass Beobachter wie Amnesty International, Human Rights Watch oder das Bureau of Investigative Journalism es schwer haben, die Toten des Drohnenkrieges zu zählen, liegt an der Informationspolitik der beteiligten Staaten. Die USA selbst veröffentlichen dazu nichts, die Angaben der Regierungen der betroffenen Länder sind eher ungenau. Oft übernehmen sie selbst die Verantwortung für einen Angriff, um die geheimen Flüge der Amerikaner zu decken, oder schweigen ganz. Also werten die Organisationen Presseberichte und Satellitenbilder aus. Doch Letztere, obwohl inzwischen schnell und umfangreich verfügbar, helfen nicht unbedingt weiter.

»Einige der von Drohnen abgefeuerten Raketen können durch das Dach eines Hauses ein Loch bohren, bevor ihr Sprengkopf im Inneren explodiert«, heißt es in »Drone Strikes. Threshold of Detectability« (Drohnenangriffe. Grenzen der Nachweisbarkeit) der Gruppe Forensic Architecture um den Architekten Eyal Weizman. Nach Meinung von Forensic Architecture ist bislang viel zu wenig darüber bekannt, wo solche Attacken stattfinden. Bei dem Bemühen, entsprechende Karten beispielsweise von Pakistan zu erstellen, stießen sie auf das Problem, dass solche Einschlaglöcher zu klein sind, um auf Satellitenbildern aufzutauchen. »Die Größe des Loches, das die Rakete hinterlässt, ist kleiner als die Größe eines einzelnen Pixels in den besten öffentlich erhältlichen Satellitenfotos«, schreiben die Forscher. Kommerzielle Satellitenbilder haben eine maximale Auflösung von 50 mal 50 Zentimetern. Ein Pixel im Bild entspricht dieser Fläche in der Realität. Die Löcher solcher Raketen sind kleiner und somit unsichtbar. Heutige Satelliten können sehr viel bessere Bilder liefern, doch ist das die maximale Qualität, die Regierungen für den zivilen Markt zulassen. Die Angreifer haben damit gegenüber den Aufklärern einen Vorteil. Um die Drohnenschläge ist der *fog of war,* der Nebel des Krieges, besonders dicht.

Die involvierten Regierungen schweigen, die Bilder geben nichts her, es bleiben also nur die Aussagen von Augenzeugen und die Hoffnung, dass Medien ihnen ein Forum bieten. Aber in Ländern wie den USA, Großbritannien oder auch Deutschland gibt es deutlich weniger Beiträge über Drohnenangriffe als noch vor einigen Jahren. Es sind lokale Zeitungen und nahöstliche Sender wie Al-Jazeera, die noch immer über möglichst viele der Angriffe berichten.

10. Töten von 9 bis 17 Uhr – Die Entkoppelung von Krieg und Krieger

Nevada und Afghanistan

Jeden Morgen macht sich Sam Nelson, Hauptmann der US Air Force, aus seiner Wohnung in Las Vegas auf den Weg zur Arbeit. Nelsons Dienstort ist die Luftwaffenbasis Creech in Nevada, 40 Autominuten entfernt. An seinem Arbeitsplatz übernimmt Nelson den Steuerknüppel einer Drohne auf der anderen Seite der Erde. Der Hauptmann steuert das unbemannte Fluggerät über Wüsten, Berge und vor allem Dörfer in Afghanistan. Bisweilen gibt er auch den Feuerbefehl: Auf Knopfdruck löst sich eine »Hellfire«-Rakete von der »Predator«-Drohne und tötet Menschen, die nicht wissen, dass sie von einem weit entfernten Kontinent aus beobachtet wurden.

Die Entfernung vom Kampfgeschehen, die räumliche Entkopplung von Krieg und Krieger ist für Gegner bewaffneter Drohnen eines der wesentlichen Argumente gegen die Anwendung solcher Waffen. Geradezu pervers ist es aus ihrer Sicht, wenn im bequemen Drehstuhl die Entscheidung über Leben und Tod getroffen wird, wenn das Opfer am Boden nicht den Ansatz einer Chance hat, zu bemerken, dass ihm eine tödliche Gefahr droht. Ungerecht wirkt es, dazu unheroisch, dass der Drohnenpilot im klimatisierten Steuerstand dabei völlig ohne Bedrohung bleibt.

Diese Tendenz zum Ungleichgewicht zwischen Beschossenen und Schießenden begann nicht erst mit den ferngesteuerten Fluggeräten. Schon im Mittelalter debattierte man über Distanzwaffen, als der für ritterlich erachtete Kampf Mann gegen Mann durch Bogen- und Armbrustschützen in Frage gestellt wurde. Der Vorwurf »risikolosen Tötens« traf später die Gewehre britischer und französischer Truppen im Krimkrieg Mitte des 19. Jahrhunderts, die Panzer des Ersten Weltkriegs, die Flächenbombardements der Alliierten auf deutsche Städte im Zweiten Weltkrieg: All diese Entwicklungen sollten dem Gegner möglichst hohe Verluste beibringen und dabei die eigenen Truppen schonen. Die Kriegstechnik der letzten Jahrzehnte hat die Entfernung zwischen der Wirkung der Waffen und den sie bedienenden Soldaten lediglich vergrößert. Marschflugkörper wie der »Tomahawk« der USA erreichen über mehr als tausend Kilometer ihr programmiertes Ziel. Der »Taurus« der deutschen Luftwaffe erlaubt dem Tornado-Piloten, der diese Waffe ausklinkt, Ziele in 350 Kilometer Entfernung zu zerstören.

Ist es also nicht doch egal, von wo aus eine Drohne gesteuert wird? Macht es wirklich einen Unterschied, ob der Pilot der ferngesteuerten Maschine einen nur etwas anderen Bürojob absolviert? Hat es denn eine Auswirkung, wenn er nach dem Abfeuern von »Hellfire«-Raketen auf Menschen seinen Schreibtisch aufräumt und heim zum Abendessen mit der Familie fährt? Oder ist die Entkoppelung der Drohnen-Operatoren von der Wirkung ihrer Waffen doch der perverse Weg zu einer Selbstverständlichkeit des Tötens, von der die eine Seite unberührt bleibt, die andere aber umso mehr betroffen ist?

Ganz von der Hand weisen will auch das Militär diese Möglichkeit nicht. Die Bundeswehr hat deshalb entschieden, ihre – bislang unbewaffneten – Aufklärungsdrohnen in Afghanistan von Piloten steuern zu lassen, die im Camp am Hindukusch sitzen, nicht Tausende von Kilometern entfernt irgendwo in Deutschland. Und auch wenn die Bundeswehr in absehbarer Zeit bewaffnete Drohnen bekommen sollte, dürfte die gleiche Regel gelten: Der Pilot sitzt im Einsatzland. Die Bediener der Bundeswehr-Drohnen finden das richtig. »Man nimmt es auch im Kopf anders wahr, als wenn ich morgens meinen Sohn zur Schule bringe und dann hier die Mission fliege«, sagt ein Pilot der Luftwaffe, der »Heron«-Drohnen am Hindukusch steuerte.

Signature strikes

In der US-Armee verschärft die im Vergleich zur Bundeswehr deutlich harschere Einsatzdoktrin für Drohnen das Problem der Entkoppelung, und das nicht nur, weil die Bediener in Nevada und nicht in Afghanistan sitzen. Bei der Zielauswahl verzichten die USA häufig auf Informationen aus menschlichen Quellen. Die Operatoren beziehungsweise ihre Vorgesetzten wählen die Ziele oftmals nur anhand der Kameradaten oder aufgrund bestimmter Verhaltensmuster *(signature). Signature Strikes* werden diese Angriffe daher genannt, ein verschleiernder Begriff dafür, dass niemand weiß, auf wen da eigentlich geschossen wird. Es geht allein darum, was sie tun, beispielsweise ein Fahrzeug mit Waffen und Sprengstoff beladen. Oder mit einem Handy telefonieren, dessen Nummer den Überwachern des Geheimdienstes NSA zuvor aufgefallen ist. Oder ein Fahrzeug benutzen, das einem bekannten Kommandeur der Milizionäre gehört. Oder sich in einem Haus aufhalten, das als Rückzugsort einer Terrorgruppe gilt.

Signature strikes sind eine Folge, wenn Konflikte nicht zwischen den Streitkräften von Staaten ausgetragen werden. In diesen asymmetrischen Kriegen tragen die Gegner keine Uniformen. Da es keine erkennbaren Ziele mehr gibt, müssen sie auf andere Art gefunden werden. Eben durch ihr Verhalten. Sicher oder genau ist das nicht, wie der bereits beschriebene Angriff auf den vermeintlichen Osama bin Laden zeigt. Das Opfer, Daraz Khan, war 1,80 Meter groß – groß im Vergleich zu vielen seiner Landsleute, aber 15 Zentimeter kleiner als bin Laden. Trotzdem genügte die Tatsache, dass er ein großer Mann war und die anderen beiden ihn laut Aussage des Pentagon mit einer gewissen Ehrerbietung behandelt hatten, um ihn zu einem »legitimen Ziel« zu machen, wie das US-Verteidigungsministerium anschließend erklärte. Sprecherin Victoria Clark sagte: »Wir waren überzeugt, dass es ein angemessenes Ziel war.« Sie gab allerdings zu: »Wir wussten nicht genau, wer es war.« Und John Stufflebeem, ebenfalls ein Sprecher des Pentagon, sagte, die Regierung habe sich mit der Beurteilung, die drei seien »nicht unschuldig«, auf der »sicheren Seite« befunden. Nichts habe darauf hingedeutet, dass es sich um unschuldige Bewohner der Gegend gehandelt habe. Was allerdings auch heißt, dass es keine Belege dafür gab, dass die drei bewaffnete Kämpfer waren.

Das Fehlen von eindeutigen Fronten führt zu einer weiteren US-Taktik, die zivile Opfer unvermeidlich macht: *kill boxes*. Schon im Vietnamkrieg gab es *free fire zones*, Bereiche, die als Kampfgebiet, als Front definiert wurden und wo auf alles geschossen werden durfte. *Kill boxes* sind das Gleiche, nur kleiner und dynamischer. Es sind temporäre Tötungszonen, zu denen jeder Teil eines Landes nach Bedarf erklärt werden kann. Zivilisten haben keine Chance, sich in Sicherheit zu bringen. Sie erfahren nicht einmal, wenn sie sich plötzlich an der Front befinden. Die Front kommt über sie. Dabei kommen keineswegs nur Drohnen zum Einsatz, sondern alle möglichen Luftfahrzeuge nehmen *kill boxes* und die Menschen in ihnen unter Feuer.

Und noch ein Konzept klassischer Kriegführung wird durch diese Taktiken beseitigt: der Feind, der sich ergibt. Einer Drohne kann sich niemand ergeben, diese Möglichkeit existiert nicht. Allerdings ist auch das nicht unbedingt etwas Neues – auch einem Bomberpiloten ist es egal, wenn jemand die Hände hebt.

Die Grenzen der Konflikte

Die Eigenheiten des Drohneneinsatzes sorgen dafür, dass Konflikte allzu leicht »entgrenzt« werden. Vor allem ihre lange Flugdauer erlaubt ein Eingreifen auch dort, wo es mit den traditionellen Mitteln bisher kaum möglich war. Vor dem Verteidigungsausschuss des Bundestags zeichnete der Wissenschaftler Marcel Dickow von der Stiftung Wissenschaft und Politik, die die Bundesregierung berät, ein entsprechendes Szenario:

»Das Land X befindet sich in einem nichtinternationalen, bewaffneten Konflikt. Nach einem gescheiterten Angriff auf eine UN-Patrouille der UN-mandatierten Stabilisierungsmission im Dorf A fliehen die Angreifer in einem zivilen Fahrzeugkonvoi in Richtung der nächstgrößeren Stadt B, die einige Dutzend Kilometer entfernt in einer bislang nicht von Kriegshandlungen betroffenen Region liegt. Ein bewaffnetes, unbemanntes Luftfahrzeug über dem Gebiet der ursprünglichen Auseinandersetzung kann die angenommenen Fahrzeuge der Flüchtenden mit optischer Sensorik erfassen und verfolgen. Obwohl die Angreifer keine unmittelbare Gefahr für die Patrouille, andere Einsatzkräfte oder die Bevölkerung vor Ort darstellen, sollen mittelbare Gefahren für die Zukunft ausgeschlossen und die Angreifer bekämpft werden. Wegen zivilen Straßenverkehrs auf dem Weg nach B ist eine Bekämpfung aus der Luft durch das beobachtende, bewaffnete, unbemannte Luftfahrzeug nicht sofort möglich. Erst vor der Stadt B nimmt der Verkehr ab und ein Waffeneinsatz erscheint dem Führungsoffizier vertretbar, bevor die Angreifer in der Stadt untertauchen.«

Damit würde, so Dickows Argumentation, die Drohne den Krieg an einen neuen, bislang nicht betroffenen Ort tragen. Es lasse sich feststellen, »dass bewaffnete, unbemannte Luftfahrzeuge das Potential besitzen, gewaltsame, militärische Auseinandersetzungen räumlich und zeitlich zu entgrenzen und dieser Entgrenzung eine bislang nicht bekannte Dynamik zu ermöglichen«. Die USA beweisen das täglich, indem sie den »Krieg gegen den Terror« mittels Drohnen in Länder tragen, von denen sie nie direkt angegriffen oder auch nur bedroht wurden.

Diese Bedenken beschäftigen auch die Soldaten selbst. Die »Gemeinschaft katholischer Soldaten«, in dieser Frage nicht unbedingt einig mit ihrer Kirche, nahm 2014 in einer »Erklärung zum Einsatz von Kampfdrohnen durch die Bundeswehr« zugunsten der Waffen Stellung. Sie sah jedoch in den bewaffneten unbemannten Systemen eine Chance, Einsatz und Wirkung von Waffen sogar einzuschränken: »Ethische Grundsätze zur Beschränkung von Gewaltanwendung unter schwierigen Bedingungen sind durch den Einsatz von Kampfdrohnen besser einzuhalten«, argumentierten die Soldaten. »Die Achtung vor dem Leben verlangt, jede militärische Gewaltanwendung an ethischen Grundsätzen zu messen und so weit wie möglich zu begrenzen. [...] Wegen ihrer hohen Zielgenauigkeit können Kampfdrohnen dazu beitragen, die eigene Waffenwirkung zur Erreichung dieser Ziele zu begrenzen.«

Diese Einschätzung orientiert sich an den Erfahrungen aus Afghanistan. Dort hätten die Soldaten immer wieder beobachten müssen, dass die Gegner das Völkerrecht missachteten, Menschen als Schutzschild missbrauchten oder Krankenhäuser und Moscheen als Deckung nutzten. Dabei seien unbemannte Systeme mit ihrer präzisen Wirkung auch aus ethischer Sicht ein Vorteil: »Ein ›gezieltes‹ Vorgehen gegen derartige Kämpfer, wie es Kampfdrohnen ermöglichen, ist somit eine wichtige Voraussetzung für die Gewaltminimierung, also die Verringerung ungewollter Nebenwirkungen und damit der Schutz der Zivilbevölkerung, aber auch für die Vermeidung eigener Verluste. Waffen, die diesen Anforderungen nicht entsprechen, sind konsequenterweise abgeschafft worden, so zum Beispiel Streubomben und Landminen. Deutschland hat dabei eine Vorreiterrolle gespielt.«

Gerade der letzte Punkt ist für die Gegner bewaffneter Drohnen eine Provokation – fordern sie doch, diese unbemannten Systeme ebenso wie Streubomben, Antipersonenminen oder blind machende Laserwaffen international zu ächten. Diese Technologien wurden von vielen Staaten mit der Begründung verurteilt, dass sie unterschieds-

Protest zum internationalen Anti-Drohnen-Tag am 4. Oktober 2014 gegen den Einsatz von Kampfdrohnen vor dem Reichstag in Berlin nach dem Motto »Lasst 1000 Drachen fliegen!«.

los Kämpfer wie Zivilisten treffen können. Gehören bewaffnete unbemannte Systeme in die gleiche Kategorie?

Nicht unbedingt, wie auch der damalige »Sonderberichterstatter über außergerichtliche, summarische oder willkürliche Hinrichtungen« der Vereinten Nationen, Philip Alston, 2010 in einer Studie zu »gezielten Tötungen« einräumte: »Es ist richtig, dass das humanitäre Völkerrecht Einschränkungen der Waffen vorsieht, die die Staaten einsetzen können, und Waffen, die beispielsweise ihrer Natur nach unterschiedslos wirken (wie biologische Waffen), verbietet. Dennoch unterscheidet sich ein Flugkörper, der von einer Drohne aus abgefeuert wird, durch nichts von jeder anderen gebräuchlichen Waffe, wie von einer Schusswaffe, die ein Soldat betätigt, oder von einem Flugkörper abfeuernden Hubschrauber oder Kampfhubschrauber. Die entscheidende Rechtsfrage ist bei jeder Waffe dieselbe: Ist ihr Einsatz mit dem Völkerrecht vereinbar oder nicht?«

Dennoch kommt der UN-Sonderberichterstatter zu der Einschätzung, dass die unbemannten Systeme die Gefahr der Entgrenzung und damit auch einer völkerrechtlich zumindest umstrittenen, wenn nicht verbotenen Gewaltanwendung mit sich bringen. »Bedenklicher ist der Einsatz von Drohnen deshalb, weil sie es den Kräften des Staates leichter machen, ohne Risiko zu töten, und politische Entscheidungsträger und militärische Befehlshaber daher versucht sein werden, die rechtlichen Beschränkungen in Bezug darauf, wer unter welchen Umständen getötet werden kann, zu weit auszulegen«, warnte Alston.

Die Frage, ob bewaffnete Drohnen eingesetzt werden sollen und dürfen, richtet sich also mehr nach dem rechtlichen Regelwerk als nach der zur Verfügung stehenden Technik. Auch die deutsche Debatte ist vom Einsatz von Kampfdrohnen durch die USA geprägt, schon weil die Bundeswehr noch nicht mit ihnen ausgestattet ist (vgl. Kapitel 13). Deren Einführung wird in Deutschland mit dem Argument verteidigt, dass die Regeln für den Auslandseinsatz deutscher Streitkräfte sich deutlich von den Szenarien der USA oder Israels unterscheiden. Darauf beruft sich auch die Gemeinschaft Katholischer Soldaten: »Die Erfahrungen aus vielen Auslandseinsätzen zeigen seit über 20 Jahren, dass sich Parlament, Regierung und ebenso die Bundeswehr an die geltenden Regeln des Völkerrechts und an alle vorgegebenen Einschränkungen und Begrenzungen für den Waffengebrauch gehalten haben. Darüber hinaus sind die Forderungen nach Wahrung der Menschenrechte, die über das Völkerrecht hinausgehen, handlungsleitend für alle Soldaten in Kampfsituationen.«

Die Ethik des Roboters

Reicht die Achtung der Menschenrechte aus, um eine »Tötungskampagne« zu vermeiden, wie der französische Philosoph Grégoire Chamayou die Gefahr des Drohneneinsatzes in seinem Buch »Ferngesteuerte Gewalt. Eine Theorie der Drohne« nennt? Gegen die These, dass erst die unbemannten Systeme eine für den Urheber weitgehend gefahrlose Tötung ermöglichen, sprechen schon die weitgehend ungestörten amerikanischen Flächenbombardements in Vietnam oder die verlustarmen Operationen westlicher Luftstreitkräfte über Irak.

Entscheidend für die Frage, ob Drohnen eine ethische Grenze überschreiten und deshalb nicht ins Arsenal von Streitkräften gehören, dürfte vielmehr eine andere, parallele Entwicklung werden: die Verwandlung unbemannter Waffen vom automatisierten zum autonomen Gerät. Bewusst achtet die Bundeswehr darauf, ihre Drohnen als *remotely piloted aircraft*, als ferngesteuerte Luftfahrzeuge zu bezeichnen: Der Mensch, das ist die Kernaussage, sitzt immer noch an den Kontrollen.

Die Grenzen zwischen der Entscheidung eines Menschen und der Entscheidung eines Computers, der nach vorbestimmten Parametern eine Aktion auslöst, sind allerdings fließend. Schon jetzt starten und landen Drohnen wie die »Reaper« oder die »Heron« automatisch. Während eigenständiger Start und Landung noch als technische Unterstützung für den menschlichen Bediener gelten können, werden andere autonome Manöver ethisch, rechtlich und politisch schwerwiegendere Folgen haben.

Schon die Entscheidung eines Drohnenpiloten, ein Ziel am Boden aufgrund bestimmter Merkmale, der *signature,* zu bekämpfen, ohne es klar identifiziert zu haben, ist ein Problem. Noch schwieriger wird es, wenn die vorgegebenen Merkmale für einen Feuerbefehl nicht von einem Menschen ausgewertet und umgesetzt werden, sondern von der Maschine selbst. »Es müssten Wege gefunden werden, den in der Logik der technologischen Entwicklung von Drohnen liegenden Trend zu automatisierten Kampfdrohnen zu brechen, da es ethisch nicht verantwortbar ist, die Entscheidung über Leben und Tod an eine Maschine abzugeben«, forderten Wissenschaftler des Hamburger Instituts für Friedensforschung und Sicherheitspolitik im Herbst 2013.

Schon bei selbstfahrenden Autos, wie sie die großen Fahrzeughersteller ebenso wie der Internet-Konzern Google entwickeln, stellt sich diese Frage. Wenn ein von einem Computer auf Basis der eingehenden Sensorinformationen gesteuertes Auto einem Zusammenstoß ausweichen muss – wer bestimmt die Regeln dafür? Wie wurden sie zuvor festgelegt? Muss dieses Fahrzeug bei einem plötzlich auftretenden Hindernis in den Lastwagen auf der Gegenfahrbahn rasen oder doch besser nach rechts auf den Gehweg ausweichen? Auch wenn dort ein Kinderwagen steht? Wer ist juristisch und moralisch verantwortlich, wenn ein System aufgrund der vorgegebenen Algorithmen eine Aktion ausführt, die einen Menschen schädigt? Und ist es überhaupt noch Fahrlässigkeit, wenn der Programmierer des Autos doch alle Zeit hatte, über seine Möglichkeiten nachzudenken? Müsste er sich dann wegen Mordes verantworten?

Noch dazu argumentieren amerikanische Militärs, es sei gar nicht möglich, autonomen Waffen ethische Maßstäbe einzuprogrammieren. Hätten sie eingebaute ethische Grenzen, wären sie einem automatischen Gegner ohne Ethik klar unterlegen. Denn Ethik brauche Zeit bei der Berechnung der Entscheidungen und führe im Kampf zu einem Nachteil.

Auch Minen haben keine Ethik, was der Grund ist, warum Anti-Personen-Minen inzwischen von den meisten Staaten geächtet sind. Auch im Krieg soll es keine Grenzenlosigkeit geben. Doch das Kriegsrecht, das versucht, Konflikte wenigstens in einem vagen Rahmen zu halten, wird mit autonomen Waffen hilflos. Die Grundlage des humanitären Völkerrechts lautet: Wer im Kampf schießt, ist kein Krimineller, da auch auf ihn geschossen werden darf. Auf Drohnenpiloten kann aber niemand schießen. Automatische Drohnen werden gar keinen Piloten mehr brauchen. Gilt für sie dann noch das Kriegsrecht? Gibt es überhaupt noch eine Person, die man als Verantwortlichen ansehen und nötigenfalls zur Verantwortung ziehen kann?

»Indem wir tödliche Entscheidungsfindungen von Menschen auf Software übertragen, riskieren wir nicht nur, jede Menschlichkeit aus Kriegen zu entfernen, sondern auch, dass wir unsere gesellschaftliche Landschaft vollständig verändern.« Das sagte der amerikanische Softwareentwickler und Schriftsteller Daniel Suarez, der mit »Kill Decision« einen fiktiven Roman über den autonomen Drohnenkrieg geschrieben hat. Denn die Art, wie Menschen Kriege führten, könne nun einmal eine Gesellschaft verändern. Autonome Waffen bergen laut Suarez die Gefahr, sehr viel Macht in den Händen von sehr wenigen zu konzentrieren und damit jahrhundertelange Bemühungen um Demokratie zu zerstören. »Wir brauchen einen internationalen Vertrag über Roboterwaffen«, forderte Suarez auf einer TED-Konferenz 2013, »genauer ein Verbot, Roboterwaffen zu entwickeln und einzusetzen.« Genau wie Bio- und Chemiewaffen müssten sie verhindert werden, seien sie doch genauso gefährlich.

RECHT

11. Angriff an jedem Punkt der Erde – Wie die USA sich ihr eigenes Völkerrecht basteln

Legal, illegal, uns egal

Schon Thomas Raymond Phillips, der britische Erfinder des Torpedo Airship, hatte 1910 die Vorstellung, er könnte einst Drohnen von seinem Büro aus auf jede Stadt der Welt lenken und sie dort Bomben abwerfen lassen. Die Ersten, die diese Idee in die Tat umsetzten, waren hundert Jahre später die USA. Sie haben damit in nur wenigen Jahren das Bild der bewaffneten Drohne geprägt, und die bewaffneten Drohnen prägen in vielen Ländern der Erde inzwischen das Bild, das sich deren Bewohner von den USA machen. Es ist kein schönes.

Viel zu oft treffen die von den »Predators« geführten *signature strikes* die Falschen. Das weiß ganz offensichtlich auch die amerikanische Regierung. Sie hat daher eine rechtliche Argumentation um diese Einsätze gestrickt, die begründen soll, warum die USA weltweit bewaffnete Drohnen losschicken und damit selbst Amerikaner im Ausland töten dürfen. Die Argumentation ist allerdings abenteuerlich.

Eine kurze Vorbemerkung: Es muss unterschieden werden zwischen Drohnen, die den Bodentruppen bei ihren Kämpfen als direkte Unterstützung dienen – über sie gibt es kaum eine Kontroverse, sie gelten als eine von vielen Waffen im Krieg (vgl. Kapitel 8) –, und Drohnen, die sogenannte *Capture-or-kill*-Einsätze fliegen. »Gefangennahme oder Tötung« ist der Oberbegriff für alle geheimen Kampfeinsätze der CIA oder des Joint Special Operations Command, des für Spezialeinsätze zuständigen Bereichs des Pentagon, bei denen bestimmte Personen das Ziel sind. Auch Sondereinheiten der US-Armee wie das 1st Special Forces Operational Detachment-Delta, besser bekannt als Delta Force, oder die Antiterror-Spezialeinheit der Navy, die Naval Special Warfare Development Group (DEVGRU), werden zu solchen Einsätzen geschickt. Drohnen aber sind dafür inzwischen die Waffe der Wahl. Sie können aus der Ferne gesteuert am Himmel lauern, ohne dass ein eigener Soldat gefährdet wird. Wobei die Option Gefangennahme eine rein theoretische ist, wenn es um Drohnen geht. *Hunter-killer drones* heißen sie deshalb auch. Ihre Einsätze sind es, die international für Proteste und Debatten sorgen. Erst recht, wenn die USA solche Attacken in Ländern wie Pakistan oder Jemen fliegen, die nicht als Konfliktgebiete anerkannt sind.

Die Argumente, um solche Missionen zu rechtfertigen, hat beispielsweise Justizminister Eric Holder im Februar 2013 aufgeführt. Zitat: »Wir sagen, dass wir diese Art Maßnahmen nur dann ergreifen, wenn es eine unmittelbare Bedrohung gibt, wenn Gefangennahme nicht möglich ist und wenn wir überzeugt sind, dass unsere Maßnahmen mit nationalem und internationalem Recht übereinstimmen.«

Das klingt wie eine klare juristische Grenze. Allerdings hat das amerikanische Justizministerium eine sehr eigene Definition von den Begriffen in diesem Satz. Nach einem geheimen Papier des Ministeriums, aus dem MSNBC im Februar 2013 zitierte, bedeutet unmittelbare Bedrohung *(imminent threat)*, dass die USA nicht notwendigerweise »eindeutige Belege haben, dass ein gezielter Angriff auf Amerikaner und amerikanische Interessen in der unmittelbaren Zukunft« bevorstehe. Eine merkwürdige Rechtsauffassung, wo doch nach normaler sprachlicher Logik die einzige mögliche Bedeutung von *imminent threat* sein kann, dass eine tatsächliche Gefahr ganz offensichtlich unmittelbar bevorsteht.

Das 16-seitige geheime Memorandum trägt den Titel »Lawfulness of a Lethal Operation Directed Against a U.S. Citizen Who is a Senior Operational Leader of Al-Qa'ida or an Associated Force«. Es ist ein aufschlussreiches Papier, versucht das Justizministerium darin doch zu begründen, warum man jeden – auch einen amerikanischen Staatsbürger – umbringen darf, wenn man das für richtig hält. Oder nach den Worten der amerikanischen Regierungsjuristen: Das *White paper* (Weißbuch) schreibe die rechtlichen Voraussetzungen fort, unter denen die amerikanische Regierung in fremden Ländern tödliche Gewalt einsetzen darf. Wenn man warte, bis eine Bedrohung wirklich unmittelbar sei, habe man ja nicht mehr genug Zeit, auf diese Bedrohung zu reagieren. Daher müsse man schon vorher handeln. Jedes

Zögern schaffe ein »inakzeptabel hohes Risiko«, auch dann, wenn nicht klar sei, wann und wo zugeschlagen werden solle.

Die Doktrin des *preemptive strike,* des Angriffs, bevor man selbst angegriffen werden kann, ist keine amerikanische Erfindung. Aber sie erfreute sich bereits unter Präsident George W. Bush großer Beliebtheit. In den Drohnenattacken lebt sie unter Präsident Barack Obama weiter. Allein dass ein Gegner weitere Attentate ausführen könnte, genügt dem US-Justizministerium als Rechtfertigung. Es reicht demnach aus, dass ein »gut informiertes Mitglied der US-Regierung« festgelegt habe, dass das ausgewählte Ziel eine »unmittelbare Bedrohung« sei. Existiert eine Kontrolle dieser Entscheidung? Vielleicht gar Rechtsmittel für den Betroffenen? Nichts dergleichen. Angesichts der »Realitäten des Konflikts« sei das genug Rechtsstaatlichkeit für den Einsatz tödlicher Gewalt, findet das Justizministerium.

Doch schon diese »Realitäten des Konfliktes« basieren auf mehreren juristisch fragwürdigen Behauptungen. Demnach führen die USA einen Kampf mit einem transnationalen nichtstaatlichen Akteur, der über Ländergrenzen hinweg handelt. Er wird, obwohl er keine Armee ist und keinen Staat repräsentiert, wie ein Kriegsgegner behandelt und bekämpft. Denn, so das Argument des Ministeriums, die USA befinden sich in einem »nichtinternationalen bewaffneten Konflikt« mit Al-Qaida und den mit ihr verbündeten Kräften. Jede Handlung in diesem Kampf sei eine Kriegshandlung, auch wenn sie außerhalb einer eigentlichen Kampfzone stattfinde. Dabei, so die weitere Argumentation, nähmen die USA lediglich ihr Recht auf nationale Selbstverteidigung wahr.

Dieser Ansatz ist, um es vorsichtig zu formulieren, umstritten. »Die Vereinigten Staaten haben das Kriegsparadigma missbraucht, um ihre Antiterrormaßnahmen in einen neuen Zusammenhang zu stellen«, sagte Alex Conte bei einer Sitzung des UN-Menschenrechtsrates im Oktober 2014. Conte ist Leiter der Abteilung Völkerrecht bei der Internationalen Juristenkommission. Es müsse sehr genau geprüft werden, ob jede Situation, in der Drohnen eingesetzt würden, wirklich ein bewaffneter Konflikt sei. Denn wäre sie es nicht, seien die Menschenrechte das einzig geltende Recht.

Die USA sehen das anders, sie haben weltweit das Kriegsrecht ausgerufen und sind der Meinung, dass sie grundsätzlich schießen dürfen, wenn es um Al-Qaida geht. Aber dürfen sie auch schießen, wenn dabei die Hoheit souveräner Staaten verletzt wird? Warum nicht?, entgegnen die US-Juristen. Das Justizministerium habe keine Gründe gegen einen Angriff gefunden, wenn eine Partei in einem solchen Konflikt ihre Operationen von einem anderen Land aus plane und ausführe. Was nicht ausdrücklich verboten ist, heißt das, ist erlaubt. Das ist ein übliches Argument, wenn es um Recht und Gesetz geht. Das Grundgesetz beispielsweise garantiert eine allgemeine Handlungsfreiheit, die durch explizite Verbote eingeschränkt werden muss. Auf den ersten Blick also klingt das plausibel und sinnvoll. Und trotzdem wirkt es so, als ob die USA ihre Handlungsfreiheit sehr weit auslegen.

Vor allem wenn man berücksichtigt, dass es bei Rechten und Freiheiten und Gesetzen ein ehernes Prinzip gibt: die Verhältnismäßigkeit. Nicht alles, was nicht verboten ist, sollte auch getan werden. Denn vieles ist überzogen und der Situation nicht angemessen. Beispielsweise auf dem Boden fremder Staaten Menschen umzubringen, ohne dass sie irgendetwas Aggressives unternommen haben und ohne dass es Beweise dafür gibt, dass sie schlimme Dinge zu tun gedachten. Diese Erwägungen sind, nebenbei, natürlich nicht nur für die Drohnen wichtig. Auch Agenten und Sondereinsatzkommandos operieren oft heimlich und ohne Wissen der Länder, in denen sie zugange sind. Drohnen haben das Problem jedoch allein aufgrund der Häufigkeit solcher Einsätze zu einem internationalen Thema gemacht.

Übrigens wird in dem Memo auch die theoretische Möglichkeit erörtert, die Zielperson festzunehmen. Das käme allerdings nicht in Betracht, wenn dabei ein *undue risk*, ein unangemessen hohes Risiko, bestehe, dass amerikanische Soldaten oder Agenten gefährdet würden. Ein solches Risiko lässt sich offenbar problemlos annehmen. Drohnenangriffe immerhin werden dauernd bekannt, Festnahmen von Terrorverdächtigen in Ländern wie Jemen oder Pakistan hingegen nie.

So ganz scheint man im Justizministerium der eigenen Argumentationskette allerdings nicht zu trauen. Denn in dem *White paper* heißt es weiter, amerikanische Angriffe in fremden Ländern seien konform mit dem internationalen Recht, wenn die betroffene Nation entweder solchen Angriffen zustimme oder wenn sie nicht in der Lage oder nicht willens sei, die unmittelbare Bedrohung der USA abzustellen. Und wer entscheidet, ob die betroffene Nation nicht in der

Lage oder nicht willens ist, die Bedrohung – wenn sie denn wirklich existiert – abzustellen? Nun, natürlich die USA. Sagt eine Regierung: Nein, wir werden nicht auf diese Leute schießen, lässt diese Argumentation immer noch Raum für die Behauptung, die Regierung sei nicht willens. Daher müsse man eben selbst schießen. Jedes Land kann demnach in den Krieg hineingezogen werden, wenn es aus Sicht der USA nicht genug gegen die Gruppe tut, die die USA gerade bekämpfen will. Neutralität gibt es demnach nicht mehr. Das sind schlechte Nachrichten, nicht nur für die Schweiz. Denn es bedeutet, dass die USA ihre Kriegshandlungen nach Gutdünken weltweit ausdehnen dürfen, was sie denn auch tun.

Mitgegangen, mitgefangen

Eine ganze Reihe von Rechtsbegriffen wird von der amerikanischen Regierung eher seltsam ausgelegt. Beispielsweise »Zivilist«, wie in »zivile Opfer«. Die CIA betrachtet jeden männlichen Toten eines Drohnenangriffs, der sich im wehrfähigen Alter befindet, der also zwischen 16 und 65 Jahre alt ist, als Kämpfer – es sei denn, es gibt eindeutige Beweise, dass es sich bei dem Toten um einen Zivilisten gehandelt hat. Dass der Tote keine Waffe dabeihatte, als er von Drohnen beschossen wurde, ist nach Meinung der CIA übrigens kein eindeutiger Beweis dafür, dass er unschuldig war. Immerhin könnte er die Waffe ja kurz vorher versteckt oder weggeworfen haben.

Es ist diese Definition, die dazu führt, dass es offiziell kaum »Kollateralschäden« bei amerikanischen Drohnenangriffen gibt – die meisten Opfer werden einfach als Military Abled Male bezeichnet. Es genügt, dass derjenige sich theoretisch an Kämpfen hätte beteiligen können – allein weil er im entsprechenden Alter war. Um einen nicht allzu weit hergeholten Vergleich zu ziehen: Nach dieser Logik könnte jeder Mann zwischen 16 und 65 Jahren von Sondereinsatzkommandos, die nach eigenen, der Öffentlichkeit unbekannten Bedrohungsszenarien operieren, auf offener Straße kastriert werden, da er theoretisch ein Vergewaltiger sein könnte. Schließlich hat er die dafür notwendigen Körperteile.

Auch jeder, der sich in der Nähe von Al-Qaida aufhalte, sei verdächtig, Teil der Organisation zu sein, schilderte die *New York Times* in einem Artikel über die »Kill list« am 29. Mai 2012 die Argumentation der US-Behörden. Denn Al-Qaida sei schließlich eine derart »abgeschottete und paranoide Organisation«, dass jemand, der sich mit einem Terroristenführer in einem Gebäude aufhalte, nicht unschuldig sein könne. Selbst innerhalb der CIA gebe es inzwischen Zweifel an dieser Theorie der »Schuld durch Umgang« *(guilt by association)*. Sie habe zu »irreführenden Zahlen« bei den zivilen Opfern geführt. Viel zu oft wüssten die Befehlenden nicht, auf wen sie da wirklich schössen.

Ein Drohnenpilot der Bundeswehr, der mehrfach in Afghanistan im Einsatz war und sich nur unter der Zusicherung äußert, anonym zu bleiben, bestätigt das. »Die Amerikaner schießen auf Handys«, sagt er. »Die kriegen Koordinaten von einem Handy und schießen dann ›Hellfires‹ drauf.« Das bedeutet, dass die CIA zwar die Nummer eines Handys kennt und auch weiß, dass ein Verdächtiger damit telefoniert hat. Wer das Handy aber gerade bei sich hat und wer sich noch in dessen Nähe aufhält, wenn die Drohne den Ort beschießt, wo das Mobiltelefon lokalisiert wurde, weiß sie nicht. Der Ausdruck *guilt by association* – ins Deutsche gut als »mitgegangen, mitgefangen« zu übersetzen – bekommt angesichts dessen eine ganz neue Dimension.

Das Weiße Haus sieht die Tötungen trotzdem als gerechtfertigt, legal und sinnvoll an. Nachdem das zitierte *White paper* des Justizministeriums bekannt geworden war, sagte der Sprecher des Weißen Hauses, Jim Carney, am 5. Februar 2013: »Die Fragen rund um diese Angelegenheit sind wichtig, und der Präsident nimmt sie ernst. Wir stehen vor beträchtlichen Herausforderungen wegen der Art der Angriffe, wie und von wem sie geplant werden. Aber es steht außer Frage, dass hohe Kommandeure von Al-Qaida weiterhin Angriffe auf die Vereinigten Staaten, auf amerikanische Bürger planen. Für die Vereinigten Staaten ist bei der Bekämpfung von Al-Qaida-Kommandeuren die Ermächtigung zur Anwendung militärischer Gewalt absolut angemessen.«

Lawful killings

Im Juni 2014 veröffentlichte das Justizministerium ein bis dahin geheimes Papier, das die rechtlichen Überlegungen zur Tötung von Amerikanern im Ausland ausführlicher beschreibt. Die ACLU (American Civil Liberties Union), eine amerikanische Bürgerrechtsvereinigung, und die *New York Times* hatten nach dem Informationsfreiheitsgesetz auf Veröffentlichung des Memorandums geklagt und schließlich Recht bekommen. Es war 2010 von David Barron aufgesetzt worden, dem damaligen Leiter der Rechtsabteilung des Justizministeriums. Er begründete darin, warum die USA den islamistischen Prediger und US-Bürger Anwar al-Awlaki töten dürften und warum das weder ein Mord noch ein Kriegsverbrechen sei – im Jahr darauf traf ihn in Jemen eine »Hellfire«. Allerdings ist der veröffentlichte Text nicht vollständig, Teile davon wurden vorher mit der Begründung getilgt, ihre Veröffentlichung würde die nationale Sicherheit gefährden.

Interessant ist das Memorandum dennoch, denn es zeigt, was die amerikanische Regierung von international anerkannten Strafgesetzen und Menschenrechten hält. Kurz gesagt: nicht viel. Die US-Regierung baut sich lieber ihr eigenes Recht, um ihre Interessen durchzusetzen. Sie könne, heißt es in dem Memorandum, jeden töten, von dem sie annehme, dass er ein hochrangiges Mitglied von Al-Qaida oder einer ihr nahestehenden Gruppe sei. Dazu brauche es auch keine Beweise, dass der- oder diejenige wirklich plant, etwas gegen die USA zu unternehmen. Im Grunde bezieht sich die ganze Kette an Argumenten auf die Todesstrafe, die in den USA bekanntlich praktiziert wird.

In dem Papier wird zwischen »rechtmäßigen« und »unrechtmäßigen« Tötungen unterschieden. Mord und Totschlag, so beginnt die Argumentation, seien »unrechtmäßige Tötungen« *(unlawful killings)*. Da der Staat aber grundsätzlich das Recht habe, auf Basis von Gesetzen seine Bürger um ihr Leben zu bringen, sei das bei den Drohnenangriffen nicht anders. Dass dabei nicht allein die gesuchte Person stirbt, sondern regelmäßig viele Unbeteiligte, spielt in der Argumentation keine Rolle. Doch ist es vor allem dieser Punkt, der Drohnenangriffe von Hinrichtungen unterscheidet. Ganz abgesehen davon, dass die Todesstrafe in den meisten Ländern der Welt als Barbarei und als Verletzung von Menschenrechten gilt.

Das Memo argumentiert weiter, dass sich die USA in einem Krieg mit den Terroristen befänden, Drohnenangriffe seien eine rechtmäßige Kriegshandlung *(lawful conduct of war)*, die vom Kongress genehmigt worden sei. Der Kongress habe schließlich zugestimmt, dass der Präsident mit »aller notwendigen und angemessenen« Gewalt gegen die »Staaten, Organisationen und Menschen« vorgehen dürfe, die die Anschläge des 11. September geplant und ausgeführt hätten oder die solche und ähnliche Angriffe in Zukunft ausüben könnten. Wer sich einer solchen Gruppe anschließe, der werde zum Feind in diesem Kampf und dürfe mit den gleichen Mitteln bekämpft werden wie jeder andere Kriegsgegner. Eine amerikanische Staatsbürgerschaft spiele dabei keine Rolle. Hier zeigt sich eine weitere Doktrin, die schon George W. Bush ausgerufen hatte: Wer nicht für uns ist, ist gegen uns. Diese Einseitigkeit mag logisch klingen, führt aber dazu, dass man überall nur noch Feinde sieht, jede Kritik am eigenen Handeln ablehnt und jede Handlung gegen eben diese Feinde mit der Begründung rechtfertigt, sich selbst verteidigen zu müssen.

Weiter heißt es in dem Memorandum: Obwohl der Betreffende im Zweifel unbewaffnet ist und gerade nicht an Kämpfen gegen die USA teilnimmt, und obwohl er heimlich angegriffen wird und keine Chance hat, sich zu ergeben, ja den Angriff auch nur zu bemerken, sei dieser kein Kriegsverbrechen. Denn das Kriegsrecht erlaube Angriffe auf gegnerische Soldaten, egal ob sie sich in der Kampfzone aufhielten oder nicht. Es verbiete auch keine heimlichen oder überraschenden Angriffe. Und falls jemand wie al-Awlaki anbiete, sich zu ergeben, würde man dieses Angebot natürlich annehmen. Allerdings ist es unwahrscheinlich, dass jemand ein solches Angebot macht, wenn er gar nicht weiß, dass er das Ziel eines Angriffes ist. Aber das sind wohl Spitzfindigkeiten. Die USA haben sich offensichtlich entschieden, jeden, den sie als Feind betrachten, zu töten, überall. Also tun sie es.

Angesichts dieser seltsamen Rechtsauffassung ist es kein Wunder, dass auch diverse amerikanische Juristen der Meinung sind, dass bei dem geheimen Drohnenkrieg etwas fundamental schieflauft. Rosa Brooks, Juraprofessorin an der Georgetown University, sagte bei einer Anhörung zum Thema gezielte Tötungen *(targeted killing)* am 23. April 2013 im Unterausschuss des US-Senats zu Bürger- und Menschenrechten: »Das Problem, das wir aktuell haben, besteht darin, dass niemand außerhalb einer sehr kleinen Gruppe innerhalb der US-Exekutive weiß, wie wir Entscheidungen fällen. [...] Damit bleiben unsere grundlegenden Rechtsfragen unbeantwortet, nach denen wir abwägen, welche Gesetze überhaupt angewendet werden müssen: Nach welchen Kriterien wird entschieden, wer Kombattant ist? Oder wer Al-Qaida angehört und was genau darunter zu verstehen ist? Wo findet der Krieg statt? [...] Welche Mechanismen garantieren die Verhinderung von Missbrauch? [...] In der Praxis verlieren wir jeglichen Maßstab zur Einordnung gezielter Tötungen. Sollen wir sie als rechtmäßige Maßnahmen gegen Kombattanten bezeichnen? [...] Oder sollen wir sie Mord oder extralegale Tötungen nennen [...]?« Brooks stellte damit die gerade beschriebenen Prämissen des Justizministeriums in Frage. Sie führten dazu, sagte sie, dass es keine Kriterien mehr gebe, um zu entscheiden, welche Gesetze in einem solchen Fall überhaupt gelten. Denn niemand wisse noch, wer warum zum Ziel werde.

Die US-Regierung, heißt das, schafft einen gesetzlosen Raum. Brooks weiß, wovon sie redet, sie war von 2009 bis 2011 Rechtsberaterin im US-Verteidigungsministerium. Sie fasst die Handlungen der Regierung so zusammen: »Gegenwärtig haben wir eine Exekutive, die für sich das Recht in Anspruch nimmt, jedermann überall auf dem Planeten zu jeder Zeit aus geheimen Gründen auf der Grundlage geheimer Indizien in einem geheimen, durch nicht näher identifizierte Regierungsbeamte durchgeführten Verfahren zu töten. Das macht mir Angst.«

Sie ist mit ihrer Sorge nicht allein. Pardiss Kebriaei ist Anwältin beim Center for Constitutional Rights und hat bereits zwei Klagen gegen die US-Regierung wegen solcher Drohnenangriffe geführt. Sie erklärte angesichts der Veröffentlichung des Memorandums, es basiere auf einer »groben Verzerrung des Rechts«. Die Versuche der USA, das Völkerrecht »auszuhöhlen und umzudefinieren«, um den Einsatz von Gewalt zu rechtfertigen, würden garantiert niemandes Sicherheit erhöhen.

Das bewusste Handeln in einer rechtlichen Grauzone hat tragische Folgen. Eine ist, dass niemand weiß, wie viele Menschen eigentlich mit Hilfe von Drohnen getötet werden. Nicht einmal die Drohnenpiloten und deren Vorgesetzte. Kritiker mögen sagen, auch bei Bomben und Artilleriegranaten wisse niemand, wen genau sie treffen und wie viele sie umbringen, das sei im Krieg unvermeidlich. Das ist richtig. Aber Kampfdrohnen werden von Regierungen und Militärs in der Öffentlichkeit nicht als eine mit Bomben und Artilleriegranaten vergleichbare Waffe beworben. Das wichtigste Argument ihrer Befürworter ist die hohe Genauigkeit, mit der sie eingesetzt würden. Es gibt unzählige Aussagen, auch von deutschen Politikern, die behaupten, es gebe nahezu keine Kollateralschäden. Der zynische Ausdruck beschreibt, dass Menschen getötet werden, die eigentlich nicht getötet werden sollten, weil sie nicht direkt an den Kämpfen beteiligt waren.

Drohnen, so das ständig wiederholte Argument, seien so genau wie ein Scharfschütze. US-Außenminister John Kerry sagte beispielsweise 2013, auf diese Art würden nur »sicher identifizierte Terroristen der höchsten Ebene« *(confirmed terrorist targets at the highest level)* getötet, also ganz gezielt ausgesuchte Personen, die eine entscheidende Rolle in terroristischen Organisationen spielen. Das ist ganz offensichtlich eine Lüge. So kommt das Projekt »Naming the dead« des amerikanischen Bureau of Investigative Journalism auf nur 295 von 704 namentlich bekannten Toten durch Drohnenangriffe in Pakistan, die Mitglieder irgendeiner bewaffneten Gruppe gewesen seien. Und nur 84 davon hätten eindeutig zu Al-Qaida gehört. Bei einer Gesamtzahl von 2379 Toten allein in Pakistan muss es noch viel mehr unbeteiligte Opfer gegeben haben (vgl. Kapitel 9). Das Problem wird sogar noch größer werden, wenn die Drohnen der nächsten Generation dereinst autonom handeln (vgl. Kapitel 15).

Obamas »Kill list«

Das Weiße Haus versucht weiterhin hartnäckig den Eindruck zu erwecken, die Tötungen passierten auf einer rechtlich akzeptablen Grundlage. Man beteuert, es gebe eindeutig autorisierte Verantwortliche, und jede einzelne Tötung werde gründlich geprüft. Bereits kurz nach seinem Amtsantritt im Jahr 2009 installierte Obama eine Art Tribunal, das über diejenigen berät, deren Namen auf die »Kill list« kommen. Man gab sogar der Presse begrenzten Einblick in diese Runden. Die *New York Times* schrieb 2012, ungefähr wöchentlich träfen sich mehr als hundert Angehörige des Sicherheitsapparates zu einer Videokonferenz und berieten die Biografien von Terrorverdächtigen und darüber, wer als Nächster sterben soll. Die vom Pentagon geleiteten Treffen beschäftigten sich demnach mit Zielen in Jemen und Somalia. Eine ähnliche Runde bei der CIA behandle Ziele in Pakistan. In diesen Runden werde auch schon mal hartnäckig nachgefragt, wie genau denn nun die Verbindungen eines der Betroffenen zu Al-Qaida seien, berichtet die Zeitung weiter. Am Ende dieses »Nominierungsprozesses« stehe schließlich Obama selbst. Er befehle jede Tötung persönlich per Unterschrift, zumindest die in Jemen und Somalia und die wichtigeren Fälle in Pakistan. Obama habe dieses Verfahren etabliert, weil er finde, dass er als Präsident und oberster Befehlshaber moralisch dazu verpflichtet sei zu entscheiden, wie weit diese Aktionen gehen sollen.

Das alles sieht nach Abwägung aus, nach Fakten, nach einem halbwegs demokratischen und überwachten Prozess. Zwei Dinge aber dürfen dabei nicht vergessen werden: Erstens ist die Vorgehensweise der US-Regierung eine Farce, die mit einem rechtsstaatlichen Gerichtsverfahren nichts zu tun hat, auch wenn versucht wird, sie so ähnlich aussehen zu lassen. Es gibt keine Verteidiger, es gibt keine Notwendigkeit, Beweise vorzulegen, es gibt keine erkennbaren Regeln, wer in diesen Gremien sitzt und warum, es gibt für die Betroffenen keine Möglichkeit zu Widerspruch oder zur Korrektur von vielleicht falschen Informationen. Es handelt sich eben weder um einen Polizeieinsatz noch um ein Gerichtsverfahren. Die USA haben das Rechtskonstrukt vom »Krieg gegen eine transnationale Organisation« erfunden, um sämtliche demokratischen Sicherungsmechanismen ignorieren zu können.

Zweitens ist offensichtlich auch den an diesen Runden Beteiligten nicht klar, wie genau die einzelnen Namen überhaupt in die Auswahl gekommen sind. Die *New York Times* zitiert in diesem Zusammenhang William Daley, 2011 bis 2012 Stabschef des Weißen Hauses, der über Obama sagt: »Er begreift, dass dies keine exakte Wissenschaft ist, sondern Beurteilungen auf Grundlage von Informationen aus zumeist menschlichen Quellen *(human intelligence)*. Er akzeptiert die Tatsache, dass eine gewisse Zahl von Fehlern passieren werden, und das erfordert nach seiner Auffassung ein vernünftigeres Verfahren *(more judicious process)*.« Was für eine Haltung soll das sein? In Gerichtsverfahren gilt der Grundsatz, im Zweifel lieber einen Schuldigen laufenzulassen, statt einen Unschuldigen zu verurteilen. Die USA hingegen tun das Gegenteil: erst schießen, dann fragen. Dass ein solches Vorgehen nicht in Ordnung ist, scheint auch Obama aufgegangen zu sein, wie Daleys Äußerungen nahelegen. Die einzige Schlussfolgerung aber, die Obama daraus gezogen hat, lautet demnach, es brauche einen *more judicious process*, ein bedächtigeres, vernünftigeres Verfahren also. Was immer auch vernünftig in diesem Zusammenhang heißen mag.

Die Vereinten Nationen fordern mehr Transparenz

In den USA gibt es verschiedene Gruppen wie die schon genannte ACLU, die gegen Drohneneinsätze protestieren. Die breite Öffentlichkeit scheint aber keine Probleme damit zu haben, dass amerikanische Drohnen in anderen Ländern töten. Umfragen von Gallup, Pew Research oder US News erbrachten, dass die meisten Amerikaner diese Angriffe befürworten. Nur wenn es darum geht, dass dabei auch die eigenen Bürger umgebracht werden, sinkt die Zustimmung. Doch selbst dann sagen noch immer 24 Prozent der Befragten, das sei legal. Zumindest hat das die Umfrage »PublicMind« der Fairleigh Dickinson University in New Jersey im Februar 2013 erbracht. Immerhin 48 Prozent der Befragten sagten, es sei illegal, wenn die US-Regierung die eigenen Bürger im Ausland mit Drohnen angreift. So ganz scheint die Argumentation der Regierung also nicht zu verfangen. Doch gefragt, ob es in Ordnung sei, »irgendwelche« Menschen im Ausland anzugreifen, die eine Bedrohung für die USA darstellten, sagten 75 Prozent ja und nur noch 13 Prozent nein. Es hatte auch kaum jemand etwas dagegen, dass die CIA diese Angriffe leitet.

So selbstverständlich ist diese Art der Kriegführung inzwischen, dass zuerst niemand ein Problem damit hatte, als Präsident Obama in der Öffentlichkeit scherzhaft mit Drohnenangriffen drohte. Beim traditionellen Dinner der Washingtoner Journalisten im Mai 2010 sagte er an die Jonas Brothers gewandt, dass seine Töchter große Fans dieser Popband seien. »Aber, Jungs, kommt nicht auf dumme Gedanken. Ich sage euch nur zwei Worte: ›Predator‹-Drohnen. Ihr werdet sie nicht kommen sehen.« Die versammelten Journalisten lachten. Erst in den Tagen darauf meinten Kritiker, das sei vielleicht doch eher geschmacklos als lustig, immerhin würden durch diese Angriffe viele unschuldige Menschen sterben.

Seitdem hat sich aber vor allem international einiges geändert. So befassen sich nun die Vereinten Nationen mit dem Problem. Im Januar 2013 kündigten die UN an, die Praxis des Einsatzes bewaffneter Drohnen zu hinterfragen. Ben Emmerson, UN-Sonderberichterstatter zu Antiterrormaßnahmen, erklärte, er werde die Auswirkungen der Attacken in Pakistan, Afghanistan, Jemen, Somalia und in den Palästinensergebieten untersuchen. Emmerson sagte dem britischen *Guardian*, die Untersuchung solle Licht in das Dunkel der gegenseitigen Vorwürfe bringen. Die eine Seite behaupte, es gebe überproportional viele zivile Opfer, die andere hingegen sehe wenige bis gar keine. Solange aber nicht einmal die Fakten geklärt seien, werde es schwierig, über die Legalität dieser Angriffe zu verhandeln. Am 20. Oktober 2014 forderte er bei einer Sitzung des UN-Menschenrechtsrates mehr Transparenz im Zusammenhang mit solchen Angriffen. Sonst könne nie geklärt werden, wer da eigentlich getroffen werde. Emmerson widersprach auch der Ansicht der USA und stellte fest, dass gezielte Tötungen vor dem Hintergrund der Menschenrechte niemals legal sein könnten.

Aufgrund der öffentlichen Kritik scheint sich die Haltung der USA zumindest ein wenig zu ändern. Seit Anfang 2013 gibt es in der US-Regierung eine Diskussion darüber, die Drohnenflüge nicht mehr unter der Hoheit der CIA stattfinden zu lassen, sondern sie der Armee zu übertragen, genauer dem schon erwähnten Joint Special Operations Command des Pentagon. Das klingt wie ein Formalie, hätte aber erhebliche Auswirkungen. Der Armee ist es nach Artikel

10 US Code – dem amerikanischen Gesetz über das Militär – verboten, ohne eine offizielle Erlaubnis der dortigen Regierung in fremden Ländern zu operieren. Ein Verstoß dagegen wäre ein Einmarsch, ein kriegerischer Akt, der sehr viel schwerer wiegen würde als Operationen eines Geheimdienstes. Genau deswegen wurden die Drohneneinsätze bislang noch nicht der Armee übertragen – das könnte ihr Ende bedeuten. Angeblich würde der ganze Prozess durch eine veränderte Zuständigkeit transparenter, was jedoch zweifelhaft ist. Denn selbst wenn die Armee die Hoheit bekommt, wäre die CIA noch immer beteiligt. Sie würde in einer solchen Konstruktion weiterhin nach geheimen Kriterien die »Kill list« erstellen.

Nebenbei: Die USA haben offensichtlich kein großes Interesse daran, dass die Beteiligung des JSOC an Drohneneinsätzen breit diskutiert wird. Das lässt sich eindeutig an Änderungen im englischsprachigen Wikipedia-Eintrag über JSOC zeigen: Es wurden Sätze darüber, dass von dort umfangreiche Drohneneinsätze gesteuert werden, verändert oder gelöscht – von Rechnern aus, die zur Infrastruktur des amerikanischen Geheimdienstes NSA gehören.

Weniger Drohnenangriffe

Seit 2010 hat die Zahl der Drohnenangriffe in Pakistan stetig abgenommen. Damals wurde mit 122 solcher Attacken der Höhepunkt der Kampagne erreicht, 2013 waren es hingegen nur 27 Angriffe und 2014 nur noch 17. Doch hat das nicht nur mit der Kritik an dieser Taktik zu tun, sondern vor allem damit, dass diejenigen, auf die die Drohnen zielen, dazugelernt haben. Am 29. Mai 2014 zitierte die *Huffington Post* ungenannte US-Regierungsbeamte mit der Aussage, die Mitglieder von Al-Qaida seien inzwischen viel schwerer zu treffen. Sie würden Mobiltelefone meiden, da die CIA sie anpeilt, um dann auf die entsprechenden Koordinaten zu feuern. Und sie würden nun häufig in Begleitung von Kindern reisen, auf die inzwischen nicht mehr geschossen werden darf, um zivile Opfer zu vermeiden. Auch sei Pakistan nicht mehr das wichtigste Rückzuggebiet der Terroristen, die vermehrt in Syrien und Jemen aktiv seien. Außerdem habe der Rückzug amerikanischer Truppen aus Afghanistan dazu geführt, dass man im Nachbarland Pakistan keine »*Force Protection*«-Angriffe mehr fliegen müsse. Allein diese letzte Aussage zeigt, welche abenteuerlichen rechtlichen Konstrukte genutzt werden, um solche Aktionen zu rechtfertigen: *Force protection*, also Schutz der Truppe, bedeutet, dass Menschen allein aufgrund der Tatsache beschossen wurden, dass sie sich bei vermuteten Treffpunkten militanter Gruppen versammelten. Sie könnten dort, so die Vermutung, Angriffe auf US-Einheiten im benachbarten Afghanistan planen – eine besonders fragwürdige Form der ohnehin fragwürdigen *signature strikes*.

Präsident Obama hat am 23. Mai 2013 in einer Rede vor der National Defense University zugesichert, dass es solche *signature strikes* nicht mehr geben werde. Zum ersten Mal seit dem Beginn des *War on Terror* 2001 sagte ein US-Präsident, dass der permanente Kriegszustand für eine Demokratie »unhaltbar« sei und dass er in naher Zukunft enden müsse. Er werde keine Gesetze mehr unterzeichnen, die diesen erhalten, so Obama. Das klang wie ein Friedensangebot. Bald, so scheint es, könnte es keine *targeted killings* mehr geben. Doch das täuscht. Einerseits nannte Obama kein Datum für seine Vorhaben. Andererseits sagte er, gezielte Angriffe auf Bürger anderer Länder würden nun den gleichen Regeln unterliegen wie solche auf amerikanische Bürger. Was nichts heißt, da das Justizministerium ja argumentierte, man dürfe auch Amerikaner töten. Völkerrechtlich ist das nach wie vor ein hanebüchenes Konzept. Was zeigt, dass die USA ihre Lieblingswaffe nicht mehr aus der Hand geben werden.

Wie zweifelhaft es ist, dass dieses Versprechen Obamas konsequent umgesetzt wird, zeigte sich wenige Monate später in Jemen. Nach der Rede des US-Präsidenten nahm die Zahl der Drohneneinsätze dort ab. Doch verübte der Al-Qaida-Arm AQAP (Al-Qaeda in the Arabian Peninsula – Al-Qaida auf der Arabischen Halbinsel) in der folgenden Zeit mehrere schwere Anschläge, unter anderem auf das jemenitische Verteidigungsministerium. Allein bei dieser Attacke starben 52 Menschen. Daraufhin intensivierten die USA ihre Drohnenflüge wieder. Bis es bei einem der Einsätze im Dezember 2013 zu einem erneuten Massaker kam. Am 12. Dezember feuerte eine amerikanische Drohne vier »Hellfire«-Raketen auf einen Konvoi, der aus elf Fahrzeugen bestand. Ungefähr 60 Menschen waren mit ihnen unterwegs, Männer auf dem Weg zu einer Hochzeit. Sie wollten die Braut in den Heimatort des Bräutigams bringen. Zwölf der Insassen starben, fünfzehn weitere wurden verletzt.

Kurz darauf hieß es von US-Seite, man habe mehrere Terroristen mit Verbindungen zu Al-Qaida getroffen, ein wichtiges Mitglied der Gruppe AQAP sei verletzt worden. Bald jedoch gab es Berichte, es habe sich um eine Hochzeitsgesellschaft gehandelt. Daraufhin erklärten laut der Nachrichtenagentur AP ungenannte amerikanische Regierungsmitarbeiter – offiziell haben die USA eine Beteiligung nie zugegeben –, Militante seien zu einer Hochzeit gefahren. Zu dem Zeitpunkt, als man auf sie geschossen habe, seien sie keinesfalls Zivilisten gewesen. Später hieß es wiederum, die Drohnencrew habe die Fahrzeuge versehentlich für einen Konvoi von Milizionären gehalten. Für die amerikanische Propaganda war der Vorfall ein Desaster, auch wenn wohl einige der Insassen Verbindungen zu AQAP hatten. Kurz darauf untersagte die jemenitische Regierung den USA, Drohneneinsätze über Jemen zu fliegen. Allerdings wurden nur solche Flüge verboten, die JSOC koordinierte und steuerte, also das Militär. Die Flüge des Geheimdienstes CIA gingen weiter.

12. Das Luftfahrtrecht und wie es den EuroHawk zum Scheitern brachte

Freizeitspaß und »Aufstiegserlaubnis«

Das Nebeneinander von bemannter und unbemannter Luftfahrt führte in den ersten Jahren des internationalen Afghanistan-Einsatzes fast zu einem Desaster. Über der afghanischen Hauptstadt Kabul geriet im August 2004 eine »LUNA«-Aufklärungsdrohne der Bundeswehr in die Flugbahn eines landenden Airbus der Fluglinie Ariana. Der Passagierjet verpasste die kleine unbemannte Maschine um nicht einmal 100 Meter; die Drohne wurde von den Wirbeln der Jet-Triebwerke erfasst und stürzte ab. Der Sektor für den Drohnenflug, sagt die deutsche »LUNA«-Herstellerfirma EMT im bayerischen Penzing, wurde von einem Lotsen irrtümlich für den Landeanflug des Airbus auf den Flughafen von Kabul freigegeben.

Die schnelle technische Entwicklung und Verbreitung fliegender Drohnen stellt die Luftfahrt vor allem in den Industriestaaten vor Probleme – im zivilen Bereich noch viel mehr als im militärischen. Die bemannte Fliegerei vertraut seit ihren Anfängen vor gut einem Jahrhundert darauf, dass Piloten eine drohende Gefahr durch ein anderes Flugzeug erkennen und ausweichen können. Zusätzliche Systeme wie Radar, Transponder mit Flugdaten und die Luftraumkontrolle am Boden unterstützen dieses »See and avoid«-System (sehen und vermeiden). Die unbemannte Fliegerei ist noch lange nicht so weit: Für ferngesteuerte Flugzeuge ist die schnelle Reaktion nicht zuletzt davon abhängig, wie schnell der Pilot am Boden eine drohende Kollision erkennt. Um ein automatisiertes Verfahren, das sogenannte »Sense and avoid« (aufspüren und vermeiden), bemühen sich derzeit noch die Ingenieure. Ohne jedoch in absehbarer Zeit ein funktionsfähiges System in Aussicht stellen zu können, das auch den rechtlichen Anforderungen standhält.

Die verkehrsrechtlichen Fragen bei der Nutzung unbemannter Systeme sind eine Herausforderung – und die technische Entwicklung droht die bestehenden Regeln zu überholen. Erst Ende 2011 brachte die Bundesregierung einen Gesetzentwurf auf den Weg, der »unbemannte Luftfahrtsysteme« im Luftverkehrsgesetz und der

Die riesige Drohne »EuroHawk« mit fast 40 Metern Spannweite fliegt neben einem Begleitflugzeug über dem Luftwaffenstützpunkt in Manching, Oberbayern, 2011.

Luftverkehrsordnung verankerte; die Ergänzung trat im Juni 2012 in Kraft. Wird ein Fluggerät als »unbemanntes Luftfahrtsystem« eingeordnet, ist seitdem eine Erlaubnis für den Start notwendig. Unreguliert bleiben in Deutschland lediglich »Flugmodelle« unter fünf Kilogramm Gewicht.

»Bei der Kategorie der unbemannten Luftfahrtsysteme (UAS) handelt es sich um unbemannte Fluggeräte, die nicht zu Zwecken des Sports oder der Freizeitgestaltung betrieben werden. Dabei erfolgt die Abgrenzung zwischen unbemannten Luftfahrtsystemen und Flugmodellen ausschließlich über den Zweck der Nutzung: Dient das Gerät dem Sport oder der Freizeitgestaltung, so gelten die Regelungen über Flugmodelle. Ist mit dem Einsatz hingegen ein sonstiger, insbesondere ein gewerblicher Nutzungszweck verbunden (z. B. Bildaufnahmen mit dem Ziel des Verkaufs), so handelt es sich um ein unbemanntes Luftfahrtsystem«, heißt es in einer Übersicht des Bundesverkehrsministeriums.

Das meint nicht die privaten Nutzer der zunehmend beliebten Kleindrohnen, ob sie nun eine Kamera haben oder nicht. Wer seinen kamerabestückten Quadrokopter aufsteigen lässt, kann das in Deutschland ohne Genehmigung tun, wenn er nicht höher als 100 Meter fliegt. Der Datenschutz verpflichtet ihn lediglich, die Nachbarn nicht auszuspionieren. Auch sind verbotene Gebiete wie die Umgebung von Flughäfen zu meiden, und der Pilot muss seine Drohne immer im Blick haben. Schwieriger wird es schon beim sogenannten First Person View (FPV). Dabei trägt der Pilot eine Videobrille, mit der er die gefunkten Kamerabilder der Drohne empfängt. Er sieht also, was die Drohne sieht. Solche Systeme gibt es ebenfalls längst für den Hobbymarkt. Mit ihnen lassen sich auch kleinere Multikopter über große Entfernungen steuern. Begrenzt ist die Entfernung nur durch die Sendeleistung der Antenne und die Funkfrequenz. Denn für den Hobbybereich sind nur wenige Frequenzen freigegeben, und die Sender dürfen eine bestimmte Sendestärke nicht überschreiten.

Ein Flug über zwölf Kilometer Entfernung wie bei der Paketdrohne der Post nach Juist ist per FPV somit technisch nicht möglich, aber einer über einige tausend Meter durchaus. Damit verletzen diese FPV-Systeme unter Umständen die Forderung, immer Sichtkontakt zur Drohne zu haben – sie ist mit dem bloßen Auge nicht mehr zu erkennen, wenn der Pilot sie zwei Kilometer von sich weg gesteuert hat. FPV ist in Deutschland legal – solange die Drohne dabei immer in Sichtweite des Piloten bleibt. Da die Steuerung über die FPV-Brille also nicht erlaubt ist, darf ein die Videobrille tragender Pilot nicht allein fliegen – er kann die Drohne ja nicht direkt sehen. Er braucht einen zweiten Piloten, der neben ihm steht, die Drohne beobachtet und im Zweifel sofort in die Steuerung eingreifen kann. Das Gleiche gilt für autonome Flüge. Auch Hobbykopter dürfen autonom fliegen, vorher programmierte Wegpunkte ansteuern oder allein zum Ausgangspunkt zurückkehren. Aber nur so lange, wie Sichtkontakt ohne Hilfsmittel besteht und der Pilot jederzeit in den Flug eingreifen kann. Die Fernsteuerung aus der Hand zu legen, ist nicht gestattet.

Vollends mühsam wird die Rechtslage, wenn nicht das privat geschossene Luftbild für die eigene Webseite oder die Facebook-Präsenz das Ziel ist, sondern der Verkauf der von oben gemachten Fotos oder Videos: Wird das Fliegen in irgendeiner Form gewerblich, muss der Betreiber bei der Luftfahrtbehörde seines Bundeslandes eine »Aufstiegserlaubnis« beantragen.

Was das im Zweifel bedeuten kann, demonstriert ein Beispiel der Firma Microdrones. Sie baut Multikopter für Polizei und Feuerwehr, aber auch für Bauingenieure, Kartografen und Luftbildfotografen. Elmar Prinz, oberster Testpilot der Firma, erzählt von einem Auftrag, eine 100 Kilometer lange Fernwärmeleitung zu kontrollieren. Kontrollflüge entlang von Stromtrassen und ähnlichen Bauten sind ein typisches Einsatzgebiet für Drohnen, die dabei billiger und unkomplizierter sind als Hubschrauber. Die Leitung sei bislang regelmäßig mit Hubschraubern abgeflogen worden, um nach Lecks zu suchen, sagt Prinz. »Doch wenn sie drei Mal in der Woche mit einem Hubschrauber diese Trasse befliegen, beschweren sich irgendwann die Anwohner über den Fluglärm. Unsere Drohne ist auf eine Entfernung von 150 Metern kaum noch zu hören, auf 200 Meter gar nicht mehr. Nicht nur für den Kunden wäre es daher sinnvoll, die Microdrone mit einer Thermalkamera auszurüsten und die Kontrollflüge übernehmen zu lassen.«

Doch musste die Firma dem Kunden absagen, nach den derzeitigen deutschen Gesetzen ist ein solcher Flug kaum machbar. »Um die Regeln einzuhalten, müsste die ganze Strecke in Abschnitte von maximal 1000 Metern Länge aufgeteilt werden, weiter kann man *line of sight* nicht fliegen. Nach jedem Teilabschnitt müsste man somit erst landen und neu starten. Das ist wirtschaftlich nicht darstellbar.« Ganz zu schweigen von der notwendigen Aufstiegserlaubnis, die für jeden Abschnitt neu hätte beantragt werden müssen. Denn an jeder Teilstrecke muss beispielsweise geprüft werden, ob Wohnhäuser in der Nähe sind. Prinz wünscht sich, es gäbe für solche Flüge Ausnahmegenehmigungen, mit denen für die Zeit des Kontrollflugs der Luftraum über der Trasse gesperrt wird. So etwas gibt es aber nicht.

Die Genehmigungen sind zudem Ländersache, was das Ganze noch etwas komplizierter macht. In Baden-Württemberg beispielsweise kann man zwar eine allgemeine Aufstiegsgenehmigung bekommen. Mit der ist es dann erlaubt, *line of sight* außerhalb bebauter Gebiete bis in maximal 100 Metern Höhe zu fliegen. »Für jede Anwendung, die von diesen Vorgaben abweicht, brauchen Sie hingegen eine Einzelaufstiegsgenehmigung, wenn Sie kommerziell fliegen wollen«, sagt Prinz. Grundsätzlich seien die Regeln sehr gut, sagt er. Auch die Forderung, dass die Systeme immer in Sichtweite geflogen werden müssten, sei sinnvoll. »Doch würden wir uns wünschen, dass die Gesetze flexibler wären und situationsbedingte Anpassungen zulassen würden.«

Dabei hätten es Nutzer eines Microdrones-Geräts noch vergleichsweise leicht, sagt Prinz: »Die meisten Behörden kennen uns, kennen unsere Systeme und vor allem unsere Ausbildungsstandards für die Piloten.« Wer dagegen mit einem selbst zusammengebauten Microkopter bei einer Behörde vorstellig wird, um kommerziell damit zu fliegen, kann sich auf einiges gefasst machen. Die Prüfung, was Kopter und Pilot können und was nicht, dauert lange.

Grundsätzlich verboten bleibt in Deutschland der Start eines unbemannten Systems, das mehr als 25 Kilogramm wiegt. In der Praxis unterscheiden die für eine Erlaubnis zuständigen Behörden zudem zwischen Drohnen unter fünf Kilogramm, für die eine »allgemeine Aufstiegserlaubnis« erteilt wird. Für größere unbemannte Systeme, wenn auch unterhalb der 25-Kilogramm-Grenze, braucht es eine Einzelerlaubnis. Neben Angaben zum Halter des Fluggeräts und den Bedienern wird auch der Nachweis einer Haftpflichtversicherung verlangt – und die Zusicherung, niemanden ohne dessen Einverständnis zu verfolgen.

Das amerikanische Drohnenrecht

Strikte Regeln gelten auch in den USA, wo die kommerzielle zivile Drohnennutzung ebenfalls genehmigungspflichtig und auf eine Flughöhe von gut 100 Metern (400 Fuß) begrenzt ist. Auch dort muss der Bediener sein Gerät ständig im Blick haben. Im Februar 2015 legte die FAA Vorschläge für die neue Regulierung von kleinen unbemannten Fluggeräten vor, für kommerziell genutzte Drohnen mit weniger als 25 Kilogramm Gewicht. Die maximale Flughöhe soll auf 500 Fuß (rund 150 Meter) erhöht werden, die Pflicht zum Blickkontakt bleiben. Das Fluggerät soll registriert sein und ein Kennzeichen tragen.

Der größte Unterschied zur bestehenden amerikanischen und zur deutschen Regelung ist der Plan, alle Drohnenpiloten zu einer Prüfung ihrer Luftfahrtkenntnisse zu verpflichten, die zudem alle zwei Jahre wiederholt werden soll. Der Vormarsch der ferngesteuerten Fluggeräte bedeutet weniger Bedarf an Piloten und damit Einnahmen für beispielsweise Flugschulen. Ein teurer Pilotenschein für Drohnen käme da gerade recht. Also wird darum gestritten werden, wie weit die demnächst verlangten »Luftfahrtkenntnisse« reichen.

Ob sämtliche Vorschläge so in Kraft treten, ist noch offen: Allein schon der Plan des Handelskonzerns Amazon, seine Güter mit Drohnen auszuliefern, wäre nach diesen Bestimmungen nicht möglich – in erster Linie wegen der Forderung des Sichtkontakts. Bisher ließ die US-Luftfahrtbehörde FAA nur wenige Ausnahmen zu. Der Ölkonzern BP erhielt eine Genehmigung, Drohnen zur Überwachung der Pipelines und Bohrstellen auf dem größten Ölfeld der USA in Alaska zu verwenden. Auch Hollywood konnte sich durchsetzen: Sechs kommerzielle Filmproduktionen erhielten im September 2014 ebenfalls unter strikten Auflagen eine Ausnahmegenehmigung für ihre fliegenden Kameras.

Journalisten dagegen verbot die Behörde vorerst die Nutzung von Drohnen für Foto- und Filmaufnahmen – ein Schritt, den große Medien wie die *New York Times*, die *Washington Post* und Associated Press heftig angriffen: Damit verstoße die FAA gegen die im ersten Zusatzartikel der US-Verfassung garantierte Pressefreiheit. Anfang 2015 gab es jedoch erste Anzeichen, dass künftig auch in den USA Kameradrohnen journalistisch eingesetzt werden können. Der Nachrichtensender CNN schloss mit der FAA eine »Vereinbarung über gemeinsame Forschung und Entwicklung«. Das Ziel: unbemannte Flugsysteme »in die Nachrichtenbeschaffung und die Berichterstattung zu integrieren« – ein erster Schritt zur fliegenden Fernsehkamera. Andere Medienunternehmen, darunter die Bildagentur Getty Images, die *New York Times* und Associated Press, schlossen sich mit der Hochschule Virginia Tech zusammen, die von der Luftfahrtbehörde als Testeinrichtung für Drohnen zugelassen ist.

Werden Kleindrohnen als Hobby genutzt und nicht kommerziell, gelten nicht ganz so strenge Regeln, und auch die vorgeschlagenen neuen würden sie nicht betreffen. Auch diese dürfen aber nicht mehr als 400 Fuß hoch aufsteigen, dürfen keine bewohnten Gebiete überfliegen und müssen sich von Flughäfen fernhalten. Näher als drei Meilen dürfen die Drohnen ihnen nicht kommen.

Die Regulierung der Kleindrohnen zeigt allerdings nur begrenzt Erfolg. Praktisch täglich, berichtete die Nachrichtenagentur AP im November 2014, würden von Fluglinien Berichte über Fast-Zusammenstöße mit Drohnen bei der FAA eingehen: »Das fast vollständige Verbot der Nutzung von Drohnen durch die Behörde wird weitgehend ignoriert. Von Bauern, die ihre Ernte überwachen, bis hin zu Immobilienmaklern nutzt praktisch jedermann solche Fluggeräte.«

Am 22. März 2014 stieß nach Angaben des für unbemannte Fluggeräte zuständigen FAA-Beamten Jim Williams eine Kleindrohne beim Flughafen von Talahassee im US-Bundesstaat Florida beinahe mit einem 50-sitzigen Linienflugzeug zusammen. Der Pilot berichtete später, er sei sicher gewesen, die tarnfarbene Drohne beim Landeanflug in rund 700 Metern Höhe erwischt zu haben. Im Mai 2014 krachte ein Quadrokopter in den 30. Stock des Hochhauses »One Metropolitan Square« in St. Louis. Im März desselben Jahres verhängte die FAA gegen einen Mann in Brooklyn eine Strafe von 2000 Dollar. Er hatte zwei Hochhäuser in Manhattan mit seiner Drohne umrundet, die anschließend fast einem Fußgänger auf den Kopf gefallen wäre. Im August stürzte ein Multikopter in die Zuschauertribüne des Virginia Motorsport Parks, drei Menschen wurden dabei verletzt.

Auch mit technischen Eingriffen wird in den USA versucht, Drohnen einzuschränken – denn nicht nur die FAA, auch US-Präsident Barack Obama hatte strengere Regeln gefordert. Eine Drohne war im Garten des Weißen Hauses gelandet, ein betrunkener Mitarbeiter des Pentagon hatte sie dorthin gesteuert. Der chinesische Hersteller DJI reagierte darauf und programmierte für seine Fluggeräte Verbotszonen: Ein Update der Firmware enthält Daten zu Gebieten, in die die »Phantom«-Drohnen nun nicht mehr eindringen können oder in denen sie gar nicht erst starten. Dazu gehören die Innenstadt der US-Hauptstadt Washington und weltweit ungefähr 10 000 Flughäfen. Außerdem soll es nicht mehr möglich sein, die Geräte über Landesgrenzen zu fliegen und sie so zum Drogenschmuggel einzusetzen. Wie Nutzer nach dem Update Anfang 2015 berichteten, funktionierten die Drohnen auch im Zentrum von Peking nicht mehr.

Line of sight und »Sense and avoid«

Nicht nur in den USA würde die Wirtschaft gern mehr Drohnen einsetzen. Auch in Deutschland und anderen europäischen Ländern fordert sie rechtliche Klarheit. Die Klage: Regierung und Gesetzgeber hätten bislang wenig Eile, an dieser Stelle etwas zu tun. Im Bundesverkehrsministerium, bedauert ein Kenner der Materie, seien für die »unbemannten Luftfahrtsysteme« gerade einmal zwei Beamte zuständig. Allerdings wird eine Überarbeitung der gesetzlichen Regeln wohl zuerst auf EU-Ebene passieren. Formal bleiben zwar unbemannte Flugsysteme unter 150 Kilogramm Startgewicht in der Verantwortung der einzelnen EU-Mitgliedstaaten. Faktisch werden die Bestimmungen für größere Drohnen aber von der EU formuliert.

Noch stärker als Kleindrohnen betreffen die rechtlichen Probleme größere unbemannte Systeme, von denen die Industrie hofft, dass sie sich eines Tages mit bemannten Flugzeugen denselben Luftraum teilen, um dort einige ihrer Aufgaben zu übernehmen. Auch wenn die Bereitschaft von Passagieren, sich einem Linienjet ohne Piloten im Cockpit anzuvertrauen, noch auf lange Zeit verschwindend gering bleiben dürfte: Für den Transport von Fracht rückt die Einführung unbemannter Flugzeuge näher. Bei einer Podiumsdiskussion der deutschen Luftwaffe auf der Internationalen Luftfahrtausstellung in Berlin 2014 berichtete Frank Grimsley vom US Air Force Life Cycle Management Center: »Ich habe fast täglich Anfragen von Federal Express oder UPS, wann endlich ein umgebauter Jumbojet als unbemannter Frachtflieger zwischen den USA und China pendeln kann.«

Die technischen und rechtlichen Schwierigkeiten liegen vor allem, aber nicht nur, bei der erwähnten Unfähigkeit heutiger Drohnen, anderen Luftverkehr zu erkennen und zu vermeiden. Die ferngesteuerten Systeme sind abhängig davon, dass die Kommunikationsinfrastruktur zwischen einer Kontrollstation und der Drohne funktioniert. Oder davon, dass die Maschine bei einem Verlust der Funkverbindung an einem definierten und verfügbaren Platz automatisch sicher landet, ohne andere Flugzeuge zu gefährden.

Je nach Art der Datenübertragung erfolgen die Reaktionen eines Piloten an der Fernsteuerung zudem mit Zeitverzögerung. Wenn eine Kamera in einem unbemannten Fluggerät ein anderes Flugzeug auf Kollisionskurs erkennt, muss dieses Signal erst an die Bodenstation übermittelt werden, ehe der Pilot überhaupt reagieren kann. Seine Steuerbefehle erreichen das Flugzeug ebenfalls mit Zeitverzögerung, vor allem wenn die Verbindung über einen Satelliten läuft. In kritischen Situationen kann diese »Latenzzeit« schon zu lang sein, um einen Zusammenstoß zu verhindern.

Noch nicht geklärt ist auch, was passiert, wenn ein unbemanntes System die Verbindung zur Bodenstation oder zum Global Positioning System (GPS) verliert. Im Mai 2012 stürzte eine Hubschrauber-

Modell der Hubschrauberdrohne Schiebel »Camcopter S-100«, hier als mit Raketen bewaffnete Version, auf der Farnborough Luftfahrtshow 2008.

drohne des Typs »Camcopter S-100« bei Tests in Südkorea ab. Die Drohne traf das Fahrzeug mit der Kontrollstation, ein Ingenieur des österreichischen Herstellerunternehmens Schiebel kam ums Leben. Es war der erste bekanntgewordene tödliche Unfall mit einer unbewaffneten Drohne. Auslöser der Störung war möglicherweise ein unterbrochenes GPS-Signal – nicht ungewöhnlich in Anbetracht der angespannten Lage in Korea, wo angeblich Störsender im Norden des geteilten Landes den Betrieb von Überwachungsdrohnen über der Demarkationslinie verhindern.

Die Industrie arbeitet an »Sense and avoid«, also der Fähigkeit, andere in der Luft zu erkennen. Im November 2014 verkündete die französische Firma SAGEM, sie habe nachgewiesen, dass sich ein unbemanntes System im kontrollierten Luftraum zusammen mit bemannten Flugzeugen sicher bewegen könne. Sogar einen Landeanflug auf den Flughafen Toulouse-Blagnac habe es nach den Vorgaben der Luftverkehrskontrolle einwandfrei absolviert. Die »Patroller«-Drohne des Unternehmens sei mit ihren Infrarotsensoren und dem automatischen Kollisionsberechnungssystem erfolgreich einer auf Kollisionskurs gebrachten Maschine ausgewichen.

Es gibt ein europaweites Forschungsprogramm namens SESAR (Single European Sky ATM Research Programme), das in den nächsten Jahren die Luftverkehrskontrolle (Air Traffic Management, ATM) und damit die Flüge innerhalb Europas sicherer, umweltschonender und kostengünstiger machen soll. Ein wichtiger Bestandteil wird die Integration unbemannter Systeme sein, die irgendwann gemeinsam mit bemannten Flugzeugen am Luftverkehr teilnehmen sollen.

Neben den technischen Problemen sind dabei allerdings etliche rechtliche Fragen zu lösen, schon weil die Zuständigkeit innerhalb der EU variiert. Einen einheitlichen Rahmen gibt es europaweit erst für unbemannte Systeme ab 150 Kilogramm, leichtere Drohnen fallen in die Zuständigkeit der nationalen Luftverkehrsbehörden. Langfristig, das räumt die EU-Arbeitsgruppe für die Integration ferngesteuerter ziviler Luftfahrzeuge ein, wird es nicht mehr um die Einordnung in Größen- und Gewichtsklassen gehen, sondern um die Frage, wie die unbemannten Maschinen eingesetzt werden.

Eine rechtliche Frage ist auch das automatische Ausweichen bei einem drohenden Zusammenstoß. Denn solche Systeme lösen noch nicht sämtliche Probleme, die Drohnen in einem verkehrsreichen Luftraum verursachen. Unter anderem bleibt zu klären, welche Muster für ein Ausweichen ohne menschliches Zutun einem solchen System einprogrammiert werden können und müssen – und ob sichergestellt werden kann, dass die vom Computer eingeleitete Ausweichbewegung die richtige ist. Unklar ist auch, wer haftet, wenn das System eine falsche Entscheidung trifft und beide Maschinen auf einen neuen Kollisionskurs gehen. Trägt bei einer solchen »Sense and avoid«-Automatik noch ein Mensch in der Kontrollstation die Verantwortung?

Das Militär und die Flugsicherheit

Es mag paradox klingen, aber gerade für den bislang wichtigsten Drohnennutzer, das Militär, scheinen diese Fragen von eher nachrangiger Bedeutung. So hatte der deutsche Hersteller EMT im März 2013 eine verbesserte Ausstattung seiner »LUNA«-Drohnen mit »Sense and avoid«-Sensoren angekündigt, um das im Jahr 2000 eingeführte Produkt auch für zivile Nutzer interessant zu machen.

Fast zwei Jahre später war aus dieser Ankündigung noch immer nichts geworden: Das Unternehmen verzichtete auf die Weiterentwicklung des Sensors, weil der Hauptkunde, die Bundeswehr, daran wenig Interesse zeigte. Denn die taktische »LUNA«-Drohne fliegt nur in Bereichen, die für andere Nutzer gesperrt sind, also entweder über Truppenübungsplätzen in Deutschland oder in Auslandseinsätzen wie Afghanistan, wo das Militär die Kontrolle über weite Teile des Luftraums hat.

Ihre unbemannten Fluggeräte in den kontrollierten Luftraum mit all den Linien-, Charter- und Bedarfsfliegern einzuordnen, ist für Streitkräfte nicht wichtig. Selbst im Drohnenland Nummer eins, den USA, ist der Bedarf daran gering. Dort stehen große Landstriche abseits besiedelter Regionen für den Test- und Übungsbetrieb von Drohnen zur Verfügung. Militärs rechnen damit, dass ihre unbemannten Fluggeräte normalerweise in Konfliktregionen beziehungsweise im für den zivilen Luftverkehr gesperrten Luftraum eingesetzt werden – und scheren sich nicht um zivile Zulassungen. Diese Haltung prägt die Soldaten genauso wie die Herstellerfirmen. Vor dem Untersuchungsausschuss des Bundestags, der im Sommer 2013 die Hintergründe des gescheiterten EuroHawk-Vorhabens der Bundeswehr ergründen sollte, zeigte sich der zuständige Vizepräsident der Herstellerfirma Northrop Grumman verwundert über die deutsche Haltung. Seine Drohnen flögen doch im Auftrag des US-Militärs überall in der Welt. Warum die Deutschen sie nicht in die Luft lassen wollten, verstand er nicht.

Bei seiner Überführung aus den USA und bei Testflügen über Deutschland wurde der »EuroHawk« mit einer Ausnahmegenehmigung geflogen und der Luftraum für ihn gesperrt, bis er eine Flughöhe von 50 000 Fuß, rund 15 Kilometer, erreicht hatte. Dort endet der kontrollierte Luftraum, Passagierflugzeuge fliegen in dieser Höhe nicht, sodass sich die Drohne dort ohne Einschränkung bewegen konnte. Das Projekt scheiterte jedoch, da der »EuroHawk« wenigstens eine Zulassung nach Bundeswehr-Richtlinien erhalten sollte. Dazu brauchte die Bundeswehr vom amerikanischen Hersteller zusätzliche Dokumente und Pläne. Die wollte Northrop Grumman aber nur gegen zusätzliche Zahlung von rund einer halben Milliarde Euro herausrücken. Das Verteidigungsministerium stoppte deshalb nach fast zehn Jahren das Projekt.

Das ändert nichts daran, dass die Riesendrohne mit einer Ausnahmegenehmigung über Deutschland fliegen kann, solange für Start und Landung ihr Luftkorridor gesperrt wird. Im Sommer 2014 erteilte die Bundeswehr einer US-Drohne ähnlichen Typs eine Überfluggenehmigung von der Luftwaffenbasis Sigonella auf Sizilien zum NATO-Manöver »Unified Vision« in Norwegen. Die »Global Hawk« durchquerte dann doch nicht den deutschen Luftraum, weil das Nicht-NATO-Land Österreich den Überflug verweigerte.

Trotz der Probleme wünschen sich Bundeswehr und andere NATO-Streitkräfte weiter den »EuroHawk« als Aufklärungsdrohne. Die Allianz plant für ihr Bodenüberwachungssystem AGS (Alliance Ground Surveillance) ein kleine Flotte der Drohnen. Die deutsche Verteidigungsministerin Ursula von der Leyen brachte im Herbst 2014 hingegen das Global-Hawk-Nachfolgemodell »Triton« der US Navy als künftige Aufklärungsmaschine der Bundeswehr ins Gespräch. Noch 2015 wollte das Ministerium entscheiden, ob die für den »EuroHawk« vorgesehene Aufklärungstechnik in eine »Triton«-Drohne eingebaut werden soll, die dann von der Bundeswehr beschafft werden könnte.

Dem Militär genügt der Betrieb mit Ausnahmegenehmigungen in Europa oder, deutlich einfacher, in Konfliktregionen mit dem Einverständnis eines Einsatzlandes vorerst. Ein Luftfahrtrecht, das unbemannte Systeme einbezieht, ist vorrangig für den erhofften zivilen Markt wichtig.

ZUKUNFT

13. Die Bundeswehr und ihre (bewaffneten) Drohnen – Gestern, heute, morgen

Zwischen Aufklärung und »Wirkmitteln«

Am 25. August 2003 ließ sich Verteidigungsminister Peter Struck beim Jagdgeschwader 73 »Steinhoff« in Laage bei Rostock die »fliegenden Waffensysteme der Luftwaffe« vorführen. Bei dem Truppenbesuch kam Brigadegeneral Aarne Kreuzinger-Janik, Abteilungsleiter im Führungsstab der Luftwaffe, erst auf den letzten beiden Folien seines Powerpoint-Vortrags zu den unbemannten Systemen. Mit Bildern der US-Drohne »Global Hawk« und einer – unbewaffneten – »Predator« machte der General deutlich, wo die Luftwaffe auf absehbare Zeit den größten Nutzen von Drohnen sah: als fliegende Kameras und Horchstationen.

Als der spätere Luftwaffeninspekteur Kreuzinger-Janik seinen Vortrag hielt, war es schon mehr als ein Jahr her, dass die USA zum ersten Mal eine bewaffnete Drohne eingesetzt hatten. Für die deutschen Streitkräfte aber stand bis zum Ende des Jahrzehnts die Aufklärung im Vordergrund. Alles andere schien ein Randaspekt zu sein, um den sich das Heer kümmern sollte, sozusagen als Weiterentwicklung der Artillerie.

Immerhin ahnten die Planer der Bundeswehr bereits, dass unbemannten Systemen früher oder später Kampfaufgaben zukommen würden. »In der Kategorie ›Wirksamkeit im Einsatz‹ ist in naher Zukunft mit der Übernahme vielfältiger Aufgaben zu rechnen, die bisher von bemannten Plattformen durchgeführt werden«, trug ein Oberst aus dem Führungsstab der Streitkräfte im Januar 2007 bei einem Symposium der Deutschen Gesellschaft für Wehrtechnik vor. »Diese umfassen die Bekämpfung von Zielen am Boden durch die punktgenaue Bekämpfung in der Tiefe [...], die Unterdrückung der gegnerischen Luftverteidigung und den Einsatz nichtletaler Wirkmittel durch bewaffnete UAV oder durch speziell entwickelte Unmanned Combat Aerial Vehicle.«

Doch lange schien der militärischen Führung das Problem der Luftaufklärung am drängendsten: Die »Breguet Atlantic«, ein Aufklärungsflieger der Marine, der mit Empfängern für die Auffassung von Funksignalen *(signal intelligence)* ausgerüstet war, galt als betagt und am Ende ihrer Lebensdauer. Gleichzeitig war die optische Aufklärung auf eine schrumpfende Flotte spezialisierter Tornado-Kampfjets angewiesen. Es war nur folgerichtig, dass in jenen Jahren ein Beschaffungsprojekt wie der »EuroHawk« gestartet wurde, der die neue Waffe der Aufklärung werden sollte.

Diese Haltung spiegelt sich auch in den »Konzeptionellen Grundvorstellungen zum Einsatz unbemannter Luftfahrzeuge in der Bundeswehr« wieder, die der damalige Generalinspekteur Wolfgang Schneiderhan am 21. Februar 2008 in Kraft setzte. »Effektoren« und »Wirkmittel«, also Waffen, schloss die Truppe als Ausrüstung für ihre Drohnen zwar nicht aus, räumte ihnen aber keinen besonderen Stellenwert ein. »Grundsätzlich sind UAV als Träger eines breiten Spektrums von Effektoren zur Wirkung gegen Ziele am Boden, in der Luft sowie auf und unter Wasser geeignet«, listen die »Konzeptionellen Grundvorstellungen« die Möglichkeiten auf. Doch steht dieser Punkt hinter den Aufklärungsfähigkeiten und der »Führungsfähigkeit« von als Funkrelais dienenden Drohnen. Selbst der Schutz, den unbemannte Systeme Soldaten bieten könnten, wurde vor allem dadurch definiert, dass Drohnen ohne gefährdete Besatzungen in gefährlichen Gebieten unterwegs sind. Die Vision für unbemannte Kampfsysteme: »UCAV lassen in Zukunft ein breites Einsatzspektrum bei gleichzeitig höherer Überlebens- und Durchsetzungsfähigkeit gegenüber herkömmlichen UAV erwarten. [...] Sie können sowohl zur Bekämpfung von Hochwertzielen als auch zur Unterstützung bei Feindberührung dienen (u. a. beim Einsatz von Spezialkräften). Beim Einsatz von Wirkmitteln durch UAV ist die Möglichkeit zum Missionsabbruch vorzusehen.«

Interessant ist vor allem, was nicht in dem Papier steht, sich aber in den vergangenen Jahren als Standardanwendung bewaffneter Drohnen herausgebildet hat: der Einsatz gegen Ziele am Boden, zum Beispiel bei der Luftunterstützung von Truppen in Afghanistan. Die alltäglich gewordene »bewaffnete Begleitung« von Patrouillen oder

Konvois war offensichtlich selbst am Ende des vergangenen Jahrzehnts für die Bundeswehr offiziell kein Thema. Die Bundeswehr fragte sogar bei den Verbündeten explizit nach Drohnen, die nicht bewaffnet werden konnten. Wie ein damals an solchen Gesprächen Beteiligter berichtet, führte das zu großer Verwunderung beispielsweise bei den USA. Dort habe man nicht verstanden, warum die Deutschen unbedingt eine unbewaffnete Version der »Predator« wollten.

Jahre später, längst im Ruhestand, räumte der frühere Bundeswehr-Generalinspekteur Wolfgang Schneiderhan ein, dass damals Ministerium wie Truppe aus einem sehr engen Blickwinkel auf die Drohnen geschaut hätten. Der Grund: Als das Konzept 2007 und 2008 entstand, hätten der Bundeswehr im Einsatz am Hindukusch vor allem Aufklärungsergebnisse gefehlt. Um einen möglichen Waffeneinsatz hätte man sich weit weniger gesorgt, wobei, so Schneiderhan, ein solcher irgendwie hinzubekommen gewesen wäre, wenn nötig mit Unterstützung der Verbündeten.

Dass die Bewaffnung der unbemannten Systeme eher eine Frage der Zukunft ist, vertrat das Verteidigungsministerium auch noch im März 2009. In einer Antwort auf eine Anfrage der Grünen nach »Einführung und Bedeutung unbemannter militärischer Fahrzeuge und Nutzfahrzeuge« taucht die schießende Drohne nur als eher theoretische Möglichkeit auf: »Langfristig, abhängig von der technologischen Entwicklung, sind Einsätze von UAVs als Kommunikations-Relaisstation, zur Wahrnehmung von Luftbetankungsaufgaben, zum taktischen Material- und Versorgungstransport, zum Einsatz von Waffen (z. B. zur Niederhaltung bodengebundener Luftverteidigungssysteme), als Beitrag zu Informationsoperationen und zur Frühwarnung und Zielvoreinweisung bei der Abwehr von ballistischen Flugkörpern denkbar.«

Auch wenn die Ministerialen darauf verwiesen, dass die Bundeswehr wohl irgendwann bewaffnete Drohnen bekommen würde – richtig tief in der Materie steckten sie damals wohl nicht. Sonst hätten sie vielleicht auf die Frage »Welche haushalterischen Risiken sieht die Bundesregierung durch den Einsatz von UAVs bei der Bundeswehr?« nicht lakonisch mit »Keine« geantwortet. Vier Jahre später sollte das Scheitern des Projekts »EuroHawk« zur großen Überraschung der Öffentlichkeit das Gegenteil beweisen. Genauso wenig wollte das Ministerium aus der Entwicklung und Verbreitung von Drohnen

Auswirkungen auf die Sicherheits- und Rüstungspolitik oder gar das humanitäre Völkerrecht abgeleitet sehen: »Unbemannte Fahrzeuge und UAVs stellen eine technische Lösungsmöglichkeit mit neuen Qualitäten dar (z. B. Verweildauer, Schutz). Darüber hinaus werden keine Auswirkungen auf die asymmetrische Austragung von Konflikten oder Ziele von Einsätzen gesehen.«

Und auch mit den Verbündeten scheint das Verteidigungsministerium in jenen Jahren nicht geredet zu haben. Konkret fragten die Grünen-Abgeordneten nach »dem massiven Einsatz von unbemannten Fahrzeugen und UAVs durch die US-Streitkräfte in Irak, Afghanistan und in Pakistan zur Aufklärung und Zielbekämpfung« und nach der »gezielten Tötung von Terrorverdächtigen unter völkerrechtlichen Aspekten«. Darauf gab es praktisch gar keine Antwort: »Von der Bundeswehr werden keine bewaffneten UAVs eingesetzt. In Bezug auf den Einsatz von UAVs und bewaffneten UAVs durch andere Nationen liegen der Bundesregierung keine konkreten Erkenntnisse vor.« Und das nach immerhin gut sieben Jahren gemeinsamen Einsatzes mit den USA am Hindukusch.

Beschaffung und Forschung

Dass die Bundeswehr bewaffnete Drohnen, wenn überhaupt, nur in ferner Zukunft in ihre Planung aufgenommen hätte, war allerdings eine trickreiche Behauptung des im Frühjahr 2009 unionsgeführten Verteidigungsministeriums. Die Beamten erklärten auf die Anfrage der Grünen hin nämlich kurzerhand das System WABEP, das »Wirkmittel zur abstandsfähigen Bekämpfung von Einzel- und Punktzielen« kurzerhand zur Nichtdrohne: »Das nicht mehrfach verwendbare WABEP ist kein UAV, sondern ein Wirkmittel (Munition), das dem ›Schützen‹ ermöglicht, bis kurz vor dem Einschlag das Ziel zu beobachten, nachzurichten und notfalls den Angriff abzubrechen.«

Richtig ist, dass WABEP nicht vollständig die Definition einer Drohne als wiederverwendbares Luftfahrzeug erfüllt. Andererseits war das von der deutschen Rüstungsfirma Rheinmetall entwickelte System als Kombination einer Drohne mit einem »Wirkmittel« vorgesehen. Als Aufklärungs- und Relaisplattform sollte das bereits in der Bundeswehr vorhandene UAV »Kleinfluggerät Zielortung« den

Kamikaze-Flugkörper »Harop« aus israelischer Produktion ins Ziel lenken. In einem Vortrag aus dem Koblenzer Bundesamt für Wehrtechnik und Beschaffung, dem heutigen Bundesamt für Ausrüstung, IT und Nutzung der Bundeswehr, wurde noch im Februar 2010 WABEP wie selbstverständlich zu den »UAV in der Bundeswehr« gezählt. Damit wollte die Bundeswehr eine aus ihrer Sicht bestehende Lücke schließen, Ziele in zwischen 40 und 120 Kilometer Entfernung »punktgenau« bekämpfen zu können.

Noch Anfang 2012 gab sich der Hersteller zuversichtlich, dass das System in der Truppe eingeführt werden würde: »Für den Feind, heißt es bei Rheinmetall, sei es frühestens zwei Sekunden vor dem Einschlag zu hören – zu spät, um sich in Sicherheit bringen zu können. Solange die Datenverbindung besteht, kann der Operateur den Anflug über eine Infrarotkamera live verfolgen, kontrollieren und den Angriff gegebenenfalls abbrechen«, berichtete die Zeitschrift *loyal* des Reservistenverbandes der Bundeswehr im Januar 2012 über die Planungen für die neue Waffe, die Rheinmetall als eines der künftigen Hauptwaffensysteme des Heeres vermarkten wolle.

Das Projekt wurde ein Jahr später allerdings gestoppt, der Plan des damaligen Verteidigungsministers Thomas de Maizière vom Mai 2013 vermerkt knapp: »Zunächst keine Beschaffung«. Damit wurde das erste deutsche Kampfdrohnen-Projekt ebenso ad acta gelegt wie zuvor das ähnliche Projekt »Kampfdrohne Taifun«, ebenfalls von Rheinmetall. Darin war vorgesehen, eine Zielortungsdrohne selbst als Kamikaze-Flieger einzusetzen und mit Sprengstoff beladen ins Ziel stürzen zu lassen. Taifun wurde wegen technischer Probleme gestoppt – und wegen der ungelösten Frage, ob ein solches System mit eigenständiger Zielerfassung rechtlich unproblematisch sei.

Trotz dieser Stopps wird in Deutschland seit Jahren an bewaffneten Drohnen für die deutschen Streitkräfte geforscht. Mitte 2013 verwies die Airbus-Tochter Defence and Space stolz darauf, dass bereits seit zehn Jahren die »Barracuda« erprobt werde, eine Experimentaldrohne, die alle Aspekte des unbemannten Fliegens demonstrieren soll. Der Versuchsträger ist Teil des Forschungsprogramms »Agiles UAV in vernetzter Umgebung«, das sich vor allem mit Fragen der Automatisierung oder der Integration von Drohnen in den kontrollierten Luftraum befasst. Aber eben auch mit einem Einsatz als unbemanntes Kampfflugzeug. Das erste »Barracuda«-Exemplar stürzte

Experimentaldrohne »Barracuda« des Luftfahrtkonzerns EADS, 2006 in Manching, Oberbayern.

2006 beim zweiten Testflug vor Spanien ins Meer, mit einem neuen Flugzeug wurden die Tests 2008 wieder aufgenommen.

Nach dem Jungfernflug der »Barracuda«, so berichtete der *Spiegel* damals, hoffte die Luftwaffe darauf, bis 2015 auf der Basis dieser Experimentaldrohne einen bewaffneten Kampfjet entwickeln und in Dienst stellen zu können. Der Zeitrahmen, das wurde inzwischen klar, war viel zu optimistisch: Einen solchen bewaffneten Kampfjet ohne Piloten kann bislang keine Nation vorweisen.

Während Experimente für eine bewaffnete Drohne auch mit finanzieller Beteiligung des Verteidigungsministeriums weiterliefen, konzentrierte sich die Bundeswehr unter dem Eindruck des Afghanistan-Einsatzes auf die Aufklärung. Dabei könnte eine Rolle gespielt haben, dass Drohnen als Waffenplattform trotz der US-Erfahrungen nicht ernst genommen wurden.

Neben den sogenannten taktischen Drohnen wie »LUNA« und »KZO« konzentrierte sich die Luftwaffe auf zwei Projekte: den »EuroHawk« für die »Signalverarbeitende luftgestützte weitreichende Überwachung und Aufklärung« und das »System der abbildenden Aufklärung in der Tiefe des Einsatzgebiets« (SAATEG). Dabei sollte

»EuroHawk« als hoch fliegende Drohne der sogenannten HALE-Klasse für die Erfassung elektronischer Signale zuständig sein und SAATEG als MALE-Drohne für die Aufklärung zum Schutz eingesetzter Truppen sorgen. Die Ansätze für die beiden Projekte waren ebenso unterschiedlich wie die Ergebnisse: Während die MALE-Drohnen vom Typ »Heron« ab 2010 in Afghanistan genutzt werden konnten, wurde der »EuroHawk« nach Kostenexplosion und Zulassungsproblemen im Sommer 2013 vorerst von der Beschaffungsliste gestrichen (vgl. Kapitel 12).

Für SAATEG hatte sich das Verteidigungsministerium zwar langfristig festgelegt, eine eigene deutsche oder europäische Lösung zu bauen. Die Truppe stand jedoch unter dem Druck, für den Einsatz in Afghanistan schnell eigene Aufklärungsdrohnen zu bekommen, die nicht erst entwickelt werden mussten. Damit kamen nur bereits vorhandene Modelle aus den USA oder aus Israel in Frage. Obwohl die Luftwaffe die amerikanische »Predator« favorisierte, entschied man sich letztlich für das israelische »Heron«-System. Als »Zwischenlösung« wurden die Drohnen nicht gekauft, sondern geleast – über die deutsche Firma Rheinmetall, die mit dem Hersteller Israel Aerospace Industries (IAI) zusammenarbeitete. Dabei traf die Bundeswehr zwei grundsätzliche Entscheidungen, wodurch sich ihr Einsatzverfahren für solche Drohnen komplett von dem anderer Länder unterscheidet: Die Kontrollstation wurde im Einsatzland stationiert und nicht in Deutschland, und zum Paket gehörte auch die Ausbildung der Drohnenpiloten in Israel. Neben der Stationierung der Kontrolleinheit im Einsatzland beschloss die Luftwaffe auch in einem anderen Punkt eine grundlegende Abweichung von der Praxis anderer Streitkräfte: Als Piloten der UAV werden nur Soldaten ausgebildet, die schon eine Lizenz für bemannte Flugzeuge haben und diese auch ständig erneuern.

Die ersten Flüge mit der »Zwischenlösung« »Heron 1« begannen im Sommer 2010. Inzwischen wurde der Leasingvertrag mehrfach verlängert und soll einen Drohnenbetrieb auch für den – reduzierten – weiteren Afghanistan-Einsatz der Bundeswehr sicherstellen.

Deutsche Kampfdrohnen?

Obwohl »Heron«-Drohnen bewaffnet werden können, gab es in Deutschland zunächst keine Debatte über einen möglichen bewaffneten Drohneneinsatz. Das änderte sich erst 2012, zwei Jahre nach Beginn der Flüge in Afghanistan. Vor allem die Luftwaffe unter ihrem damals neuen Inspekteur Karl Müllner sprach sich nun öffentlich für die Möglichkeit aus, deutsche Drohnen zu bewaffnen, um in Afghanistan in Kämpfe eingreifen zu können. Müllners Argument, dass er im Laufe des Jahres 2012 beständig wiederholte: Dann könne den Soldaten am Boden sofort mit Unterstützung aus der Luft geholfen werden, wenn es notwendig werde.

Im offiziellen Ministeriumsdeutsch klang das im Januar 2013 so: »Bewaffnete UAS können über die Eigenschaften eines unbewaffneten UAS hinaus ein erkanntes Ziel [...] reaktionsschnell, präzise und skalierbar bekämpfen. Aus den Einsatzerfahrungen der Bundeswehr wird deutlich, dass eine durchhaltefähige bewaffnete Aufklärung *(armed overwatch)* in heutigen und wahrscheinlichen Einsatzszenarien, als Schutz bei plötzlich auftretenden gravierenden Lageänderungen unbedingt erforderlich ist. Außerdem werden durch diese Fähigkeit gegnerische Kräfte einer ständigen und für sie nicht prognostizierbaren Bedrohung ausgesetzt und in ihrem Handlungsspielraum eingeengt.«

»Unbedingt erforderlich« – diese Einschätzung aus Bundeswehr und Verteidigungsministerium bestimmte früh den Ton in der Debatte über die sogenannten Kampfdrohnen. Der damalige Verteidigungsminister Thomas de Maizière hatte zwar immer wieder betont, er wolle vor einer Entscheidung über die Beschaffung eine breite gesellschaftliche und politische Debatte führen. Zugleich brachte er jedoch Gegner bewaffneter Drohnen gegen sich auf, als er forderte: »Ethisch ist eine Waffe stets als neutral zu betrachten.« Die Aussage nahm der CDU-Politiker zwar später zurück, in der angeheizten Diskussion half das allerdings wenig. Angesichts des Streits, an dem sich die Kirchen ebenso beteiligten wie politische Gruppen jeder Richtung, sagte de Maizière zu, vor der Bundestagswahl 2013 keine Entscheidung zu treffen.

Danach wurde es allerdings nicht einfacher: Die Sozialdemokraten, nun in der Regierungskoalition, hatten sich als Opposition noch gegen bewaffnete Drohnen gewandt. Der Koalitionsvertrag zwischen CDU, CSU und SPD brachte dann auch keine Klarheit: »Vor einer Entscheidung über die Beschaffung qualitativ neuer Waffensysteme werden wir alle damit im Zusammenhang stehenden völker- und verfassungsrechtlichen, sicherheitspolitischen und ethischen Fragen sorgfältig prüfen. Dies gilt insbesondere für neue Generationen von unbemannten Luftfahrzeugen, die über Aufklärung hinaus auch weitergehende Kampffähigkeiten haben.«

De Maizières Nachfolgerin Ursula von der Leyen, seit Ende 2013 im Amt, umging das Thema ein halbes Jahr lang. Dann wartete sie mit einer scheinbar salomonischen Lösung auf, die allerdings die Debatte nur vertagte: Neben der Entwicklung einer europäischen Drohne, die zumindest die Fähigkeit besitzen soll, Waffen zu tragen, sollten als Sofortlösung Drohnen geleast werden. Ob diese bewaffnet in einen Einsatz geschickt werden, solle das Parlament entscheiden.

Ihren Kompromissvorschlag umriss die Ministerin im Sommer 2014 zunächst in einem Interview der *Süddeutschen Zeitung:* »Ich bin der Überzeugung, dass wir in die Entwicklung einer europäischen bewaffnungsfähigen Drohne einsteigen müssen. Für ein solches Projekt, das mindestens ein Jahrzehnt dauert, werden wir nun Partner suchen. Europa braucht die Fähigkeiten einer Aufklärungsdrohne, um auf die Dauer nicht von anderen abhängig zu sein. [...] Für die Entwicklung einer Drohne ohne Bewaffnungsfähigkeit würden wir auch gar keine europäischen Partner finden. Ob eine Drohne dann im Einzelfall bewaffnet oder unbewaffnet eingesetzt wird, würde stets vom konkreten Einsatz und dem entsprechenden Mandat des Bundestags abhängen. Das heißt auch, dass jederzeit die Kontrollmöglichkeit des Parlaments gegeben ist. [...] Der ISAF-Kampfeinsatz in Afghanistan geht zu Ende. Dort haben wir gute Erfahrungen damit gemacht, eine Drohne zu leasen. Die ist jeden Tag im Einsatz gewesen, wohlgemerkt als reine Aufklärungsdrohne. Eine solche Lösung hat sich bewährt. Sie hat den Vorteil, dass man hierzulande keine eigene Zulassung braucht. Wir könnten jederzeit flexibel darauf reagieren, was künftige Einsätze von uns verlangen. Und da die neueren Modelle ohnehin bewaffnungsfähig sind, stünde uns damit künftig nicht nur die dringend benötigte Aufklärungsdrohne zur Verfügung. Für den heute noch nicht absehbaren Fall eines erneuten Kampfeinsatzes hätte das Parlament die Option, mit dem Mandat und auf den konkreten Fall bezogen auch die Frage der Bewaffnung der Drohne zum Schutz der entsandten Truppen zu entscheiden.«

Bis Ende 2014 allerdings hatte die Bundeswehr nach eigenen Angaben nichts weiter unternommen, um die durch von der Leyen skizzierte Lösung umzusetzen. Eine Entscheidung sei noch nicht gefallen, wie weiter vorgegangen werde, um ein unbemannte MALE-System einzuführen, teilte das Ministerium fast wortgleich Oppositionsabgeordneten auf ihre Anfrage mit: »Aufgrund der technischen und prozessualen Komplexität ist ein genauer Entscheidungszeitpunkt noch nicht absehbar.« Möglicherweise hat das zögerliche Vorgehen damit zu tun, dass bei dieser Lösung viele Fragen ungeklärt blieben, nicht zuletzt ob, wie und wo Bundeswehrsoldaten den Einsatz mit der Drohne und ihren Waffen üben können.

Es blieb auch ungeklärt, ob das bereits unter von der Leyens Vorgänger Thomas de Maizière gestartete Projekt, eine auf deutsche Bedürfnisse zugeschnittene Drohne MQ-9 »Reaper« zu kaufen, weiter verfolgt wird. Seit Januar 2012 hatten die Deutschen mit den USA darüber verhandelt. Das Angebot, das der US-Kongress 2013 gebilligt hatte, sollte als »Foreign Military Sales« über die US-Streitkräfte abgewickelt werden. Solange dieses Verfahren läuft, dürfen die Deutschen nach den dafür geltenden Regeln allerdings keine anderen Angebote einholen. Im Klartext: Sie dürfen auch nicht mit Israel über eine mögliche Beschaffung der Drohne »Heron TP« reden, Nachfolgemodell der in Afghanistan bereits genutzten »Heron 1«, das als Alternative zur US-Drohne in Frage kommt.

Das könnte sich bald ändern. Anfang 2015 mahnten Verteidigungspolitiker der Koalition an, bald eine Entscheidung über eine neue MALE-Drohne für die Bundeswehr zu treffen – mit der Möglichkeit, sie zu bewaffnen. Die Vorarbeiten dafür liefen im Verteidigungsministerium, genau wie für eine neue, hoch fliegende Spionagedrohne: An die Stelle des gescheiterten »EuroHawk« soll das Schwestermodell »Triton« treten – ebenfalls eine Drohne auf Basis der »Global Hawk«.

Doch wann die Luftwaffe neben den »Heron« weitere Drohnen einsetzen kann, ist offen, denn die Beschaffung hängt nicht allein vom politischen Willen ab, sondern ebenso von den finanziellen Möglichkeiten der Bundeswehr. Die unbewaffneten »Heron«-Drohnen in Afghanistan könnten noch eine Weile die einzigen größeren unbemannten Flieger der Bundeswehr bleiben.

14. Drones only made in USA? – Europas Aufholjagd

Zusammenarbeit und Zersplitterung

Die Zeremonie sah aus wie ein europäischer Erfolg: In Paris unterschrieben die Rüstungsdirektoren Großbritanniens und Frankreichs am 5. November 2014 zusammen mit den Vertretern von sechs Unternehmen aus beiden Ländern die Verträge für ein neues Entwicklungsprojekt. Für 120 Millionen britische Pfund (gut 160 Millionen Euro) soll in den nächsten zwei Jahren ein Unmanned Combat Air Vehicle (UCAV) entwickelt werden, eine echte Kampfdrohne. Zusätzlich wollen die beiden Länder noch nationale Programme im Wert von jeweils 40 Millionen Pfund (54 Millionen Euro) beisteuern.

Die feierliche Vertragsunterzeichnung machte allerdings vor allem klar, wie weit Europa davon entfernt ist, den Vorsprung der führenden Nationen USA und Israel aufzuholen. Erneut sieht es nicht danach aus, als ob die Länder des Alten Kontinents zusammenfänden, um eine Technologielücke mit vereinten Kräften zu schließen – nicht anders als bei der jüngsten Generation bemannter Kampfjets, um die ein Konkurrenzkampf zwischen drei europäischen Herstellern entbrannte.

Frankreich unterschrieb im November 2014 nicht zum ersten Mal einen Vertrag über eine gemeinsame Drohnenentwicklung. Schon im September 2012 hatte es eine Vereinbarung mit Deutschland gegeben, damals auf Regierungsebene und ohne Industriebeteiligung. Stolz meldete damals das deutsche Verteidigungsministerium: »Im Bereich von unbemannten Luftfahrzeugen für mittlere Höhen haben sich beide Nationen auf einen gemeinsamen operationellen Forderungskatalog für eine mögliche europäische Lösung geeinigt. Hierdurch wird die deutsch-französische Kooperation gefestigt und die Entwicklung eines gemeinsamen unbemannten Systems weiter vorangetrieben.« Die damals schon geplante Zusammenarbeit der Franzosen mit London stehe dem nicht im Wege, hieß es von deutscher Seite. »Deutschland und Frankreich wollen die notwendigen Strukturen und Prozesse harmonisieren, um beiden Ländern den Einstieg in eine gemeinsame Realisierung eines MALE UAS-Projekts zu ermöglichen. Frankreich wird diese Arbeit mit der bereits bestehenden französisch-britischen Initiative im Rahmen des Lancaster-House-Abkommens abstimmen.«

Das klingt nach einem einheitlichen Vorgehen in Europa. Davon kann allerdings kaum die Rede sein – zumal sich die größeren europäischen Nationen für die nächsten Jahre schon weitgehend festgelegt haben: Die MALE-Drohnen, für die nahezu alle Streitkräfte Europas Bedarf angemeldet haben, werden wie bisher aus den USA und aus Israel kommen. Das gilt nicht nur für die Deutschen. Frankreich bestellte weitere »Reaper« in den USA, zusätzlich zu den bereits vorhandenen israelischen »Harfang«-Drohnen. Italien setzte die »Reaper« bereits im Kampf gegen die Piraterie am Horn von Afrika ein, und auch die Niederlande entschieden sich für das US-System.

Alte und neue Konzepte

Bei den derzeit einsetzbaren ferngesteuerten Flugzeugen, ob mit oder ohne Bewaffnung, ist bislang kein System in Sicht, das einem anderen Konzept folgt als dem eines aufgerüsteten Segelflugzeugs: Alle Drohnen, mit denen das Militär operiert, sind auf lange Flug- und Einsatzzeiten optimiert, was auch bedeutet, dass sie langsam fliegen und daher Luftüberlegenheit brauchen, um betrieben werden zu können. Ein neues System dieser Bauart zu entwickeln, nur um das Etikett »Made in Europe« daraufkleben zu können, ergibt aus Sicht von Streitkräften wenig Sinn. Eine europäische Eigenentwicklung, sagt ein Kenner der europäischen Luftstreitkräfte, werde deshalb auch vom Militär gar nicht gefordert. Die Vorschläge dazu kämen nur von der Industrie.

Zum Beispiel das Konzept MALE2020, das die Firmen Airbus Defence and Space, die italienische Alenia Aermacchi und Dassault Aviation im November 2013 den Regierungen Deutschlands, Frankreichs und Italiens überreichten. Innerhalb von zwei Jahren sollten in einer Definitionsphase die Wünsche, genauer: die »operationellen Forderungen« der drei Nationen festgelegt werden. Nach dieser 60 Millionen Euro teuren Klärung sollte ein Angebot für die Entwicklung dieser Dreiländerdrohne folgen – wohlgemerkt nur für eine Drohne zur »Nachrichtengewinnung, Aufklärung und Überwachung«. Ob und wie sie bewaffnet werden könnte, hinge von den Forderungen der drei beteiligten Nationen ab. Eine Antwort auf diesen Industrievorschlag gab es bislang nicht.

Diese Haltung hatte zuvor schon der Luftfahrtkonzern EADS (heute Airbus) zu spüren bekommen. Sein Projekt »Talarion«, eine MALE-Drohne, sollte Deutschland, Frankreich, Spanien und der Türkei als unbemanntes Aufklärungssystem dienen. In einem Drei-Milliarden-Euro-Programm waren 15 der Maschinen geplant. Doch 2012 stellte das Unternehmen das Projekt ein – die zunächst interessierten Nationen stellten kein Geld für weitere Entwicklung und Beschaffung bereit. In Militärkreisen, notierte das *Handelsblatt*, sei umstritten, welchen Vorteil »Talarion« gegenüber den schon erhältlichen Modellen habe, doch ist eine Weiterentwicklung nicht ausgeschlossen (vgl. Kapitel 3).

Der Kampf um künftige Drohnen ist auch ein Kampf um die Frage, wann und wie unbemannte Systeme die derzeitigen Kampfjets ablösen. Diese Aufgabe stellt Anforderungen, die Drohnen bislang nicht erfüllen. Ihnen fehlt Agilität, also die schnelle Beweglichkeit im Luftraum, um einen Gegner auszumanövrieren; sie können Bomben und Raketen nicht über größere Entfernungen und schon gar nicht über umkämpftem Gebiet einsetzen; sie haben noch keine Stealth-Eigenschaften, um sie für das gegnerische Radar unsichtbar zu machen.

Ein Projekt für ein europäisches unbemanntes Kampfflugzeug heißt »nEUROn« und wird zum größten Teil vom französischen Unternehmen Dassault bestritten. Außerdem sind Unternehmen aus Italien (Alenia Aermacchi), Schweden (Saab), Spanien (mit einer Airbus-Tochter), die griechische Hellenic Aerospace Industry und die Schweizer RUAG beteiligt. »nEUROn« soll Ziele am Boden angreifen, nachdem sie gegebenenfalls auch autonom entdeckt wurden. Als Tarnkappenflugzeug soll die Drohne weder vom Radar noch von Infrarotdetektoren bemerkt werden. Ein Schacht für die Waffen im Bauch des Fluggeräts, der ihre Befestigung außen überflüssig macht, soll dazu beitragen, die Drohne weitgehend unsichtbar zu machen. Bisher gibt es ein »nEUROn«-Experimentalflugzeug, die Serienfertigung ist noch nicht absehbar.

Das Ziel eines weiteren Programms ist mit den Worten des Entwicklerteams »ein unbemanntes Flugzeug, das auf große Entfernung präzise angreifen kann und dabei unentdeckt bleibt« – so rühmt der britische Rüstungskonzern BAE Systems sein Experimentalflugzeug »Taranis«. Das Projekt, benannt nach dem keltischen Gott des Donners, soll langfristig zu einem unbemannten Kampfjet aus europäischer Entwicklung und Produktion führen. Es wurde über Jahre geheim gehalten, und selbst nach der offiziellen Bekanntgabe 2010 ließen die britische Regierung und BAE Systems nur wenige Informationen an die Öffentlichkeit gelangen.

Im August 2013 absolvierte »Taranis« ihren Erstflug – vermutlich auf einem Testgelände in Australien. Für das Fluggerät, das offiziell als »Demonstrator« gilt, wurden 185 Millionen britische Pfund ausgegeben. Wie viel Geld von der Industrie und wie viel aus Steuern gezahlt wurde, ist nicht bekannt. Auch wenn »Taranis« in ihrer derzeitigen Gestalt wohl kaum bei den Streitkräften eingeführt werden wird: Die an ihr erprobte Technik soll unter anderem Entscheidungen über den künftigen Mix von bemannten und unbemannten Flugzeugen ermöglichen. Ein wichtiger Teil der Forschung wird deshalb der Frage gewidmet, wie viel Autonomie die Kampfdrohne bekommen soll.

Die beiden größten an »Taranis« arbeitenden Firmen – neben BAE Systems der Triebwerkshersteller Rolls-Royce – sind nicht zufällig auch an dem erwähnten französisch-britischen Projekt zur Entwicklung einer echten Kampfdrohne beteiligt. Denn die beiden Länder haben ein gemeinsames Interesse: Als Atommächte wollen sie auch in Zukunft über Flugzeuge verfügen, die Nuklearwaffen tragen können. Das heißt noch nicht, dass Frankreich und Großbritannien ihre Drohnen der nächsten Generation auf jeden Fall zu Atombombenträgern machen werden – doch werden beide Länder diese Möglichkeit nicht ausschließen. Für Deutschland ist das ein politisch kaum gangbarer Weg. Zwar hat die Bundeswehr im Rahmen der sogenannten nuklearen Teilhabe in der NATO einen Teil ihrer Tornado-Jagdbomber für den Einsatz von Nuklearwaffen ausgerüstet und Piloten dazu ausgebildet, im Ernstfall US-Atomwaffen ins Ziel zu bringen. Doch schon das jüngste Kampfflugzeug der deutschen Luftwaffe, der Eurofighter, ist nicht entsprechend ausgestattet und soll es auch nicht werden. In den Planungen für ein unbemanntes Nachfolgemodell des Tornado dürfte sich deshalb die Forderung nach Nuklearfähigkeit nicht wiederfinden. Schon wegen der fehlenden Atomwaffen setzt Deutschland also bei seinen Drohnenprojekten eigene Prioritäten.

Modell einer Kampfdrohne vom Typ »Taranis« des britischen Herstellers BAE Systems. Sie absolvierte 2013 ihren Erstflug.

Wichtig ist vielmehr, die Entwicklung eines zivilen Markts für die Fluggeräte zu unterstützen.

Noch fehlt aber die innen- und verteidigungspolitische Verständigung darüber, was für ein Fluggerät es denn werden soll, wie die Zulassungsregeln aussehen und, nicht zuletzt, was es kosten darf. Das gilt umso mehr für Abstimmung mit den potenziellen Partnern Frankreich und Italien. Es wird deshalb noch eine Weile dauern, bis es ein europäisches UAV mit deutscher Beteiligung geben wird, wohl mindestens bis 2030, schätzen Bundeswehr-Insider. Bei all den Planungen und Entwicklungen geht es nicht nur um die Bewaffnung der eigenen Streitkräfte. Es geht auch um viel Geld und um die Kontrolle über einen großen Markt. Alle Industriestaaten merkten auf, als die US-Regierung im Februar 2014 ankündigte, den Verkauf bewaffneter Drohnen an verbündete Staaten neu zu regeln. Zuvor hatte die Regierung von US-Präsident Barack Obama nur an Großbritannien »Reaper«-Drohnen verkauft, die zunächst in Afghanistan und später im Kampf gegen den selbst ernannten Islamischen Staat eingesetzt wurden. Selbst der NATO-Partner Italien, bereits Betreiber unbewaffneter »Predator«-Maschinen, blieb mit einer Anfrage nach bewaffneten Drohnen vorerst erfolglos. Die angekündigte Neuregelung wird vermutlich nicht zu einem schnellen, massenhaften Verkauf der »Reaper« führen – wohl aber dazu, dass die USA den Markt für bewaffnete Drohnen weitgehend kontrollieren. Und möglicherweise werden die Waffen bald auch schwierigen Partnern wie Saudi-Arabien zur Verfügung stehen.

Wieder einmal sind die USA den Europäern auf dem Feld unbemannter Systeme einen Schritt voraus. Und ihre Technologie definiert die Standards: Für Länder, die keine bewaffneten Drohnen erhalten sollen, entwickelte das US-Unternehmen General Atomics eigens die »Predator XP«, die keine Waffen tragen kann. Doch so groß ist diese Einschränkung bei genauerem Hinsehen nicht: Das abgespeckte Modell, so erfuhr die Wirtschaftsagentur Bloomberg, kann zwar nicht mit Raketen ausgerüstet werden – aber mit einem Laser-Zielbeleuchter, der für die hinterherfliegenden Bomber das Ziel punktgenau markiert.

15. Die nächste Generation – Sitzt noch ein Mensch am Steuer?

Schwachstelle Pilot

In Königsbrück bei Dresden werden selbst »Top Gun«-Typen an ihre Belastungsgrenze gebracht. In der Außenstelle des Flugmedizinischen Instituts der Bundeswehr müssen künftige und bereits ausgebildete Piloten des Eurofighters 15 Sekunden lang das Neunfache der Erdanziehungskraft aushalten, ohne das Bewusstsein zu verlieren. 9 g – selbst trainierte Menschen können bei diesen Kräften ihren Arm nicht mehr heben. Nur wer diesen Test übersteht, darf ins Cockpit.

Die Belastung ist eine unvermeidliche Begleiterscheinung moderner Jets. Sie steigen in Sekunden auf mehr als 1000 Meter Höhe und rasen mit enormer Geschwindigkeit durch enge Kurven. Auf den Körper des Piloten wirken dabei gewaltige Kräfte, die das Steuern eines Kampfflugzeugs zum Hochleistungssport machen.

Selbst geübte Piloten müssen daher auf Technik vertrauen, zum Beispiel auf einen Druckanzug, der sich in Sekundenbruchteilen aufbläst und verhindert, dass das Blut in die Extremitäten schießt und das Gehirn unterversorgt wird. G-LOC, G-force induced Loss Of Consciousness (durch Schwerkraft hervorgerufener Bewusstseinsverlust) heißt das Symptom, das dem Menschen im Cockpit droht: Erst verschwindet der Farbsinn, die Welt wird grau. Als Nächstes verengt sich das Sichtfeld zum Tunnelblick. Dann wird dem Piloten schwarz vor Augen, und er verliert das Bewusstsein. Die Folgen sind tödlich.

Noch schneller und manövrierfähiger sollen Kampfjets werden, um dem Gegner überlegen zu sein. Der menschliche Körper kann dabei nicht Schritt halten. Das ist der wesentliche Grund für unbemannte Kampfjets. Allerdings sind sie bislang über das Experimentalstadium nicht hinausgekommen. Dabei gaben sich bereits vor einem knappen Jahrzehnt führende Offiziere der deutschen Luftwaffe überzeugt, dass um das Jahr 2015 herum die Ära der unbemannten Kampfflugzeuge anbrechen würde: Der Nachfolger des seit 2004 in die Bundeswehr eingeführten Eurofighters werde voraussichtlich ohne Mensch im Cockpit auskommen. Doch die Vision vom unbemannten Kampfflieger ist immer weiter in die Zukunft gerückt. Statt die ersten Jets ohne Piloten in die Luft zu bringen, kämpft die Bundeswehr noch immer mit den Kinderkrankheiten ihrer Eurofighter. »Aber konzeptionell weist der Weg in diese Richtung, und das muss jetzt von Ingenieuren untersucht werden, wie man so etwas realisieren kann«, verlangte Luftwaffeninspekteur Müllner im September 2013.

Auf das vergleichsweise schwache System Mensch keine Rücksicht mehr nehmen zu müssen, hat aus Sicht der Entwickler viele Vorteile. Piloten müssen vor Überforderung genauso geschützt werden wie vor feindlichem Feuer. Das kostet Gewicht, Treibstoff, Tempo. Ohne Menschen an Bord können viele Systeme eingespart werden, die ausschließlich dazu dienen, den Piloten am Leben zu erhalten – von der Sauerstoffversorgung über Anzeigen bis hin zum Schleudersitz.

Trotz aller technischen Fortschritte ist dieses Ziel aber noch weit entfernt. Obwohl Algorithmen die vielen Sensordaten verarbeiten können, würde in einem Kampf der Mensch als Entscheider derzeit umso mehr gebraucht, je komplexer die Situation ist. Werden unbemannte Systeme eines Tages eigenständig Kampfaufgaben erfüllen und auf unvorhersehbare Zwischenfälle reagieren können? Wenn ja, wird die nächste Generation kein ferngesteuertes Fluggerät mehr sein, sondern ein autonomes System.

Den ersten Luftkampf mit Beteiligung eines unbemannten Flugzeuges gab es trotzdem schon. Beim Angriff auf Irak nutzten die USA »Predator«-Drohnen, um die irakische Luftverteidigung zu provozieren und die aufgestiegenen Flugzeuge anschließend angreifen zu können. Am 23. Dezember 2002 lieferte sich eine mit Flugzeugabwehrraketen vom Typ FIM-92 »Stinger« ausgerüstete Drohne einen Luftkampf mit einem irakischen MiG-25-Kampfflugzeug. Beide Maschinen feuerten dabei ihre Raketen aufeinander ab, die Drohne unterlag. Die »Predator« wurde abgeschossen.

Autonomie und Kontrolle

Zwischen dem voll automatisierten Flugzeug und dem mit menschlichem Piloten gibt es ein weiteres zukunftsträchtiges Konzept: den Schwarm. Dabei können traditionell gesteuerte Drohnen einen ganzen Schwarm von Fahrzeugen lenken. Nur das Führungsfahrzeug

Der Prototyp einer Kampfdrohne des Typs »X-47B« startet im Februar 2011 auf der Edwards Air Force Base in Kalifornien zu ihrem ersten Flug.

wird dabei von einem Piloten gesteuert, entweder direkt oder über Funk vom Boden. Alle anderen Systeme folgen ihm dann selbständig. Massenangriffe von Drohnen aus der Luft sind damit ebenso möglich wie Nachschubkonvois am Boden.

Die Schwarmidee steckt auch hinter einem Projekt, das die US Navy im Oktober 2014 vorstellte: Die »Control Architecture for Robotic Agent Command and Sensing« (CARACaS – Kontrollarchitektur für Steuerung und Datenerfassung von Robotern) soll für wenige tausend US-Dollar aus einem handelsüblichen Beiboot eine Drohne machen. Das soll ferngesteuert oder auch, so verspricht es das Office of Naval Research, ohne Einzelheiten zu nennen, als autonomes Überwasserfahrzeug fahren. Ein Schwarm von bis zu 30 dieser Boote soll ein Schiff oder einen Konvoi schützen, aber auch gegnerische Schiffe angreifen können. Die Idee ist wie immer sowohl der Schutz der Seeleute, die sich nicht in den Bereich gegnerischer Waffen begeben müssen, als auch eine Einsparung von Personal. Die US Navy war es auch, die im Juli 2013 einen wichtigen Schritt in Richtung Autonomie ging: Die Experimentaldrohne X-47B, ein Demonstrator für ein UCAS, zeigte eines der schwierigsten Manöver der militärischen Luftfahrt: Vor der Küste Virginias landete sie autonom auf einem Flugzeugträger. Zweimal setzte die Drohne korrekt auf dem Deck der »George H. W. Bush« auf und wurde dort vom Halteseil wie vorgesehen gestoppt. Beim dritten Landeanflug entdeckte das Computersystem der X-47B einen Navigationsfehler und entschied selbsttätig, statt des Flugzeugträgers den vorgesehenen Ausweichlandeplatz an Land anzufliegen. Auch dort landete die Maschine ohne Probleme. Die Versuche mit der X-47B waren deshalb so erstaunlich, weil die Landung auf einem Flugzeugträger auch für geübte Piloten eine Herausforderung ist. Sie ähnelt eher einem kontrollierten Absturz, ist die Landebahn doch winzig. Toleranz für Abweichungen und Fehler gibt es nicht.

So beeindruckend die Leistung der X-47B auch war – Drohnen sind längst mit Systemen ausgestattet, die sie phasenweise autonom steuern. ATOL, Automatic Take-off and Landing (automatischer Start und Landung) ist zum Beispiel Bestandteil des Technik-Pakets der israelischen »Heron«, die die Bundeswehr in Afghanistan nutzt. Auch herkömmliche Linienflugzeuge mit ihren zwei Piloten gehen nach Erreichen der Reiseflughöhe auf Autopilot.

Die entscheidende Frage ist, wie weitreichend oder auch unbedingt erforderlich die Eingriffs- und Steuermöglichkeiten des menschlichen Bedieners sind. Die bislang übliche Fernsteuerung gibt dem Piloten volle Handlungsfreiheit im Umgang mit dem unbemannten Flugzeug – aber schon hier werden schwierige Flugmanöver durch den Computer in ihrer Komplexität reduziert: Der Pilot schiebt einen Hebel. Welcher Steuerbefehl aber daraufhin an welchen Motor geht, berechnet und entscheidet der Computer.

Ein nächster Schritt wäre die autonome Steuerung, bei der ein Mensch ständig die Kontrolle behielte. Ein Beispiel aus der bemannten Luftfahrt ist der Autopilot. Der Mensch kann ihn jederzeit überstimmen oder ganz abschalten. Für Drohnen hätte das den Vorteil, dass die Crew nicht alle Einzelheiten des Fluges steuern müsste. Das Fluggerät könnte zum Beispiel über einem Ziel kreisen, bis ein anderer Befehl gegeben wird. Dieser Ansatz, *man in the loop* (Mensch in der Entscheidungsschleife) genannt, automatisiert Grundfunktionen, lässt die Entscheidung aber beim Piloten.

Sowohl die Fernsteuerung als auch das *Man-in-the-loop*-Modell setzen allerdings voraus, dass der Pilot in seiner Kontrollstation die von der Drohne gesendeten Informationen schnell genug erfassen und verarbeiten kann, um rechtzeitig zu reagieren. Der nächste Schritt wäre folgerichtig ein System, das nicht nur selbsttätig eine programmierte Route abfliegt, sondern auch autonom entscheidet. Das kann die Landung auf einem Ausweichflughafen sein, wie es die Experimentaldrohne X-47B im obigen Beispiel demonstrierte. Es kann aber auch den Einsatz von Waffen meinen, wenn ein Ziel erfasst wird, das vorgegebenen Beschreibungen entspricht. Gerade im Kampf ist der Mensch langsamer als der Computer, der viele Daten rasch zu erfassen vermag.

Zwar wird auch bei solchen autonomen Systemen letztlich ein Mensch das Geschehen überwachen, vor allem dann, wenn es um militärische Operationen geht. Beim sogenannten Modell *man on the loop* greift der Bediener jedoch nur dann in das Geschehen ein, wenn das System eine falsche Entscheidung trifft, während der schon erwähnte *man in the loop* der Maschine nur begrenzte, klar definierte Aufgaben überlässt, die er jederzeit wieder selbst übernehmen kann. Das heißt auch, dass der *man on the loop* die Hoheit über das System hat, aber keinen Zugriff auf jede einzelne Entscheidung und nicht unbedingt Zugang zu allen Daten, die dem System zur Verfügung stehen und die die Entscheidungsfindung beeinflussen.

In der Praxis fliegen Drohnen derzeit mit einer Mischung aus diesen Autonomiestufen. Bei der »Heron« übernimmt der Computer Start und Landung, ebenso wie das Stabilisieren des Geräts in der Luft. Der X-47B, die ungesteuert einen Ausweichflughafen anfliegt, wird schon mehr Autonomie zugestanden. Die – bislang – nur von den USA, Großbritannien und Israel betriebenen bewaffneten Drohnen erfassen zwar Ziele in einem definierten Gebiet, den Feuerbefehl gibt aber ein Mensch.

Je mehr Entscheidungen den Bordcomputern überlassen werden, desto dringlicher wird die Frage, welche Möglichkeiten ein menschlicher Kontrolleur noch zum Eingreifen hat. »Es ist absehbar, dass der Mensch bei kommenden Generationen von bewaffneten unbemannten Flugsystemen lediglich am Ende einer Kette maschinell vorselektierter Optionen stehen wird, deren Entstehung er nicht durchdringen kann«, warnen die Wissenschaftler Marcel Dickow und Hilmar Linnenkamp von der Berliner Stiftung Wissenschaft und Politik. »Zudem werden die Waffen (nicht die Waffenträger) in

Abstimmung mit der jeweiligen Plattform noch Sekundenbruchteile vor dem Einschlag elektronisch gesteuerte Entscheidungen treffen, in die der Mensch wegen seiner relativ langen Reaktionszeit nicht mehr eingreifen kann. [...] Der Mensch als Entscheider mit Ethik und Moralität dankt somit ab, und ein Roboter kann nicht zur Verantwortung gezogen werden.«

Vollautomatischer Kampf

Der absehbare Schritt zur Autonomie ist nicht nur eine Herausforderung an Ingenieure. Mit solchen Systemen stellen sich grundsätzliche Fragen der Ethik und der Moral – nicht nur bezüglich der Militärtechnik, sondern jedes Systems, das menschliche Steuerung durch computerbasierte Entscheidungen ersetzt. Schon die Frage, wie Entscheidungen in einem selbstfahrenden Auto ablaufen, gibt eine Ahnung, wie kompliziert der Umgang mit Maschinenautonomie in Zukunft sein wird (vgl. Kapitel 10).

Noch schwieriger wird es bei Waffen. Welche Algorithmen liegen dem Einsatz tödlicher Waffen zugrunde? Kann und darf eine Maschine entscheiden, ob ein Mensch getötet wird? Wie können die Regeln so programmiert werden, dass Fehlentscheidungen verringert oder gar ausgeschlossen sind?

»Verbietet Killer-Roboter, ehe es zu spät ist«, mahnte die Menschenrechtsorganisation Human Rights Watch (HRW) in einem Bericht über den »Verlust der Menschlichkeit«, mit dem sie Ende 2012 ihre Kampagne gegen autonome bewaffnete Drohnen eröffnete. »Maschinen die Macht zu geben zu entscheiden, wer auf dem Schlachtfeld stirbt und wer überleben darf, würde Technologie zu weit gehen lassen«, kritisierte HRW-Campaigner Steve Goose. »Menschliche Kontrolle von Roboter-Kriegführung ist unabdingbar, um die Zahl ziviler Toter und Verwundeter zu verringern.«

Die Argumentation gegen autonome Drohnen stützt sich auf zwei grundlegende Punkte im humanitären Völkerrecht: das Diskriminierungsverbot, das die Unterscheidung zwischen Zivilisten und Kämpfern vorschreibt, und das Übermaßverbot, nach dem auch ein rechtmäßiger militärischer Angriff Zivilpersonen nicht unverhältnismäßig treffen darf. Die Abwägungen, die mit diesen Verboten verbunden sind, muss ein Mensch treffen – vielleicht falsch und fehlerhaft, aber es bleibt dennoch eine menschliche Entscheidung, nicht die einer Maschine.

Denn auch das gehört zu den Normen, die Krieg zwar nicht verhindern können, aber eingrenzen sollen: Menschen müssen für Entscheidungen über den Einsatz tödlicher Gewalt verantwortlich sein. Bei einem von Piloten ferngesteuerten System ist klar, wer die Entscheidung fällt. Bei einem System mit dem *man on the loop*, dem Menschen als Kontrollinstanz, kann die Maschine möglicherweise noch gestoppt werden. Vor allem aber gibt es jemanden, der sich gegebenenfalls vor Gericht rechtfertigen muss, wenn er den Stopp-Befehl nicht gegeben hat.

Bei einem autonomen System ist die Frage der menschlichen Verantwortung bislang ungeklärt. »Wenn die technologische Entwicklung eine künstliche Intelligenz hervorgebracht hat, die ähnlich zur Entscheidung fähig ist wie ein Mensch, wird die Strafbarkeit immer weniger häufig existieren«, warnt der Völkerrechtler Robert Frau. Ein militärischer Kommandeur müsse beim Einsatz eines solchen Roboters noch nicht einmal den Vorwurf der Fahrlässigkeit befürchten, da eine Strafbarkeit für fahrlässiges Verhalten »im Völkerrecht nicht existiert«.

Umgekehrt gibt es auch die Argumentation, eine Maschine könne viel präziser, dabei unbeeinflusst vom Stress des Kampfes und somit rationaler über den Einsatz von Gewalt entscheiden. Als ein Beispiel wird oft der irrtümliche Abschuss eines Airbus der Iran Air im Juli 1988 über dem Persischen Golf genannt. Der Kommandant des US-Kreuzers »Vincennes« hielt die Maschine für eine angreifende iranische F-14 und gab den Feuerbefehl. 290 Menschen starben. Der Bericht des Pentagon über den Zwischenfall belegt, dass die Mannschaft der »Vincennes« unter extremem Stress stand: Das Kriegsschiff hatte eine Bedrohung durch iranische Boote ausgemacht, ein Hubschrauber wurde beschossen, und die nach Einschätzung der Crew von einem Militärflugplatz aufgestiegene Maschine antwortete nicht auf Funkanrufe. Allerdings wurde dem Kommandanten fälschlich gemeldet, dass das Flugzeug nicht nur in Richtung des Kriegsschiffes fliege, sondern auch seine Höhe verringere – ein Indiz für einen bevorstehenden Luftangriff. Selbst eine korrekte Einschätzung der Flughöhe des iranischen Airbus hätte allerdings, so die Schlussfolgerung des Reports, die unter Druck getroffene Entscheidung zum Abschuss nicht unbedingt verhindert. Hätte ein autonomes System, das die Bewegungen der Zivilmaschine korrekt erfasst hätte, keinen Feuerbefehl gegeben? Klar beantworten lässt sich das nicht.

Wie die ferngesteuerten Drohnen zeigen, gibt es dabei noch einen Aspekt: Es ist ein Mythos, dass Computer keine Fehler machen. Auch sie können Sensorwerte falsch messen und verarbeiten; ihre Software kann Fehler haben, ihre Hardware versagen, ihre Programmierer können sich geirrt haben – der Mensch ist nicht aus dem Spiel, nur weil ein Rechner entscheidet (siehe Kap. 4). Ein solcher Fehler kann zudem schnell katastrophale Ausmaße annehmen, wenn er gleich alle Waffen eines Typs betrifft.

Trotzdem existieren längst Systeme, die bei einer von den Sensoren erkannten Bedrohung automatisch das Feuer eröffnen. Zum Beispiel bei den sogenannten C-RAM-Systemen (Counter Rocket, Artillery, Mortar – Abwehr von Raketen, Artillerie- und Mörsergeschossen), die zum Schutz von Feldlagern eingesetzt werden. Sie reagieren schneller als Menschen – ein entscheidender Vorteil bei der kurzen Zeit, die zwischen einem erkannten Abschuss und dem Einschlag liegt. Die Bundeswehr verfügt zum Beispiel über das »Mantis«-System, das den Beschuss ihrer Camps in Afghanistan verhindern und anfliegende (kleine) Raketen und Mörsergeschosse stoppen sollte. Wegen Problemen mit der Munition wurde »Mantis« jedoch zu spät fertig, um noch in Afghanistan genutzt zu werden.

Autonome Systeme würden im Kampf ein neues Gefechtsfeld eröffnen. »Letale autonome Roboter«, warnte im April 2013 der damalige Sonderberichterstatter der Vereinten Nationen für außergerichtliche, summarische oder willkürliche Hinrichtungen, Christof Heyns, »könnten weitreichende Auswirkungen auf gesellschaftliche Werte haben, einschließlich grundlegender Auswirkungen auf den Schutz und den Wert des Lebens und auf internationale Stabilität und Sicherheit.« Ohne Schritte zur Eingrenzung »könnte die Sache wortwörtlich dem Menschen aus der Hand genommen werden«.

Heyns zog dabei Parallelen zum Einsatz von ferngesteuerten Drohnen. »Im Nachgang zum problematischen Einsatz und der umstrittenen Rechtfertigung für Drohnen und gezielte Tötungen könnten letale autonome Roboter die Fähigkeiten des internationalen Rechtssystems ernsthaft untergraben, ein Minimum an Ordnung in der Welt aufrechtzuerhalten. […] Wenn die Erfahrungen mit Drohnen ein Indikator sind, wird es wichtig sein, von Anfang an sicherzustellen, dass Transparenz, Verantwortlichkeit und Rechtsstaatlichkeit von vornherein auf der Tagesordnung stehen.« Die Erlaubnis für diese Maschinen, Menschen zu töten, könnte »den Wert eines Lebens herabsetzen«.

Der Einsatz »nimmermüder Kriegsmaschinen, auf Knopfdruck zum Einsatz bereit«, die einen permanenten Kriegszustand befördern könnten, scheitert bislang noch an den fehlenden technischen Voraussetzungen. Die sind allerdings nur eine Frage der Zeit. Umso wichtiger wäre die Bereitschaft von Staaten, auf die Technik zu verzichten. Ein Moratorium ist die Mindestforderung nicht nur von Heyns, sondern auch von vielen Nichtregierungsorganisationen. Letztlich wollen sie ein Verbot der »Killer-Roboter« erreichen.

Drohnen sind nur eines der Systeme, die Widerstand gegen autonome Waffen provozieren, und noch nicht einmal das aktuellste. Für die US Navy entwickelt die Firma Lockheed Martin die »Long Range Anti-Ship Missile« (LRASM), die Anti-Schiff-Rakete mit langer Reichweite. Dieser Flugkörper soll gegnerische Kriegsschiffe in einer Entfernung von 200 Seemeilen, rund 370 Kilometer, aufspüren und bekämpfen, und das eigenständig beziehungsweise ohne jeden Kontakt zur Kontrollstation. Die Fähigkeiten seiner Rakete preist das Unternehmen zwar als »halbautonom« an. Doch faktisch kann der Flugkörper auch dann sein Ziel angreifen, wenn die elektronischen Störversuche des Gegners die Datenverbindung und Navigation per GPS unterbrechen. Das Ziel sucht sich die LRASM dann selbständig, ohne dass menschliches Eingreifen erforderlich oder auch nur möglich wäre.

Derzeit verzichten Deutschland und seine Streitkräfte auf autonome Systeme. »Deutschland wird für die Einbeziehung bewaffneter unbemannter Luftfahrzeuge in internationale Abrüstungs- und Rüstungskontrollregime eintreten und sich für eine völkerrechtliche Ächtung vollautomatisierter Waffensysteme einsetzen, die dem Menschen die Entscheidung über den Waffeneinsatz entziehen«, heißt es im schwarz-roten Koalitionsvertrag 2013. Bereits zuvor hatte das Bundesverteidigungsministerium zugesichert, dass für deutsche Drohnen die menschliche Kontrolle auch in Zukunft gelten solle. Mehr noch, die Ministerialbeamten verbanden damit gleich die Absage an jede Art von »künstlicher Intelligenz« in künftigen deutschen unbemannten Systemen.

Abgeordnete der Linkspartei hatten damals gefragt: »Sieht die Bundesregierung angesichts von Plänen in den USA, die davon ausgehen, dass bestimmte bewaffnete Systeme zukünftig mit künstlicher Intelligenz ausgerüstet werden können, die angeblich die Wahrung des humanitären Völkerrechts beim Waffengebrauch sichern können, in einer solchen Technologie eine Perspektive für zukünftige Forschungen für Drohneneinsätze der Bundeswehr?« In seiner Antwort wollte sich das Verteidigungsministerium noch nicht einmal darauf einlassen, dass es auch nur Forschung in diese Richtung geben könnte. »Das ist nicht der Fall«, beschied es den Abgeordneten lakonisch. Im Moment mag diese Aussage stimmen. Doch schon in naher Zukunft könnte das Verteidigungsministerium ganz anders antworten.

ANHANG

Abkürzungen

ACLU – American Civil Liberties Union
AQAP – Al-Qaeda in the Arabian Peninsula
ARGUS – Autonomous Real-Time Ground Ubiquitous Surveillance Imaging System
ARPA – Advanced Research Projects Agency
CBP – Customs and Border Protection
CIA – Central Intelligence Agency
DARPA – Defense Advanced Research Projects Agency
DASH – Drone Anti-Submarine Helicopter
EFF – Electronic Frontier Foundation
FAA – Federal Aviation Administration
FBI – Federal Bureau of Investigation
FPV – First Person View
GAO – Government Accountability Office
GPS – Global Positioning System
HACMS – High Assurance Cyber Military Systems
HALE – High Altitude/Long Endurance
HRW – Human Rights Watch
IAI – Israel Aerospace Industries
ISAF – International Security Assistance Force
JSOC – Joint Special Operations Command
KZO – Kleinfluggerät Zielortung
LS3 – Legged Squad Support System
LUNA – Luftgestützte Unbemannte Nahaufklärungsausstattung
MALE – Medium Altitude/Long Endurance
MAM – Military Abled Males
NTSB – National Transportation and Safety Board
Rover – Remotely Operated Video Enhanced Receiver
SAATEG – System der abbildenden Aufklärung in der Tiefe des Einsatzgebiets

SWORDS – Special Weapons Observation Reconnaissance Detection System
UAS – Unmanned Aerial System
UAV – Unmanned Aerial Vehicle
UCAS – Unmanned Combat Aerial System
UCAV – Unmanned Combat Aerial Vehicle

Verwendete Quellen

Einleitung

»Confessions of a drone warrior«, Brandon Bryant, Bericht über den Drohnenpiloten in der Zeitschrift GQ, November 2013: http://www.gq.com/news-politics/big-issues/201311/drone-uav-pilot-assassination

Brandon Bryant, Interview in: Der Spiegel vom 10.12.2012: http://www.spiegel.de/international/world/pain-continues-after-war-for-american-drone-pilot-a-872726.html

John Moe, »Drone program grows while military shrinks«, Marketplace Tech Report vom 27.1.2012: http://www.marketplace.org/topics/tech/drone-program-grows-while-military-shrinks

»How Robot Drones Revolutionized The Face Of Warfare«, CNN, 2009: http:/edition.cnn.com/2009/WORLD/americas/07/23/wus.warfare.remote.uav/

»Global Opinion of Obama Slips, International Policies Faulted«, Pew Research Center 2012: http://www.pewglobal.org/2012/06/13/global-opinion-of-obama-slips-international-policies-faulted/

Grégoire Chamayou, Ferngesteuerte Gewalt. Eine Theorie der Drohne, Wien 2014

»Überflieger im Einsatz«, Interview mit Clara Bünger und Datenschützer Andreas Schurig zur Drohnenüberwachung der Demo in Dresden im Deutschlandfunk am 19.2.2011: http://www.deutschlandfunk.de/ueberflieger-im-einsatz.862.de.html?dram:article_id=224908

Seite vom Hersteller Microdrones über Sensocopter der sächsischen Polizei: http://crisis-prevention.de/nichtpolizeiliche-gefahrenabwehr/sensocopter

»Replacing photojournalists with drones will only bring us ›war porn‹«, http://www.telegraph.co.uk/comment/11002913/Replacing-photojournalists-with-drones-will-only-bring-us-war-porn.html

1. Von der Ballonbombe zum ferngelenkten Flugzeug (1898–1945)

Patentantrag von Nicola Tesla für Funkfernsteuerungen von 1898: http://www.keelynet.com/tesla/00613809.pdf

»Torpedo Airship controlled by wireless is the latest invention«, New York Times vom 22.5.1910 über ein ferngelenktes Luftschiff: http://query.nytimes.com/mem/archive-free/pdf?res=9D02E2D71139E333A25751C2A9639C946196D6CF

Film »The Airship Destroyer« von Walter R. Booth, 1909: https://archive.org/details/WalterR.BoothsTheAirshipDestroyer1909

Rüstung und Rüstungserprobung in der deutschen Marinegeschichte unter besonderer Berücksichtigung der Torpedoversuchsanstalt (TVA), Dissertation von Oliver Krauß, Christian-Albrechts-Universität, Kiel 2006: http://d-nb.info/980897815/34

Automatic sighting and directing devices for torpedoes, guns and other apparatus, Patentantrag GB352035 (A) von Kálmán Tihanyi für eine optische Steuerung für fliegende Torpedos und andere Waffen, K. Tihanyi: Br. Pat. 352,035/December 21, 1929 application (conv. date December 16, 1929, Hungary), issued June 22, 1931: http://worldwide.espacenet.com/publicationDetails/biblio?FT=D&date=19310622&DB=EPODOC&locale=en_EP&CC=GB&NR=352035A&KC=A&ND=4

»Wie der Torpedo entstand«, Truppendienst, Folge 318, Veröffentlichung des österreichischen Bundesheeres, Ausgabe 6/2010: http://www.bundesheer.at/truppendienst/ausgaben/artikel.php?id=1072

»From Take-off to Landing, NRL First in U.S. History to Remotely Fly Pilotless Aircraft«, U.S. Naval Research Laboratory, 2010: http://www.nrl.navy.mil/media/news-releases/2010/from-takeoff-to-landing-nrl-first-in-us-history-to-remotely-fly-pilotless-aircraft

»Air Force UAVs – The Secret History«, The Mitchell Institute for Airpower Studies, Arlington, VA, veröffentlicht durch das Defense Technical Information Center, Juli 2010: http://www.dtic.mil/cgi-bin/GetTRDoc?AD=ADA525674

»The First Kennedy Brother«, Lebenslauf von Joseph Kennedy beim National Naval Aviation Museum, 2013: http://www.navalaviationmuseum.org/history-up-close/from-the-cockpit-stories-of-naval-aviation/first-kennedy-brother/

Biografie des Kennedy-Bruders bei der Joseph P. Kennedy Jr. Foundation: http://www.jpkf.org/BIOG.HTML

2. Vom ersten »Hunter-Killer« zum global operierenden »Sensenmann« (1945–2015)

»Foreign Affairs; The No-Dead War«, Bericht über die Doktrin der US-Armee des No-Dead War in der New York Times vom 23.8.1995: http://www.nytimes.com/1995/08/23/opinion/foreign-affairs-the-no-dead-war.html

»The Dronefather«, Bericht über Abraham Kareem in The Economist vom 1.12.2012: http://www.economist.com/news/technology-quarterly/21567205-abe-karem-created-robotic-plane-transformed-way-modern-warfare

»The Man Who Invented The Predator«, Smithsonian Air & Space Magazine, April 2013: http://www.airspacemag.com/flight-today/the-man-who-invented-the-predator-3970502

DASH-History. The DASH Weapon-System, bei der Helicopter Historical Foundation: http://www.gyrodynehelicopters.com/dash_history.htm

Project Nite Gazelle, Global Security: http://www.globalsecurity.org/military//systems//aircraft/nite-gazelle.htm

Michael Hirschberg, To Boldly Go Where No Unmanned Aircraft Has Gone Before: A Half-Century of DARPA's Contributions to Unmanned Aircraft, American Institute of Aeronautics and Astronautics, 2010, Geschichte der unbemannten Projekte der Darpa: http://enu.kz/repository/2010/AIAA-2010-158.pdf

Wikileaks, Public Library of US Diplomacy, »A/S Posner discusses cast lead investigations with IDF«: http://search.wikileaks.org/plusd/cables/10TELAVIV182_a.html

Dronewars UK: »Israel and the dronewars – Examining Israel's production, use and proliferation of UAV«: http://dronewarsuk.files.wordpress.com/2014/01/israel-and-the-drone-wars.pdf

»UAVs and UCAVs. Developments in the European Union«, Siemon Wiezemann, Sipri, im Auftrag des EU-Parlaments, Oktober 2007: http://www.europarl.europa.eu/RegData/etudes/etudes/join/2007/381405/EXPO-SEDE_ET%282007%29381405_EN.pdf

New America Foundation, US Drone Wars Database: http://securitydata.newamerica.net/about.html

United States Government Accountability Office, »Nonproliferation«, Bericht über die weltweite Verbreitung von Kampfdrohnen, Juli 2012: http://www.gao.gov/assets/600/593131.pdf

3. Am Himmel über dir – Fliegende Drohnen und was sie können

»When Drones Fall From The Sky«, Washington Post vom 20.6.2014: http://www.washingtonpost.com/sf/investigative/2014/06/20/when-drones-fall-from-the-sky/

»Over Afghanistan, drones that vanished without a trace«, Washington Post vom 20.6.2014: http://www.washingtonpost.com/news/checkpoint/wp/2014/06/20/over-afghanistan-drones-that-vanished-without-a-trace/

Drone Wars UK – Drone Crash Database: http://dronewars.net/drone-crash-database/

Übersicht Bestand/Verluste von Drohnen der Bundeswehr – Stand 25.6.2013: http://augengeradeaus.net/wp-content/uploads/2013/06/Uebersicht-Drohnen.pdf

BT-Drucksache 17/14053, Antwort der Bundesregierung auf die Kleine Anfrage Fraktion DIE LINKE, Militärische Drohnen-Strategie der Bundesregierung: Kampfdrohnen: http://dipbt.bundestag.de/doc/btd/17/140/1714053.pdf

BT-Drucksache 17/14436, Antwort der Bundesregierung auf die Kleine Anfrage der Fraktion DIE LINKE, Abstürze von Drohnen: http://dipbt.bundestag.de/doc/btd/17/144/1714436.pdf

»Nearly 450 British military drones lost in Iraq and Afghanistan«, The Guardian vom 12.2.2013: http://www.theguardian.com/uk/2013/feb/12/450-british-military-drones-lost

»Why China is using lasers to take down drones«, Christian Science Monitor vom 3. November 2014: http://m.csmonitor.com/World/Global-News/2014/1103/Why-China-is-using-lasers-to-take-down-drones-video

£120 million Anglo-French defence contract: https://www.gov.uk/government/news/120-million-anglo-french-defence-contract

4. Bugs und Hacks – Auch Drohnen sind nur Computer

»Insurgents Hack U.S. Drones«, Wall Street Journal vom 17.12.2009: http://online.wsj.com/news/articles/SB126102247889095011

»Insurgents Intercept Drone Video in King-Size Security Breach (Updated, with Video)«, Wired vom 17.12.2009: http://www.wired.com/2009/12/insurgents-intercept-drone-video-in-king-sized-security-breach/

»Iraqi insurgents hacked Predator drone feeds, U.S. official indicates«, CNN vom 17.12.2009: http://edition.cnn.com/2009/US/12/17/drone.video.hacked/index.html

»Most U.S. Drones Openly Broadcast Secret Video Feeds«, Wired vom 29.10.2012: http://www.wired.com/2012/10/hack-proof-drone/#more-90676

»Exclusive: Computer Virus Hits U.S. Drone Fleet«, Wired vom 10.7.2011: http://www.wired.com/2011/10/virus-hits-drone-fleet/

»Flying operations of remotely piloted aircraft unaffected by malware«, Pressemitteilung der US Air Force vom 12.10.2011 über einen Virus in den Bodenkontrollsystemen von Drohnen: http://www.afspc.af.mil/news1/story.asp?id=123275647

»Get Hacked, Don't Tell: Drone Base Didn't Report Virus«, Wired vom 10.11.2011: http://www.wired.com/2011/10/drone-virus-kept-quiet/

»Fire Scout report outlines tech glitches«, Bericht über Softwareprobleme bei »Fire Scout« in der Navy Times vom 18.7.2011: http://archive.navytimes.com/article/20110718/NEWS/107180331/Fire-Scout-report-outlines-tech-glitches

Defense Acquisitions: Assessments of Selected Weapon Programs, Report des U.S. Government Accountability Office im März 2011 zu Problemen bei der Software der Global Hawk: http://www.gao.gov/assets/590/589695.pdf

Vertical Take-off and Landing Unmanned Aerial Vehicle (VTUAV) (Fire Scout), Report des Office of the Director, Operational Test and Evaluation, Juni 2011: http://www.globalsecurity.org/military/library/budget/fy2011/dot-e/navy/2011vtuav.pdf

Results of Global Hawk accident investigation board released, Bericht zur Absturzursache einer RQ-4 Global Hawk, veröffentlicht von der Federation of American Scientists FAS vom 23.12.1999: http://fas.org/irp/program/collect/docs/n19991223_992288.htm

Kevin W. Williams, A Summary of Unmanned Aircraft Accident/Incident Data: Human Factors Implications, FAA Civil Aerospace Medical Institute, Oklahoma City 2004: http://www.faa.gov/about/initiatives/maintenance_hf/library/documents/media/human_factors_maintenance/a_summary_of_unmanned_aircraft_accident-incident_data.human_factors_implications.doc

»Remote U.S. base at core of secret operations«, Washington Post vom 25.10.2012: http://www.washingtonpost.com/world/national-security/remote-us-base-at-core-of-secret-operations/2012/10/25/a26a9392-197a-11e2-bd10-5ff056538b7c_story.html

»Exclusive: Iran hijacked US drone, says Iranian engineer (Video)«, Christian Science Monitor vom 15.12.2001: http://www.csmonitor.com/World/Middle-East/2011/1215/Exclusive-Iran-hijacked-US-drone-says-Iranian-engineer-Video

David Sanger, Confront and Conceal. Obama's Secret Wars and Surprising Use of American Power, New York 2012, S. 146 ff., abgerufen bei Google Books: http://books.google.de/books?id=vOJD_Kdn8BAC&pg=PA146&dq=RQ170&hl=en&sa=X&ei=XEilUvOuHIiJ7AbE3oH4CA&redir_esc=y#v=onepage&q=RQ170&f=false

Todd Humphreys, »How to fool a GPS«, Talk bei der TED Austin 2013, abgerufen bei YouTube im November 2014: https://www.youtube.com/watch?v=r4UdHE3JNnU

A. J. Kerns, D. P. Shepard, J. A. Bhatti, T. E. Humphreys, »Unmanned Aircraft Capture and Control via GPS Spoofing«, Journal of Field Robotics, 31(4): S. 617–636, 2014: http://radionavlab.ae.utexas.edu/images/stories/files/papers/unmannedCapture.pdf

Kyle Wesson, Todd Humphreys, »Unhackable Drones. The Challenge of Securely Integrating Unmanned Aircraft into the National Airspace«, Radionavigation Lab, April 2013, draft submitted to Scientific American: http://radionavlab.ae.utexas.edu/images/stories/files/papers/unhackabledrones_for_distribution.pdf

»ESA launches drone app to crowdsource flight data«, Ars Technica vom 17.5.2013: http://arstechnica.com/gadgets/2013/03/esa-launches-drone-app-to-crowdsource-flight-data/

»AR Drone That Infects Other Drones With Virus Wins DroneGames«, Spectrum, Zeitschrift des Institute of Electrical and Electronics Engineers (IEEE) vom 6.12.2012: http://spectrum.ieee.org/automaton/robotics/diy/ar-drone-that-infects-other-drones-with-virus-wins-dronegames

Drone Survival Guide: http://dronesurvivalguide.org/

High Assurance Cyber Military Systems (HACMS), Programmbeschreibung auf der Website der Darpa: http://www.darpa.mil/Our_Work/I2O/Programs/High-Assurance_Cyber_Military_Systems_%28HACMS%29.aspx

»DARPA Unveils Hack-Proof Drone«, DefenseTech vom 21.5.2014: http://defensetech.org/2014/05/21/darpa-unveils-hack-proof-drone/

»High Assurance Cyber Military Systems (HACMS)«, Website der Darpa, abgerufen am 25.11.2014: http://www.darpa.mil/Our_Work/I2O/Programs/High-Assurance_Cyber_Military_Systems_%28HACMS%29.aspx

Lieferauftrag SeaCat – BAAINBw: http://ted.europa.eu/udl?uri=TED:NOTICE:432675-2013:TEXT:DE:HTML

German SeaCAT UUV Conducts 7 Hour Mission: http://www.unmanned.co.uk/unmanned-vehicles-news/unmanned-autonomous-underwater-vehicles-uuv-auv-news/german-seacat-uuv-conducts-7-hour-mission/

SeaFox Mine Disposal Unmanned Underwater Vehicle (UUV), Germany: http://www.naval-technology.com/projects/seafox-mine-disposal/

US Navy's Unmanned SeaFox Submarines Play a Dangerous Game of Minesweeper: http://www.techhive.com/article/259353/us_navys_unmanned_seafox_submarines_play_a_dangerous_game_of_minesweeper.html

SeaFox: A quicker, cheaper, safer mine-hunting capability: http://navylive.dodlive.mil/2013/05/29/seafox-a-quicker-cheaper-safer-mine-hunting-capability/

Israel's unmanned fast patrol boat »Katana«:
http://jewishbusinessnews.com/2014/02/04/israel-aircraft-industries-to-unveil-unmanned-fast-patrol-boat-at-new-delhi-defense-expo/
http://www.ynetnews.com/articles/0,7340,L-4484946,00.html
http://i-hls.com/2014/05/israels-new-unmanned-patrol-boat/
http://www.haaretz.com/news/diplomacy-defense/israel-navy-s-first-unmanned-surface-vehicle-keeps-an-eye-on-the-sea.premium-1.515978

Wikipedia: Protector USV: http://en.wikipedia.org/wiki/Protector_USV

DefenseSystems.com: Navy puts autonomous ›swarmboats‹ into action: http://defensesystems.com/articles/2014/10/05/onr-navy-autonomous-swarm-boats.aspx

IDF: Phantom on the fence: http://www.idf.il/1283-17082-EN/Dover.aspx

5 Most Innovative Weapons the IDF Has to Offer (That We Can Tell You About): http://www.idfblog.com/blog/2014/04/20/5-innovative-weapons-idf-offer-can-tell/

Foreign Policy: Israel's Killer Robot Cars: http://foreignpolicy.com/2012/11/20/israels-killer-robot-cars/

Defense Update: Introducing the Guardium UGV: http://defense-update.com/products/g/guardium.htm

The DARPA Grand Challenge: Ten Years Later: http://www.darpa.mil/NewsEvents/Releases/2014/03/13.aspx

DoD News: Marines Train on Robotic Truck for Future Convoys: http://www.defense.gov/news/newsarticle.aspx?id=65077

ELROB http://www.elrob.org/

»Google's Next Phase in Driverless Cars: No Steering Wheel or Brake Pedals«, New York Times vom 27. Mai 2014: http://www.nytimes.com/2014/05/28/technology/googles-next-phase-in-driverless-cars-no-brakes-or-steering-wheel.html

Legged Squad Support System, Beschreibung des Systems bei der Darpa, abgerufen am 20.1.2015: http://www.darpa.mil/Our_Work/TTO/Programs/Legged_Squad_Support_System_%28LS3%29.aspx

»U.S. Military Takes Robotic Mule Out for a Stroll«, Time Magazine vom 15.7.2014: http://time.com/2987608/us-military-robotic-mule/

»AlphaDog, U.S. Marines Robot Pack Animal – Legged Squad Support System«, von einem privaten Anbieter hochgeladenes Video bei YouTube: http://www.youtube.com/watch?v=cr-wBpYpSfE

»Armed Robots to March into Battle«, Transformation, Informationsseite des US-Verteidigungsministeriums vom 6.12.2004: http://www.defense.gov/transformation/articles/2004-12/ta120604c.html

»First Armed Robots on Patrol in Iraq (Updated)«, Wired, Danger Room, vom 8.2.2007: http://www.wired.com/2007/08/httpwwwnational/

»Killer Ground 'Bots Out of Iraq: How Come?«, Wired, Danger Room, vom 10.4.2008: http://www.wired.com/2008/04/killer-ground-b/

»The Inside Story of the SWORDS Armed Robot ›Pullout‹ in Iraq: Update«, Popular Mechanics vom 1.10.2009: http://www.popularmechanics.com/technology/gadgets/4258963

6. Zivile Drohnen – Für Post und Landwirtschaft

Kurzinformation über die Nutzung von unbemannten Luftfahrtsystemen, Vorschriften bei der gewerblichen Nutzung von Drohnen in Deutschland, Broschüre des Bundesverkehrsministeriums, Bonn, Januar 2014: http://www.brd.nrw.de/verkehr/flugplaetze_flugbetrieb/service/2014-12-04-BMVI-Kurzinformation.pdf

Firebird 2001 Fire Fighting Management Support System, Bericht der Uni Freiburg über die Firebird 2001 aus dem Jahr 1997: http://www.fire.uni-freiburg.de/iffn/tech/tech_11.htm

»Roboter in der Landwirtschaft – Die Revolution hat gerade erst begonnen«, Handelsblatt vom 16.1.2014: http://www.handelsblatt.com/unternehmen/handel-dienstleister/roboter-in-der-landwirtschaft-die-revolution-hat-gerade-erst-begonnen/9334688.html

»Will drones become the future of farming?«, Interview mit Chris Anderson, BBC am 9.1.2014: http://www.bbc.com/future/story/20140109-drones-from-battlefield-to-farm

How to feed the world in 2050, Bericht der UN-Ernährungsorganisation FAO, 2009: http://www.fao.org/fileadmin/templates/wsfs/docs/expert_paper/How_to_Feed_the_World_in_2050.pdf

autopilot: Do it yourself UAV, Projekt zur Entwicklung einer Steuersoftware bei sorceforge.net, abgerufen im November 2014: http://autopilot.sourceforge.net/index.html

Paparazzi UAV, Projektseite, abgerufen im November 2014: http://wiki.paparazziuav.org/wiki/Main_Page

»Ufos aus Hongkong«, Erfindungen von Daniel Gurdan bei der Stiftung Jugend forscht 2006: http://www.jugend-forscht.de/stiftung-jugend-forscht/historie/erfolgreiche-ehemalige/ufos-aus-hongkong.html

»ESA launches drone app to crowdsource flight data«, Ars Technica vom 17.3.2013: http://arstechnica.com/gadgets/2013/03/esa-launches-drone-app-to-crowdsource-flight-data/

Interview: »The Aerial Anarchist«, Center for the Study of the Drone at Bard College, 16.10.2013: http://dronecenter.bard.edu/interview-aerial-anarchist/

»PIRATEN-Videodrohne bei Protestaktion gegen Überwachungsstaat von Polizei zur Landung gezwungen«, Statement der Piratenpartei zum Drohnenflug gegen Merkel vom 16.9.2013: https://www.piratenpartei.de/2013/09/16/piraten-videodrohne-bei-protestaktion-gegen-ueberwachungsstaat-von-polizei-zur-landung-gezwungen/

Schilderung des Sachverhalts auf der Seite der Piraten: https://www.piratenpartei.de/2014/03/06/drohne-199-e-bussgeld-500-e-de-maizieres-gesicht-unbezahlbar/

»Justiz prüft Gefahr von Drohnen für Drogenschmuggel«, Berliner Zeitung vom 6. Februar 2015: http://www.berliner-zeitung.de/berlin/justiz-prueft-gefahr-von-drohnen-fuer-drogenschmuggel,10809148,29769114.html

»Zukunft der Logistik – Die Drohnen heben ab«, taz vom 19.11.2014: https://www.taz.de/Zukunft-der-Logistik/!149739/

DHL-Paketkopter, Werbung der Deutschen Post zum Quadrocopter-Projekt in Norddeich: http://www.dhl.de/paketkopter

»DHL Paketkopter startet zu Forschungszwecken ersten Linienbetrieb«, Pressemitteilung der Post vom 24.9.2014: http://www.dpdhl.com/de/presse/pressemitteilungen/2014/dhl_paketkopter_startet_forschungszwecke_linienbetrieb.html

Interview mit dem Juister Apotheker in einem Werbefilm der Post zum Paketcopter, Focus Online vom 19. November 2014: http://www.focus.de/finanzen/videos/im-wattenmeer-vor-juist-dhl-testet-paketdrohne-als-apotheken-notfallversorgung_id_4283706.html

»GeoPost expérimente la technologie drone«, Pressemitteilung der französischen Post über Drohnentestflüge vom 19.12.2014: http://legroupe.laposte.fr/Espace-Presse/Liste-des-communiques/GeoPost-experimente-la-technologie-drone

Amazon Prime Air, Firmenseite von Amazon über das Projekt Prime Air, die Lieferung per Drohne: http://www.amazon.com/b?node=8037720011

Drone market in China will be worth around RMB50bn: http://www.wantchinatimes.com/news-subclass-cnt.aspx?cid=1102&MainCatID=&id=20141103000040

7. Allsehende Augen – Staatlicher Einsatz im Inland

Tom Hillenbrand, Drohnenland, ebook, Köln 2014

»Federal Bureau of Investigation Operations and NSA Surveillance Programs«, Mitschnitt der Anhörung von FBI-Direktor Robert Müller im Justizausschuss des US-Senats am 19.6.2013 bei C-Span: http://www.c-span.org/video/?313425-1/fbi-chief-defends-agency-practices-senate-hearing

»FBI Admits It Surveils U.S. With Drones«, Wired vom 19.6.2013: http://www.wired.com/2013/06/fbi-drones/

»Revealed: The FBI's Internal Guidelines for Warrantless Drone Surveillance«, Motherboard Vice vom 12.12.2013: http://motherboard.vice.com/blog/revealed-the-fbis-internal-guidelines-for-warrantless-drone-surveillance

»Every Drone Mission the FBI Admits to Flying«, Motherboard Vice vom 16.4.2014: http://motherboard.vice.com/read/every-drone-mission-the-fbi-admits-to-flying

»Drone Hunting In Deer Trail, Colorado? Town Considers Bounty For Unmanned Aerial Vehicles«, Huffington Post vom 17.7.2013: http://www.huffingtonpost.com/2013/07/17/drone-hunting-deer-trail-colorado_n_3611806.html

»An ordinance to defend the sovereign airspace of the Town of Deer Trail, Colorado«, Entwurf für eine Antidrohnenverordnung in Deer Trail: http://www.deertrailcolorado.com/drones.html

»U.S. surveillance drones largely ineffective along border, report says«, Washington Post vom 6.1.2015: http://www.washingtonpost.com/world/national-security/us-surveillance-drones-largely-ineffective-along-border-report-says/2015/01/06/5243abea-95bc-11e4-aabd-d0b93ff613d5_story.html

»U.S. Customs and Border Protection's Unmanned Aircraft System Program Does Not Achieve Intended Results or Recognize All Costs of Operations«, Bericht des Heimatschutzministeriums vom 24.12.2014: http://www.oig.dhs.gov/assets/Mgmt/2015/OIG_15-17_Dec14.pdf

»Customs & Border Protection Loaned Predator Drones to Other Agencies 700 Times in Three Years According to ›Newly Discovered‹ Records«, Bericht der EFF vom 14.1.2014: https://www.eff.org/deeplinks/2014/01/newly-discovered-drone-records-show-customs-border-protection-flew-its-predator

»Police employ Predator drone spy planes on home front«, Los Angeles Times vom 10.12.2011: http://articles.latimes.com/2011/dec/10/nation/la-na-drone-arrest-20111211

»Wonderful World Of Drones«, Satire der Seite Funnyordie über Einsatz von Drohnen, vom 9.7.2012: http://www.funnyordie.com/videos/f8c42fb6c5/drones-with-christopher-mcdonald

Zygmunt Baumann, David Lyon: Daten, Drohnen, Disziplin. Ein Gespräch über flüchtige Überwachung, Berlin 2013

»Drohneneinsatz im Inland. Die fliegenden Augen«, Der Tagesspiegel vom 16.7.2013: http://www.tagesspiegel.de/politik/drohneneinsatz-im-inland-die-fliegenden-augen/8492908.html

»Niedersachsen: Polizeidrohne beobachtete Castor-Transport«, Spiegel Online vom 16.11.2010: http://www.spiegel.de/politik/deutschland/niedersachsen-polizeidrohne-beobachtete-castor-transport-a-729515.html

»Wie die Bahn ihre Drohnen einsetzen will«, Der Tagesspiegel vom 27.5.2013: http://www.tagesspiegel.de/weltspiegel/kampf-gegen-graffiti-wie-die-bahn-ihre-drohnen-einsetzen-will/8262534.html

California Bill AB-1327 Unmanned aircraft systems: http://leginfo.legislature.ca.gov/faces/billNavClient.xhtml?bill_id=201320140AB1327

»California governor vetoes drone warrant bill«, Reuters vom 29.9.2014: http://www.reuters.com/article/2014/09/29/us-usa-california-drones-idUSKCN0HO08R20140929

»Mehr Schutz für Prominente: Kalifornien verbietet Kameradrohnen für Paparazzi«, Spiegel Online vom 1.10.2014: http://www.spiegel.de/panorama/justiz/kalifornien-verbietet-kameradrohnen-fuer-paparazzi-und-rachepornos-a-994800.html

California Bill AB-2306 Constructive invasion of privacy: http://leginfo.legislature.ca.gov/faces/billNavClient.xhtml?bill_id=201320140AB2306

Assemblymember Ed Chau, District 49, Official Website, abgerufen am 12.1.2015: http://asmdc.org/members/a49/

»Star Wars Episode 7: The Force Awakens – Scenes Being Filmed«, Video einer Kameradrohne über den Pinewood-Studios London vom 11.9.2014: https://www.youtube.com/watch?v=jjbkPNVnodc

»Angriff der Anti-Drohnenkrieger«, Zeit Online vom 23.9.2014: http://www.zeit.de/digital/internet/2014-09/drohnen-hacken-gps-star-wars/

»Star Wars Ordered a ›DroneShield‹ to Prevent Leaks On Set«, Motherboard Vice vom 19.9.2014: http://motherboard.vice.com/read/star-wars-ordered-a-droneshield-before-its-set-got-droned

Drone Shield, Werbeseite der Herstellerfirma, abgerufen am 19.1.2015: http://www.droneshield.org/wp-content/uploads/2014/07/DroneShield-CUAS.pdf

»Rise of the Drone«, PBS 2013: http://www.pbs.org/wgbh/nova/military/rise-of-the-drones.html

»Air Force Chief: It'll Be ›Years‹ Before We Catch Up on Drone Data«, Wired, Danger Room, vom 4.5.2012: http://www.wired.com/2012/04/air-force-drone-data/

8. Schutzengel der Infanterie – Warum Soldaten sich Drohnen wünschen

Interview Biermann/Wiegold mit Drohnenpiloten

http://augengeradeaus.net/2015/01/interview-mit-einer-drohnen-mannschaft-ich-bin-nicht-trigger-happy-kein-computerspieler/

http://www.zeit.de/politik/deutschland/2014-12/bundeswehr-drohne-heron-pilot-interview

Predator Provides Close-Air Support To Embattled Marines In Iraq: http://www.af.mil/News/ArticleDisplay/tabid/223/Article/134151/predator-provides-close-air-support-to-embattled-marines-in-iraq.aspx

Antwort auf Große Anfrage SPD
Haltung der Bundesregierung zum Erwerb und Einsatz von Kampfdrohnen BT 17/13655 vom 29.5.2013: http://dipbt.bundestag.de/dip21/btd/17/136/1713655.pdf

Bundeswehr, Afghanistan: Luftunterstützung gegen Aufständische, 11.11.2010: http://www.bundeswehr.de/portal/a/bwde/!ut/p/c4/NYvBCsJADET_KOlK0eLNUgQvevCg9Za2sQS627IbLYgfb_bgDMxh5g0-0BzoLSOpzIEmvGPby75boVsHBpaQiPXD4CUlIziAJHriLR8N6K3SnMpBxXKMpHOEZY465eUVoy0gA7aFa2q3K_5y36our5um2pan8_GCi_eHH-LtmRw!/

Grundlagenpapier »Luftmacht 2030« der Luftwaffe: http://augengeradeaus.net/wp-content/uploads/2012/08/Luftmacht-2030.pdf

9. Wenn der Himmel auf den Kopf fällt – Die Opfer des Drohnenkrieges

»Anatomy of an Afghan war tragedy«, Los Angeles Times vom 10.4.2011: http://articles.latimes.com/2011/apr/10/world/la-fg-afghanistan-drone-20110410

Offizielle Mitschrift des Funkverkehrs zwischen Drohnencrew, Bildauswertern und Piloten der beteiligten Flugzeuge und Hubschrauber vom 21.2.2010: http://s3.documentcloud.org/documents/83504/transcripts-of-drone-attack.pdf

»Legitime Kriegführung oder willkürliches Töten?«, Zeit Online vom 22.10.2013: http://www.zeit.de/politik/ausland/2013-10/Drohnen-Moral-Voelkerrecht/komplettansicht

»Between a drone and Al Qaeda. The civilian cost of US targeted killing in Yemen«, Human Rights Watch 2013: http://www.hrw.org/sites/default/files/reports/yemen1013_ForUpload.pdf

»Will I be next?. US drone strikes in Pakistan«, Amnesty International 2013: http://www.amnestyusa.org/sites/default/files/asa330132013en.pdf

»In einem anderen Land«, Zeit Magazin 47/2014 vom 13.11.2014

Charles Hirschman, »Vietnamese Casualties During the American War: A New Estimate«, Population and Development Review, Volume 21 Issue 4 Dezember 1995 783-812: http://faculty.washington.edu/charles/new%20 PUBS/A77.pdf

»The Civilian Impact of Drones«, Human Rights Clinic at Colombia Law School, Center for Civilians in Conflict, 2012: http://civiliansinconflict.org/uploads/files/publications/The_Civilian_Impact_of_Drones_w_cover.pdf

Leta Tayler, »Anatomy of an Air Strike Gone Wrong«, Foreignpolicy.com vom 26.12.2012: http://www.hrw.org/news/2012/12/26/anatomy-air-attack-gone-wrong

»U.S. drone kills five suspected militants in Yemen«, Reuters vom 2.9.2012: http://uk.reuters.com/article/2012/09/02/uk-yemen-violence-idUKBRE88106O20120902

»Deaths in US drone strike in Yemen«, Al Jazeera vom 2.9.2012: http://www.aljazeera.com/news/middleeast/2012/09/201292165153495957.html

»In Gaza, lives shaped by drones«, Washington Post vom 3.12.2011: http://www.washingtonpost.com/world/national-security/in-gaza-lives-shaped-by-drones/2011/11/30/gIQAjaP6OO_story.html

»Sleepless in Gaza«, Studie von Atef Abu Saif, Professor an der Al-Azhar Universität Gaza 2014: http://www.rosalux.de/fileadmin/rls_uploads/pdfs/Ausland/Sleepless-in-Gaza-by-Atef-Abu-Saif-RLS-Palestine_01.pdf

»You Never Die Twice«, Studie zu Drohnenopfern in Jemen und Pakistan von Reprieve, 2014: http://www.reprieve.org/uploads/2/6/3/3/26338131/2014_11_24_pub_you_never_die_twice_-_multiple_kills_in_the_us_drone_program.pdf

»41 men targeted but 1,147 people killed: US drone strikes – the facts on the ground«, The Guardian vom 24.11.2014: http://www.theguardian.com/us-news/2014/nov/24/-sp-us-drone-strikes-kill-1147

Drone Strikes – Investigating covert operations through spatial media, Forensic Architecture 2013: http://www.forensic-architecture.org/case/drone-strikes/

10. Töten von 9 bis 17 Uhr – Die Entkoppelung von Krieg und Krieger

»Drone pilots have a front-row seat on war, from half a world away«, Los Angeles Times vom 21. Februar 2010: http://articles.latimes.com/2010/feb/21/world/la-fg-drone-crews21-2010feb21

»Drone Pilots Are Found to Get Stress Disorders Much as Those in Combat Do«,New York Times vom 23.2.2013: http://www.nytimes.com/2013/02/23/us/drone-pilots-found-to-get-stress-disorders-much-as-those-in-combat-do.html?hp&_r=2&

»Morgens töten, abends zu den Kindern«, Tagesanzeiger Zürich vom 25.2.2013: http://www.tagesanzeiger.ch/wissen/technik/Morgens-toeten-abends-zu-den-Kindern/story/21575893

Zur »Distinguished Service Medal« für Kämpfer fernab vom Kampfgeschehen:
http://augengeradeaus.net/2013/02/neu-beim-us-militar-die-kriegsmedaille-fur-drohnenpiloten/
http://augengeradeaus.net/2013/04/dronewatch-nun-doch-keine-kriegsmedaille-fur-us-drohnenpiloten/

Erklärung der Gemeinschaft Katholischer Soldaten zu Kampfdrohnen, 28.8.2014: http://www.gemeinschaft-katholischer-soldaten.de/attachments/article/347/ERKLAERUNG%20ZUM%20EINSATZ%20VON%20KAMPFDROHNEN%20DURCH%20DIE%20BUNDESWEHR_28082014.pdf

UN-Generalversammlung; Menschenrechtsrat, A/HRC/14/24/Add.6 vom 28.5.2010, Bericht des Sonderberichterstatters über außergerichtliche, summarische oder willkürliche Hinrichtungen, Philip Alston, Add.6 – Studie über gezielte Tötungen (insb. S. 28), offz. deutsche Fassung: http://www.un.org/depts/german/menschenrechte/a-hrc14-24add6-deu.pdf

UN: Nations Agree to Address »Killer Robots«, Human Rights Watch: http://www.hrw.org/news/2013/11/15/un-nations-agree-address-killer-robots

»CIA seeks new authority to expand Yemen drone campaign«, Washington Post vom 18.4.2012: http://www.washingtonpost.com/world/national-security/cia-seeks-new-authority-to-expand-yemen-drone-campaign/2012/04/18/gIQAsaumRT_story.html

Human Rights Clinic at Colombia Law School, Center for Civilians in Conflict, »The Civilian Impact of Drones«, 2012: http://civiliansinconflict.org/uploads/files/publications/The_Civilian_Impact_of_Drones_w_cover.pdf

»How about we *not* make killer robots«, Daniel Suarez at TEDGlobal 2013: http://blog.ted.com/2013/06/11/how-about-we-not-make-killer-robots-daniel-suarez-at-tedglobal-2013/

»Can Drones and Viruses be Ethical Weapons?«, Brookings Institute vom 28.2.2014: http://www.brookings.edu/research/interviews/2014/02/28-can-drones-viruses-be-ethical-weapons-singer

11. Angriff an jedem Punkt der Erde – Wie die USA sich ihr eigenes Völkerrecht basteln

White Paper des amerikanischen Justizministeriums zum Einsatz von Drohnen, MSNBC 2013: http://msnbcmedia.msn.com/i/msnbc/sections/news/020413_DOJ_White_Paper.pdf

»Justice Department Justifies Killing Americans Abroad With Links to al-Qaida«, PBS Newshour vom 5.2.2013: http://www.pbs.org/newshour/bb/law-jan-june13-memo_02-05/

Urteilsschrift des United States Court of Apeals zur Veröffentlichung eines geheimen Memos des US-Justizministeriums über die Tötung von US-Bürgern im Ausland, die das »Memorandum for the Attorney General« enthält, ACLU 2014: https://www.aclu.org/sites/default/files/assets/2014-06-23_ca2-revised-opinion-plus-drone-memo.pdf

C-Span-Mitschnitt der Aussage von Rosa Brooks bei der Anhörung des US-Senatsunterkomitees für Verfassungs-, Bürger- und Menschenrechte am 23.4.2013 zu targeted killings: http://www.c-span.org/video/?c4509856/rosa-brooks-testimony

»Drone strikes in Pakistan – Only 4% of drone victims in Pakistan named as al Qaeda members«, Untersuchung des Bureau of Investigative Journalism vom 16.10.2014: http://www.thebureauinvestigates.com/2014/10/16/only-4-of-drone-victims-in-pakistan-named-as-al-qaeda-members/

»Naming the Dead«, Projektbeschreibung des Bureau of Investigative Journalism vom 24.9.2013: http://www.thebureauinvestigates.com/2013/09/24/naming-the-dead/

Ryan Devereaux: »UN inquiry into US drone strikes prompts cautious optimism«, The Guardian vom 24.1.2013: http://www.theguardian.com/world/2013/jan/24/un-announces-drone-inquiry-human-rights

»Armed drones: calls for greater transparency and accountability«, Bericht über eine Sitzung des UN-Menschenrechtsrates zu Drohnen am 20.10.2014: http://www.ohchr.org/EN/NewsEvents/Pages/ArmedDrones.aspx

»Secret ›Kill List‹ Proves a Test of Obama's Principles and Will«, New York Times vom 29.5.2012: http://www.nytimes.com/2012/05/29/world/obamas-leadership-in-war-on-al-qaeda.html

»The End of the Perpetual War«, New York Times vom 23.5.2013: http://www.nytimes.com/2013/05/24/opinion/obama-vows-to-end-of-the-perpetual-war.html

»Drone Strike in Yemen Hits Wedding Convoy, Killing 11«, New York Times vom 12.12.2013: http://www.nytimes.com/2013/12/13/world/middleeast/drone-strike-in-yemen-hits-wedding-convoy-killing-11.html

»US officials: drone targeted embassy plot leader«, AP vom 20.12.2013: http://bigstory.ap.org/article/us-officials-drone-targeted-embassy-plot-leader

»The Wedding That Became A Funeral«, Bericht von Human Rights Watch über den Angriff in Jemen vom 20.2.2014: http://www.hrw.org/reports/2014/02/19/wedding-became-funeral-0

»Delays in Effort to Refocus C.I.A. From Drone War«, New York Times vom 12.4.2014: http://www.nytimes.com/2014/04/06/world/delays-in-effort-to-refocus-cia-from-drone-war.html

12. Das Luftfahrtrecht und wie es den »EuroHawk« zum Scheitern brachte

German Army Luna UAV vs Ariana Afghan Airlines Airbus A300B4: http://youtu.be/_NOar22TX2k

Salon: Fear the zombie drone: http://www.salon.com/2012/05/08/fear_the_zombie_drone/

Luftverkehrsgesetz: http://www.gesetze-im-internet.de/luftvg/BJNR006810922.html#BJNR006810922BJNG000202301

Luftverkehrsordnung: http://www.gesetze-im-internet.de/luftvo/BJNR006520963.html

Augen geradeaus: Himmel frei für die Drohnen: http://augengeradeaus.net/2011/12/himmel-frei-fur-die-drohnen/

BMV: Kurzinformation über die Nutzung von unbemannten Luftfahrtsystemen: http://www.brd.nrw.de/verkehr/flugplaetze_flugbetrieb/service/2014-12-04-BMVI-Kurzinformation.pdf

Antrag auf Erteilung einer allgemeinen Aufstiegserlaubnis für unbemannte Luftfahrtsysteme ohne Verbrennungsmotor mit einer Gesamtmasse bis 5 kg: http://www.lbm.rlp.de/icc/Internet/med/709/70950098-69c5-9241-6dc8-2993a7fd7276,11111111-1111-1111-1111-111111111111.pdf

Antrag auf Erteilung einer Einzelaufstiegserlaubnis für unbemannte Luftfahrtsysteme ohne Verbrennungsmotor: http://www.lbm.rlp.de/icc/Internet/med/209/20950098-69c5-9241-6dc8-2993a7fd7276,11111111-1111-1111-1111-111111111111.pdf

AP Exclusive: Drone sightings up dramatically:
https://www.yahoo.com/tech/s/ap-exclusive-drone-sightings-dramatically-082903678--politics.html

Interview mit Elmar Prinz geführt von Kai Biermann, nicht veröffentlicht

Press Release – FAA Approves First Commercial UAS Flights over Land:
http://www.faa.gov/news/press_releases/news_story.cfm?newsId=16354

Press Release – U.S. Transportation Secretary Foxx Announces FAA Exemptions for Commercial UAS Movie and TV Production:
https://www.faa.gov/news/press_releases/news_story.cfm?newsId=17194

FAA: Jet nearly collided with drone over Florida: http://bigstory.ap.org/article/faa-jet-nearly-collided-drone

FAA Faces Significant Barriers To Safely Integrate Unmanned Aircraft Systems Into the National Airspace System: http://www.oig.dot.gov/library-item/31975

»Close encounters on rise as small drones gain in popularity«, Washington Post vom 23.6.2014: http://www.washingtonpost.com/sf/investigative/2014/06/23/close-encounters-with-small-drones-on-rise/

»How a Large U.S. Navy UAV Crashed in Maryland, From 18,000 Feet«, Defense News vom 7. Januar 2013: http://www.defensenews.com/article/20130107/C4ISR02/301070006/How-Large-U-S-Navy-UAV-Crashed-Maryland-From-18-000-Feet

»Major news outlets call the FAA's drone restrictions a violation of the First Amendment«, Washington Post vom 7.5.2014: http://www.washingtonpost.com/blogs/the-switch/wp/2014/05/07/major-news-outlets-call-the-faas-drone-restrictions-a-violation-of-the-first-amendment/

»Slowakischer Ingenieur bei Absturz einer Schiebel-Drohne getötet«, Der Standard vom 11. Mai 2012: http://derstandard.at/1336696555327/Suedkorea-Slowakischer-Ingenieur-bei-Absturz-einer-Schiebel-Drohne-getoetet

»GPS loss kicked off fatal drone crash«, New Scientist vom 23. April 2013: http://www.newscientist.com/blogs/onepercent/2012/05/gps-loss-kicked-off-fatal-dron.html

»Sagem demonstrates Patroller drone's ability to operate in civilian airspace« – 20.11.2014: http://www.safran-group.com/media/20141120_sagem-demonstrates-patroller-drones-ability-operate-civilian-airspace

Roadmap for the integration of civil Remotely-Piloted Aircraft Systems into the European Aviation System – European RPAS Steering Group, June 2013: http://ec.europa.eu/enterprise/sectors/aerospace/files/rpas-roadmap_en.pdf
Annex 2 http://ec.europa.eu/enterprise/sectors/aerospace/files/rpas-roadmap-annex-2_en.pdf

»Drone risks require more regulation, IATA chief says«, Reuters vom 12.12.2014: http://uk.reuters.com/article/2014/12/12/uk-europe-drones-idUKKBN0JQ27N20141212

CNN-Pressemitteilung 12.1.2015: http://cnnpressroom.blogs.cnn.com/2015/01/12/cnn-signs-uav-research-agreement-with-the-faa/

»Times and Other News Organizations to Test Use of Drones«, New York Times vom 16.1.2015: http://www.nytimes.com/2015/01/16/business/media/10-companies-join-effort-to-test-drones-for-newsgathering.html?smid=tw-nytimes&_r=0

Overview – Proposed Rulemaking for Small UAVs, FAA 15.2.2015: http://www.faa.gov/regulations_policies/rulemaking/media/021515_sUAS_Summary.pdf
Volltext: http://www.faa.gov/regulations_policies/rulemaking/recently_published/media/2120-AJ60_NPRM_2-15-2015_joint_signature.pdf

Die LUNA-Drohne auf dem Weg in den zivilen Luftraum: http://augengeradeaus.net/2013/03/die-luna-drohne-auf-dem-weg-in-den-zivilen-luftraum/

13. Die Bundeswehr und ihre (bewaffneten) Drohnen – Gestern, heute, morgen

»Der Assassine« – loyal 01/2012
(Bericht über Drohnen-System WABEP m. HAROP-Kamikazedrohne)
Internet-Fassung bei Augen geradeaus!, 3.1.2012: http://augengeradeaus.net/2012/01/zum-nachlesen-kampfdrohne-fur-die-bundeswehr/

Vortrag »Fliegende Waffensysteme der Luftwaffe« für Verteidigungsminister Peter Struck beim Truppenbesuch Jagdgeschwader 73, 25.8.2003
BrigGen Aarne Kreuzinger-Janik, Stabsabteilungsleiter BMVg Fü L III (unveröffentliche ppt-Präsentation)

Bundestags-Drucksache 16/12481 26.3.2009
Antwort Kleine Anfrage Grüne
Einführung und Bedeutung unbemannter militärischer Fahrzeuge und Luftfahrzeuge: http://dipbt.bundestag.de/dip21/btd/16/124/1612481.pdf

Konzeptionelle Grundvorstellungen zum Einsatz unbemannter Luftfahrzeuge in der Bundeswehr
21.2.2008 (unveröffentlicht/VS-NfD)

»Israels Geschäft mit dem Krieg« (Hinweis auf Stopp Bw-Projekt WABEP), Spiegel Online: http://www.spiegel.de/wissenschaft/technik/israels-ruestungsindustrie-milliarden-geschaeft-mit-militaertechnik-a-981379.html

Kampfdrohne Taifun: Wesentliches Projekt von Rheinmetall
Rheinmetall Firmenpräsentation 2006: http://www.dgq.de/regional/dateien/1_Firmenpraesentation_DGQ-ElbWes.pdf

»Barracuda – Üben für den Bau bewaffneter Drohnen«, Otfried Nassauer, BITS vom 14. Juli 2013: http://www.bits.de/public/unv_a/original-140713.htm

»Geheim-Jet im Test«, Der Spiegel vom 23.1.2006:
http://www.spiegel.de/spiegel/print/d-45506306.html

»Barracuda im Flug«, Der Spiegel vom 24.4.2006:
http://www.spiegel.de/spiegel/print/d-46707651.html

»EADS-Drohne stürzt ins Meer«, Spiegel Online/Reuters vom 25.9.2006:
http://www.spiegel.de/wirtschaft/eads-drohne-stuerzt-ins-meer-a-439088.html

AFCEA ILA 2012 Symposium
Präsentation »Erfahrungen mit dem UAS Technologie Demonstrator Barracuda« 12.9.2012: http://www.afcea.de/fileadmin/downloads/downloads_red/2012_10_04_VortragGottmann.pdf

Deutscher Bundestag Drucksache 17/12136
Antwort auf die Kleine Anfrage der Linken
Integration von schweren Drohnen in den allgemeinen zivilen Luftraum:
http://dip21.bundestag.de/dip21/btd/17/121/1712136.pdf

Sz-Interview Ursula von der Leyen vom 2. Juli 2014 (via bmvg.de):
http://www.bmvg.de/portal/a/bmvg/!ut/p/c4/NYvBCsIwEET_aDcRL3pr7UXQSy9aL5I2S1hokrJu68WPNzl0Bh4Mj8EXlia3cXDKObkZnzhMfB6_MMYtQOTEHyXhNYInee8bhDwlfNS7J5hyIq1USsqFQZxmgSWLztWsIsUAexyM7VpjzR77O93uzeVg7bG7tj0uMTZ_BsUNAQ!!/

Deutscher Bundestag Drucksache 18/2684
Antwort auf die Kleine Anfrage der Linken
Beschaffung bewaffnungsfähiger Drohnen nach Ende der »gesellschaftlichen Debatte«: http://dipbt.bundestag.de/dip21/btd/18/026/1802684.pdf

Deutscher Bundestag Drucksache 18/2685
Antwort auf die Kleine Anfrage Grüne
Planungen des Bundesministeriums der Verteidigung zum Einsatz waffenfähiger bzw. bewaffneter Drohnen: http://dipbt.bundestag.de/dip21/btd/18/026/1802685.pdf

»SPD für Kampfdrohnen – Auch Union und Militärs machen Druck auf von der Leyen«, Welt am Sonntag vom 1.2.2015: http://www.welt.de/print/wams/article136989898/SPD-fuer-Kampfdrohnen.html

14. Drones only made in USA? – Europas Aufholjagd

£120 million Anglo-French defence contract – gov.uk
http://www.gov.uk/government/news/120-million-anglo-french-defence-contract

»Deutschland und Frankreich wollen Rüstungszusammenarbeit intensivieren«, BMVg vom 12. September 2012: http://www.bmvg.de/portal/a/bmvg/!ut/p/c4/NYu7DsMgEAT_6A4UiTy6WC6SNk1MOmwjdJEB63LYTT4-UGRXmmJHiy-sTW6j4IRycgsOaCe6jDuMcQvwzoXrCpESfcQzlYjP9pk9TDl5aRSfhCoDO8kMa2ZZminM1QDNaJXuO6XVP_p7sofb0Ziz6e_dA9cYrz-sDDJt/

Deutscher Bundestag Drucksache 18/1946
Antwort Kleine Anfrage Linke
Entwicklung einer sogenannten europäischen Drohne und das Angebot einer bewaffnungsfähigen Langstreckendrohne MALE2020: http://dipbt.bundestag.de/dip21/btd/18/019/1801946.pdf

»DroneWatch: Die von-der-Leyen-Klatsche in 52 Sekunden«, Augen geradeaus vom 12. Mai 2014: http://augengeradeaus.net/2014/05/dronewatch-die-von-der-leyen-klatsche-in-52-sekunden/#more-15690

»DroneWatch: Europäische Rüstungsfirmen wollen neues Drohnen-Programm«, Augen geradeaus vom 16. Juni 2013: http://augengeradeaus.net/2013/06/dronewatch-europaische-rustungsfirmen-wollen-neues-drohnen-programm/

»Konsequenz aus EuroHawk-Affäre: EADS-Chef stoppt Entwicklung von Drohnen«, Spiegel Online vom 14.6.2013: http://www.spiegel.de/wirtschaft/unternehmen/euro-hawk-eads-chef-kritisiert-drohnen-debatte-a-905661.html

Taranis: BAe http://www.baesystems.com/enhancedarticle/BAES_157659/taranis

Wikipedia: http://en.wikipedia.org/wiki/BAE_Systems_Taranis

»UK ends silence on Taranis testing«, FlightGlobal vom 5. Februar 2014: http://www.flightglobal.com/news/articles/video-uk-ends-silence-on-taranis-testing-395574/

Dassault Neuron, Wikipedia: http://en.wikipedia.org/wiki/Dassault_nEUROn

Dassault: http://www.dassault-aviation.com/en/defense/neuron/introduction/?xtmc=neuron&xtrc=0
http://www.dassault-aviation.com/en/defense/neuron/aim-of-the-programme/?xtmc=neuron&xtrc=1

Talarion, Wikipedia: http://de.wikipedia.org/wiki/Cassidian_Talarion

Airbus/Cassidian
CASSIDIAN und Rheinmetall bündeln ihre Aktivitäten im Bereich der unbemannten Flugsysteme: http://www.defenceandsecurity-airbusds.com/de/web/guest/CASSIDIAN%20and%20Rheinmetall%20pool%20their%20Unmanned%20Aerial%20Systems%20activities

CASSIDIAN und Alenia Aeronautica vereinbaren Kooperation bei AUS: http://www.defenceandsecurity-airbusds.com/de_DE/web/guest/cassidian-and-alenia-aeronautica-agree-on-uas-cooperation

Barracuda – Airbus: http://www.defenceandsecurity-airbusds.com/de_DE/web/guest/barracuda-10-years-of-development-in-unmanned-flight-technology

Büro für Technikfolgenabschätzung beim Deutschen Bundestag – Mai 2011 Stand und Perspektiven der militärischen Nutzung unbemannter Systeme: http://www.tab-beim-bundestag.de/de/pdf/publikationen/berichte/TAB-Arbeitsbericht-ab144.pdf

»Cassidian calls time on Talarion UAS«, Flightglobal vom 20. Mai 2013: http://www.flightglobal.com/news/articles/cassidian-calls-time-on-talarion-uas-369711/

»Drohne Talarion – IG Metall kämpft für Rüstungsprojekt«, Handelsblatt vom 27. November 2011: http://www.handelsblatt.com/politik/deutschland/drohne-talarion-ig-metall-kaempft-fuer-ruestungsprojekt/5882720.html

»Obama administration to allow sales of armed drones to allies«, Washington Post vom 17. Februar 2015: http://www.washingtonpost.com/world/national-security/us-cracks-open-door-to-the-export-of-armed-drones-to-allied-nations/2015/02/17/c5595988-b6b2-11e4-9423-f3d0a1ec335c_story.html?tid=sm_tw

Bloomberg General Atomics Drone Sale to U.A.E. Poised for U.S. Approval: http://www.bloomberg.com/news/articles/2015-02-23/general-atomics-drone-sale-to-u-a-e-poised-for-u-s-approval

15. Die nächste Generation – Sitzt noch ein Mensch am Steuer?

CSS Analysen zur Sicherheitspolitik: Letale autonome Waffensysteme als Herausforderung: http://www.css.ethz.ch/publications/pdfs/CSSAnalyse164-DE.pdf

Interview Luftwaffeninspekteur Karl Müllner September 2013: http://augengeradeaus.net/2013/09/luftwaffeninspekteur-halt-bewaffnete-drohnen-weiter-fur-notig-das-hat-der-einsatz-bewiesen/

»Schwerkraft extrem«, luftwaffe.de vom 6. Mai 2011: http://www.luftwaffe.de/portal/a/luftwaffe/!ut/p/c4/NYvLCsIwEEX_aCYRUXGn-EAQXYm2uzENdSCPMkzbjR9vsvAeOJvDxRYLiSbuSTknCvjCxvH2PUOYgcR9eEp-hIWxFiIxPuuh8-By8lqtPikX90KaBYYsGmoZRUoB7rAx9rA3K_Of_W7O1-OjNcv15Xa64xDj7geFc2s6/

»X-47B Makes First Arrested Landing at Sea«, navy.mil vom 7. Oktober 2013: http://www.navy.mil/submit/display.asp?story_id=75298

»Kampfdrohnen – Killing Drones. Ein Plädoyer gegen die fliegenden Automaten«, von Marcel Dickow/Hilmar Linnenkamp, SWP Dezember 2012: http://www.swp-berlin.org/fileadmin/contents/products/aktuell/2012A75_dkw_lnk.pdf

»Report of the Special Rapporteur on extrajudicial, summary or arbitrary executions«, Human Rights Council, Christof Heyns, 9.4.2013: http://www.ohchr.org/Documents/HRBodies/HRCouncil/RegularSession/Session23/A-HRC-23-47_en.pdf

Formal Investigation into the Circumstances surrounding the Downing of Iran Air Flight 655 on 3 July 1988 – Dod report (declassified): http://www.dod.mil/pubs/foi/International_security_affairs/other/172.pdf

ICRC – Customary IHL, Rule 1. The Principle of Distinction between Civilians and Combatants: http://www.icrc.org/customary-ihl/eng/docs/v1_cha_chapter1_rule1

Rule 14. Proportionality in Attack: https://www.icrc.org/customary-ihl/eng/docs/v1_cha_chapter1_rule1

Human Rights Watch: Ban »Killer Robots« Before It's Too Late

»Fearing Bombs That Can Pick Whom to Kill«, New York Times vom 11.11.2014: http://www.nytimes.com/2014/11/12/science/weapons-directed-by-robots-not-humans-raise-ethical-questions.html?_r=0

International Committe for Robot Arms Control: http://icrac.net/

Long Range Anti ship Missile – Wikipedia:
http://en.wikipedia.org/wiki/Long_Range_Anti-Ship_Missile

Lockheed Martin: Long Range Antiship Missile (LRASM):
http://www.lockheedmartin.com/us/products/LRASM.html

MIT Technology Review: The Rise of the Robot Security Guards:
http://www.technologyreview.com/news/532431/rise-of-the-robot-security-guards/

Deutschlands Zukunft gestalten
Koalitionsvertrag zwischen CDU, CSU und SPD
18. Legislaturperiode: https://www.cdu.de/sites/default/files/media/dokumente/koalitionsvertrag.pdf

Drohnen und das Recht. Völker- und verfassungsrechtliche Fragen automatisierter und autonomer Kriegführung, Hg. von Robert Frau, Tübingen 2014

Abbildungsnachweis

S. 20: Archiv des Verlags

S. 22: Greg Hume (Wikimedia Commons, lizensiert nach CC BY-SA 3.0, http://creativecommons.org/licenses/by-sa/3.0/deed.en)

S. 24: Adrian Pingstone – Arpingstone (Wikimedia Commons, public domain)

S. 28: David Conover, Yank/The Army Weekly (Wikimedia Commons, public domain)

S. 31: U.S. Navy (Wikimedia Commons, public domain)

S. 33: PHCS R.L. Lawson, U.S. Navy (Wikimedia Commons, public domain)

S. 37: National Museum of the USAF (public domain)

S. 44: Tech. Sgt. Sabrina Johnson, U.S. Airforce (Wikimedia Commons, public domain)

S. 47: Tech. Sgt. Scott Reed, U.S. Airforce (Wikimedia Commons, public domain)

S. 52: Master Sgt. Steve Horton, U.S. Airforce (Wikimedia Commons, public domain)

S. 57: Russkie (Wikimedia Commons, lizensiert nach CC BY-SA 3.0, http://creativecommons.org/licenses/by-sa/3.0/deed.en)

S. 61: Sebastian Wilke/Bundeswehr

S. 67: Jrfreeland (Wikimedia Commons, public domain)

S. 70: Bobbi Zapka, U.S. Airforce (Wikimedia Commons, public domain)

S. 75: Nicolas Halftermeyer (lizensiert nach: CC-BY-SA 3.0, http://creativecommons.org/licenses/by-sa/3.0/deed.en)

S. 89: Microdrones GmbH

S. 98: Deutsche Post AG

S. 106: U.S. Airforce, public domain

S. 111: Sgt. Brian Ferguson, U.S. Airforce (Wikimedia Commons, public domain)

S. 116: Julian Herzog (Wikimedia Commons, lizensiert nach CC BY 4.0, http://creativecommons.org/licenses/by/4.0/deed.de)

S. 139: Britta Pedersen, picture alliance/dpa

S. 160: Armin Weigel, picture alliance/dpa

S. 167: MilborneOne (Wikimedia Commons, lizensiert nach CC-BY-SA 3.0, http://creativecommons.org/licenses/by-sa/3.0/deed.en)

S. 176: Jean-Patrick Donzey (Wikimedia Commons, lizensiert nach CC BY-SA 3.0, http://creativecommons.org/licenses/by-sa/3.0/deed.de)

S. 185: Mike Young (Wikimedia Commons, public domain)

S. 189: Rob Densmore, U.S. Airforce (Wikimedia Commons, public domain)

Umschlag hinten: Getty Images

Angaben zu den Autoren

Kai Biermann

© Wolfgang Star

Jahrgang 1972, Psychologie-Diplom 1997 an der Humboldt-Universität, daneben freie Mitarbeit bei der Frauenzeitschrift *Brigitte*; anschließend Volontariat bei der *Berliner Zeitung*, später im Politikressort der *Financial Times Deutschland*, Reporter und Politikredakteur bei der *Netzeitung* und freier Mitarbeiter für verschiedene Zeitungen, darunter *Das Magazin* und die *taz*; seit 2007 bei *ZEIT ONLINE*, dort vor allem zuständig für die Themen Internet, Datenschutz und Netzpolitik; seit 2014 auch Mitglied des Teams Investigativ und Daten, bloggt außerdem seit 2010 gemeinsam mit Martin Haase unter *www.neusprech.org* über sprachliche Manipulationen in Politik und Wirtschaft.

Thomas Wiegold

© Frank Suffert

Jahrgang 1960, (unbeendetes) Studium der evangelischen Theologie, Zivildienst; Korrespondent für die *Deutsche Presse-Agentur, Associated Press* und den *Focus*; seit der Berichterstattung über den ersten bewaffneten Auslandseinsatz der Bundeswehr 1993 in Somalia interessiert an Militär, Sicherheits- und Verteidigungspolitik, seit 2010 als freiberuf licher Journalist für dieses Thema unterwegs; Veröffentlichungen i deutschen Magazinen, Hörfunksendern und Fachblättern. Er betrei das Blog *Augen geradeaus!*, in dem er regelmäßig über Verteidigur politik aus deutscher Perspektive berichtet.